中青年经济学家文库

外商直接投资区位选择影响因素研究

石卫星 著

中国财经出版传媒集团
经济科学出版社
Economic Science Press

图书在版编目（CIP）数据

外商直接投资区位选择影响因素研究/石卫星著．—北京：经济科学出版社，2018.8
（中青年经济学家文库）
ISBN 978-7-5141-9735-8

Ⅰ．①外…　Ⅱ．①石…　Ⅲ．①外商直接投资-研究
Ⅳ．①F830.59

中国版本图书馆 CIP 数据核字（2018）第 209557 号

责任编辑：李　雪　刘　莎
责任校对：王肖楠
责任印制：邱　天

外商直接投资区位选择影响因素研究
石卫星　著
经济科学出版社出版、发行　新华书店经销
社址：北京市海淀区阜成路甲 28 号　邮编：100142
总编部电话：010-88191217　发行部电话：010-88191522
网址：www.esp.com.cn
电子邮件：esp@esp.com.cn
天猫网店：经济科学出版社旗舰店
网址：http://jjkxcbs.tmall.com
固安华明印业有限公司印装
710×1000　16 开　15.25 印张　260000 字
2018 年 8 月第 1 版　2018 年 8 月第 1 次印刷
ISBN 978-7-5141-9735-8　定价：56.00 元
（图书出现印装问题，本社负责调换。电话：010-88191510）

前　言

改革开放四十年来，中国已经成为国际投资的热点，外商直接投资为中国经济发展做出了卓著的贡献，已经成为中国区域经济高速增长的主要因素之一。但是进入中国的外商直接投资在区域分布上存在着巨大的不平衡，通观金融危机之前中国的外商直接投资状况，投资主要分布在东部沿海经济发达的省、市，并且集中在加工装配型的劳动密集型产业。虽然对于东部地区经济发展的带动作用巨大，也创造了大量的就业机会，但是同样拉大了东、中、西部三个地区间的经济发展差距，为中国高新技术产业发展带来的推动作用有限。金融危机之后，全球金融市场风险骤增、资本市场波动加剧，外商在华直接投资也进入了一个崭新的阶段。外商直接投资在中国内地表现出的地区差异性，既反映了资本寻求利益最大化的战略性考虑，又显现出外商对中国各区域环境特征和优势资源的选择性利用。顺应目前全球经济全面复苏之势，于中国经济发展调结构、产业升级迫在眉睫之时，如何更加高效地利用外商在华直接投资，促进外商投资在中国不同地区间平衡分布，合理布局各个产业，带动中国高新技术产业的发展是需要统筹认真考虑的重大问题。鉴于此，我们就应该针对外商在华直接投资区位选择的决定影响因素进行研究，有针对性地引导外商投资更加有效地推动中国经济的发展。另外，对了解中国各区域的经济特征与吸收利用外商直接投资的相关性以及如何改善劣势地区条件以便更好地吸收利用外商直接投资，促进区域协调发展具有重要的现实意义。

本书主要包括12章内容。第1章绪论部分，主要介绍全球外商直接投资分布及总体趋势，世界FDI的分布特征，世界外商直接投资的总体趋势，卢卡斯悖论的背景及意义，人力资本假说，人力资本差异论，人力资本的外部性假说等内容。第2章文献综述部分，主要介绍理论贡献及实践意义，文献综述，外商直接投资区位选择理论，人力资本与外商直接投资关系的理论，本书研究方法和创新等内容。第3章人力资本的理论基础部分，主要介绍人力资本的理论概述，人力资本的概念与性质，人力资本理论基础及发展，人力资本与人力资源区别，人力资本对经济增长的贡献，人力资本与全要素生产率的关系分析，基于经济增长理论的人力资本与技术进步关系分析，索洛模型下的技术进步，人力资本的内生增长模型，人力资本与技术进步等内容。第4章人力资本度量问题研究部分，主要介绍全要素生产率的概念及估算方法，全要素生产率的概念，全要素生产率的估算方法，全要素生产率影响因素分析，全要素生产率的影响因素，肯德里克的全要素生产率影响因素分析，丹尼森的全要素生产率影响因素分析，全要素生产率的计算方法，人力资本度量解释，干中学与知识溢出，研发投入，劳动者素质，技术进步与干中学、研发投入和劳动者素质的关系分析等内容。第5章外商直接投资区位选择影响因素研究部分，主要介绍人力资本吸引外商直接投资的理论探讨，外商直接投资定义，人力资本吸引外商直接投资的理论探讨，人力资本在外商直接投资区位选择中的作用，人力资本具有一定的初始水平是外商直接投资的必要条件，外商直接投资的类型和规模影响因素分析，外商直接投资升级的影响因素研究，外商直接投资技术溢出影响因素研究，外商直接投资技术溢出的类型，外商直接投资技术溢出制约影响因素，外商直接投资技术溢出的渠道分析等内容。第6章外商直接投资区位选择影响因素实证研究部分，主要介绍人力资本吸引外商直接投资的实证分析，实证方法的选择，样本数据的选择及模型构建，模型结果的分析，外商直接投资溢出效应影响的实证分析，外商直接投资溢出影响因素模型构建，外商直接投资溢出效应影响因素实证分析，实证检验结果分析，人力资本与外商直接投资关系的比较分析，对中印两国的人力资本指标的说明，中印两国制造业的全要素生产率的核算，中印人力资本与外商直接投资关系的比较分析，比较检验结果分析等内容。第7章基于外商直接投资的卢卡斯悖论存在性研究部分，主要介绍全球外商直接投资现状，卢卡斯悖论存在性分析等内容。第8章外商直接投资对江苏省产业结构影响及对策分析部分，主要介绍江苏省FDI与产业结构现状及其特点，江苏省FDI对产业结构的影响，正确处理FDI与产业结构关系的政策建议等内容。第9章我国区域经济地区吸收日韩FDI影响因素的对比研究部分，主要介绍FDI区位选择的研究综述，国外FDI区位选择的研究，江苏沿海地区和环渤海地区吸收日韩FDI的现状，影响两地吸收日韩FDI的因素的比较分析，影响两地吸收日韩FDI的重要因素的实证分析，改善江苏沿海地区吸引FDI的建议等内容。第10章服务贸易对经济发展的影响分析部分，主要介绍国内外服务贸易发展概况，江苏服务贸易的发展现状，发展服务贸易对苏北经济融入长三角影响，对加快发展苏北服务贸易的几点建议等内容。第11章知识产权保护对FDI流入的影响研究——基于中国省级动态面板数据GMM方法部分，主要介绍知识产权保护水平的测度，模型、数据与方法，计量结果及分析等内容。第12章吸收能力对外商直接投资产出效益的影响研究，主要介绍决定影响外商直接投资产出效益因素的理论基础、模型构建、统计分析等内容。

通过研究本书结论如下：由于人力资本的存在提高了技术进步从而提高了劳动生产率，从而使得外商直接投资的企业效率得到提高，导致产量的增加，外商投资的回报率提高，影响了外商直接投资的区位分布决策。人力资本已经成为东道国构建自身区位优势的重要变量，具有决定作用。一定水平的初始人力资本是外商直接投资的必要条件；人力资本水平的高低和结构决定了流入外商直接投资的规模和类型；东道国人力资本水平的提升将促进流入FDI的不断升级。人力资本对外商直接投资技术溢出有显著影响，东道国人力资本存量越足够丰裕，东道国经济就越能吸收FDI的技术外溢，东道国的平均受教育年限越长，FDI技术外溢效应越明显。另外，人力资本还是外商直接投资技术溢出的重要渠道。因为人既是技术的发明者又是技术的应用者，技术的最终掌握是离不开人的，所以人力资本是外商直接投资技术外溢的渠道。跨国公司通过对东道国人力资本的质和量的改变产生溢出效应，其新技术在东道国的扩散主要体现在劳动力市场上。跨国公司在东道国进行经济活动的过程中，与各类企业和非企业部门打交道，间接技术溢出效应因此而产生。东道国企业人力资本水平既影响了跨国公司的技术决策，也影响了东道国企业吸收先进技术的能力。由于人力资本对外商直接投资区位选择的影响，外商直接投资的流向出现了卢卡斯悖论现象。这是对卢卡斯悖论存在原因的一个很好的解释。通过人力资本对FDI溢出效应的实证分析，结果发现外商直接投资对经济增长影响的总体效应并不是显著为正的，这说明外商直接投资并一定有助于经济的发展。但是当外商直接投资和人力资本相结合的时候，显现出来的效应为显著正值，这说明只有当外商直接投资与人力资本相结合时，外商直接投资才会促进经济增长。对于投资商来说，就表现为资本的收益增加，从而增加了投资商或者是跨国公司投资的热情。在制造业领域，人力资本对于吸引外商直接投资的作用都是很明显的，人力资本是外商直接投资流入的显著影响因素之一。

在本书撰写工作过程中得到出版社和许多同人的多次指导和帮助，并参考了众多学者的著作和文献，谨在此对他们表示衷心的感谢！

石卫星

2018 年 7 月

目　　录

第1章

绪　论

1.1

全球外商直接投资分布及总体趋势

从20世纪90年代末开始，作为国际间资本移动的重要组成部分之一，全球外商直接投资的增长速度飞快发展。进入21世纪以来，全球外商直接投资继续快速发展，其在全球化和不断自由化的世界经济体系中扮演着日趋重要的作用，并成为世界经济体中极其活跃的组成部分。全球外商直接投资的规模状况、投资的流向和投资结构的迅速发展变化，对世界各国的经济增长速度、国际收支平衡状况、产业结构调整情况、企业的国际竞争力乃至一个国家经济的持续稳定发展都产生了重要的影响。2016年世界国际直接投资额达到35586.52亿美元①，这一数值远远高于2000年创下的历史最高水平。2016年仅发达国家的流入量就达到63389.61亿美元②，这比2015年增长了28%，美国仍然是全球最大的外国直接投资接受国，欧盟则是外国直接投资流入量最大的地区，其流入量几乎占据了发达国家总流入量的2/3。发展中国家的外商直接投资（Foreign Direct Investment，FDI）流入量，在2016年达到有史以来的最高水平11299.2亿美元③，就具体情况来看，所有发展中国家和地区的FDI流入流量几乎均有所上升。

①②③　联合国贸发会议．世界投资报告2017. 2017－6.

1.1.1 世界FDI的分布特征

1. 从空间分布上来看，全球FDI主要集中在经济发达国家和经济飞速发展的发展中国家

从图1-1中我们可以看出，从20世纪90年代开始，发达国家①的外商直接投资的受资额显著高于发展中国家②，当两个地区的外商直接投资额都显著增加的同时，两个地区的吸引外资额的绝对值也差距都明显地拉大。

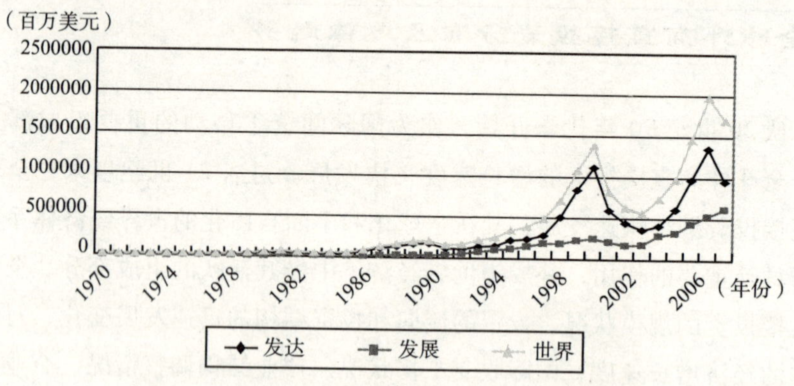

图1-1 发达/发展中国家FDI流量（INWARD）

由表1-1的数据可以看出，在20世纪70年代期间，世界投资额总体上规模比较小，但是在这个阶段，发达国家和发展中国家的外商直接投资吸收额就存在着明显的差距，整个70年代发达国家的受资额基本都维持在70%以上，然而发展中国家的受资额只有不到30%的水平。到了80年代后期，两者之间的差距进一步拉大，发达国家的受资额达到了80%

① 发达国家：经合组织成员国（智利、墨西哥、韩国和土耳其除外），加上不属于经合组织成员方的欧洲联盟新成员方（保加利亚、塞浦路斯、拉脱维亚、立陶宛、马耳他、罗马尼亚），外加安道尔、以色列、列支敦士登、摩纳哥和圣马力诺。

② 发展中国家：泛指除发达国家和东南欧国家和独立国家联合体之外的所有经济体。

以上，而发展中国家最低时只有14%；90年代，由于拉美债务危机的出现和亚洲金融危机的爆发，全球外商直接投资波动比较大，最高时发达国家引资额达到了83%，然而最低时却不到60%，但是这仍然没有动摇发达国家是外商直接投资的主要引资国的格局。到了21世纪，发达国家的引资比例同发展中国家相比较，从总体上来看有所下降。但是21世纪的近十年期间，发达国家的外商直接投资规模的平均引资额，仍然维持在全球引资额的60%以上，因此可见在全球外商直接投资的发展进程中，从20世纪70年代一直到21世纪以来，发达国家在全球外商直接投资的格局中，一直处于主导地位。

表1-1　　发达/发展中国家FDI流量（INWARD）　　单位：百万美元

年份	发达国家	发达/世界	发展中国家	发展中国家/世界	世界
1970	9491.23484	0.71	3854.35946	0.29	13345.5943
1971	10650.59865	0.75	3631.448302	0.25	14282.04695
1972	11509.08012	0.77	3423.650214	0.23	14932.73034
1973	15470.37804	0.75	5175.583488	0.25	20645.96153
1974	21661.0555	0.90	2465.509216	0.10	24126.56472
1975	16857.55067	0.63	9709.454056	0.37	26567.00473
1976	15535.1437	0.71	6467.176839	0.29	22002.32054
1977	20147.66267	0.74	6991.725819	0.26	27139.38849
1978	25367.67612	0.74	8990.44345	0.26	34358.11957
1979	33786.62812	0.80	8505.808409	0.20	42292.43653
1980	46575.80876	0.86	7477.012647	0.14	54076.42141
1981	45511.79857	0.65	24042.77943	0.35	69567.178
1982	31682.12121	0.55	26376.82384	0.45	58059.24504
1983	32680.26978	0.65	17569.49901	0.35	50267.76879
1984	39237.13102	0.69	17609.79501	0.31	56838.92602
1985	41696.48864	0.75	14175.6677	0.25	55887.15635

续表

年份	发达国家	发达/世界	发展中国家	发展中国家/世界	世界
1986	70611. 93099	0. 82	15760. 88615	0. 18	86344. 81715
1987	114830. 7716	0. 84	21709. 91231	0. 16	136547. 6839
1988	132408. 8359	0. 81	30403. 53034	0. 19	162834. 3662
1989	165736. 2498	0. 84	30865. 74117	0. 16	196617. 2909
1990	172115. 0016	0. 83	35087. 40636	0. 17	207273. 3079
1991	115768. 6659	0. 74	39778. 33562	0. 26	155685. 6215
1992	111927. 0845	0. 67	53128. 2593	0. 32	166593. 7438
1993	142451. 2728	0. 64	76883. 55786	0. 35	222407. 8371
1994	151109. 6443	0. 59	103687. 6816	0. 40	256784. 9104
1995	221103. 5817	0. 65	115973. 1716	0. 34	341144. 3345
1996	237480. 413	0. 61	147077. 8294	0. 38	390443. 3638
1997	284737. 0431	0. 59	190723. 8576	0. 39	485808. 056
1998	506553. 1837	0. 72	190751. 5029	0. 27	705330. 3406
1999	841942. 0112	0. 78	228177. 5324	0. 21	1078605. 635
2000	1117794. 72	0. 81	256882. 8024	0. 19	1381675. 158
2001	595283. 851	0. 73	215421. 1442	0. 26	820429. 9835
2002	442447. 6348	0. 70	175934. 9185	0. 28	629675. 2774
2003	361264. 9211	0. 64	183993. 9641	0. 33	565159. 5231
2004	414186. 3161	0. 56	290397. 308	0. 40	734892. 0399
2005	613089. 3375	0. 63	329291. 5021	0. 34	973329. 0717
2006	972762. 2524	0. 67	433763. 6617	0. 30	1461074. 132
2007	1358627. 614	0. 69	529344. 2105	0. 27	1978837. 91
2008	962258. 6689	0. 57	620733. 3329	0. 37	1697353. 188
均值	269855. 1701	0. 68	114929. 1996	0. 29	395365. 0373

资料来源：中经网数据库。

2. 从世界各国的发展情况来看，排列在世界前十五位的外商直接投资引资国大部分为发达国家/地区

由联合国贸发会议的世界投资报告数据显示，2009 年由于发达国家受到金融危机的影响比较严重，排在前十五位的直接投资国中发达国家/地区的比例有所下降，发展中国家/地区的比例有所上升，但从总体情况上看，发达国家/地区仍然处于主要的外商直接投资受资国地位，美国仍然处于最大的外商直接投资受资国地位。

从表 1－2 中的数据可以看出，外商直接投资流入总是集中分布在少数十几个国家/地区中，从 20 世纪 70 年代起到 21 世纪，靠前的十五个国家/地区的外商直接投资流入量基本上都超过了世界投资流入量总额的 70%。而在历年前十五个国家/地区中，美国、英国、法国以及德国等发达国家在世界外商直接投资中都占据了主要地位。1970 年的前十名国家中，其中的八个国家是发达国家，仅有南非和巴西两国是发展中国家。到了 1980 年，前十名国家中，仍然有七名是发达国家，而 1990 年处于前十名的国家中则有九个均是发达国家，2000 年仍然有 7 个发达国家位列前十名。而在跨入 21 世纪的近十年中，排列在外商直接投资受资额靠前十五位的国家/地区，主要还是以发达国家/地区为主，例如在 2005 年，进入前十名的发达国家个数就达到八国，只有中国和中国香港特区作为发展中国家/地区闯进了前十名，然而在 2007 年的时候，发达国家为 7 个，俄罗斯首次进入了前十名。2009 年为六个发达国家，巴西成为进入外商直接投资受资额前十名发展中国家的新秀。纵观这四十年以来外商直接投资的发展情况，我们可以发现，无论是从总的受资额情况，还是从名列前茅的国家个体状况，均属于发达国家占据了主导地位的现状。尽管在 21 世纪发达国家和发展中国家的这种差距有所缩小，这种差距的缩小主要是由于经济飞速发展的发展中国家，例如“金砖”国家的崛起而引起的，而最不发达国家的境况却始终没有太大的改变，而这些国家的资金却是最为缺乏的。

表1－2　外商直接投资流入量前十五名国家/地区一览（1970～2009）

单位：百万美元

1970年		1980年		1990年		1995年	
加拿大	1823.1235	美国	16918	美国	48422	美国	58772
英国	1488	英国	10122.8	英国	30461.1613	中国	37520.53
美国	1260	加拿大	5807.29033	法国	15629.2042	法国	23673.15786
澳大利亚	893.1385	法国	3328.241653	西班牙	13294.25601	英国	19969.44772
德国	770	墨西哥	2099.301	荷兰	10515.5	瑞典	14448.29181
荷兰	632.6	荷兰	2005.2	澳大利亚	8120.618863	荷兰	12304
意大利	624.16	巴西	1910.2	加拿大	7582.276311	德国	12024.73659
法国	621.21278	澳大利亚	1866.223965	意大利	6344.87607	澳大利亚	11967.85839
巴西	391.7	西班牙	1492.7	新加坡	5574.749108	新加坡	11535.30835
南非	333.60598	新加坡	1235.75	瑞士	5483.889545	墨西哥	9526.3
利比亚	317.22	马来西亚	933.9	中国	3487.11	加拿大	9254.771966
墨西哥	312.107	中国香港	710.2014094	中国香港	3275.072298	西班牙	8070.477196
西班牙	222	阿根廷	678	德国	2962.418766	中国香港	6213.362504
尼日利亚	205	希腊	672	葡萄牙	2901.5	马来西亚	5815
巴拿马	168.1	意大利	576.58	墨西哥	2633.238	阿根廷	5609.423404
合计	10061.968	合计	50356.38836	合计	166687.8253	合计	246704.6658
世界总额	13345.594		54076.42141		207273.3079	世界总额	341144.3345
百分比	0.753954		0.931207854		0.804193396	百分比	0.723167999
2000年		2005年		2007年		2009年	
美国	314007	英国	176006.0946	美国	271176	美国	129883
德国	198276	美国	104809.3125	英国	183385.6238	中国	95000
英国	118764	法国	84951.25106	法国	157972.8949	法国	59628
加拿大	66791	中国	72406	荷兰	118376	中国香港	48449
荷兰	63854	荷兰	47791.4	比利时	110773.0504	英国	45676
中国香港	61939	德国	47440.09452	加拿大	108414.4865	俄罗斯	38722
法国	43250	比利时	34370.49197	中国	83521	德国	35606

续表

2000年		2005年		2007年		2009年	
中国	40715	中国香港	33618	德国	56406.88475	沙特阿拉伯	35514
西班牙	37523	加拿大	25691.55608	俄罗斯	55073.1978	印度	34613
巴西	32779	西班牙	25020.18393	中国香港	54365.2	比利时	33782
爱尔兰	25843	墨西哥	21922.0609	瑞士	49245.23272	意大利	30538
瑞典	23242	意大利	19974.63065	澳大利亚	44330.45763	卢森堡	27273
瑞士	19255	巴西	15066.29173	意大利	40201.85099	荷兰	26949
新加坡	17217	新加坡	14374.1889	巴西	34584.90103	巴西	25949
墨西哥	16586	俄罗斯	12885.8075	新加坡	31550.46115	英属维尔京群岛	25310
合计	1080041	合计	736327.3643	合计	1399377.242	合计	246704.6658
世界总额	1387953		973329.0717		1978837.91		341144.3345
百分比	0.778154		0.756504029		0.707171232		0.723167999

资料来源：根据世界银行数据库整理得出。

3. 从相对量来看，发达国家的外商直接投资吸收额占了世界投资的主要部分

相对规模是指一个国家外商直接投资吸收额与世界外商直接投资总额的比值。

由表1-3数据显示，在金融危机出现之前，发达国家在吸引外商直接投资方面具有明显的优势，仅仅欧盟十五国就占据了全球的40%左右，而最不发达国家却仅仅占据全世界外商直接投资的1%左右，其差距之大特别明显，如果再加上近二十年一直保持着处于外商直接投资“领头羊”地位的美国，则发达国家的外商直接投资吸收力之大就更为明显了。

表1－3　外商直接投资发达地区与不发达地区比较：以欧盟和最不发达国家为例

	1990年	2000年	2005年	2006年	2007年	2008年	2009年
世界总量	207912	1270764	958697	1411018	2099973	1770873	1114189
欧盟十五国①总计	103144	617321	449095	498213	778596	414979	333933
最不发达国家②总计	603	4414	7174	12816	25566	32358	27971
欧盟/世界	49.61%	48.58%	46.84%	35.31%	37.08%	23.43%	29.97%
最不发达国家/世界	0.29%	0.35%	0.75%	0.91%	1.22%	1.83%	2.51%

注：①欧盟十五国包括：奥地利、比利时、芬兰、法国、德国、希腊、爱尔兰、意大利、卢森堡、荷兰、葡萄牙、西班牙、丹麦、瑞典、英国。

②联合国依据人均国民收入、人力资产和经济脆弱性将一些国家划归为最不发达国家，到2005年为止共有50个国家。

资料来源：根据1994年、2001年、2008年、2009年、2010年世界投资报告整理。

通过上述的分析可以看出，国际资本流动的主要形式之一外商直接投资的流动方向主要是流向了较为发达的欧洲和北美洲地区，而不是流向资本匮乏的非洲和比较落后的亚洲地区。

1.1.2　世界外商直接投资的总体趋势

全球外商直接投资在整个20世纪70年代的发展比较缓慢，由表1－4中统计数据显示，1970年仅仅为130多亿美元，至1979年世界外商直接投资增长约为422亿美元，十年里增长了近2倍，1970年全球外商直接投资额占据全球GDP的比重为0.003953%，1979年的比重则仅仅上升为0.003962%。1980年受资国的外商直接投资额为540多亿美元，然而到了1990年则增长为2000多亿美元，增幅是原来的4倍多，其绝对值增加则更是达到了1970年的十多倍。整个90年代过程是个高速发展的阶段，特别是从1986～1990年期间；到了90年代初期，由于世界经济格局的大变动，整个世界的外商直接投资情况有一定的下降，其中1991年仅仅是1500多亿美元，较1990年而言下降了500多亿美元，但是在20世纪90年代后期，全球外商直接投资的发展则更是迅猛的，自从1995年开始，每年都是以巨大的绝对值攀升，1995 年较 1994 年增长了将近 900 亿美元，在这样持续增长的前提下，1998 年的全球外商直接投资更是比 1997 年增长了 2000 多亿美元，整个 90 年代阶段，外商直接投资得到了快速的发展，整体上从 1500 多亿美元增长到了 2000 年的 13800 多亿美元，整个 90 年代期间增长了将近十倍。从宏观来看，20 世纪 70 年代，外商直接投资的平均投资额大约为 282 亿美元，80 年代大约为 938 亿美元，90 年代约是 80 年代的 3 倍，而 90 年代则为 3833 亿美元，约是 70 年代的 14 倍，90 年代的下半个世纪，发展速度就更快了，平均投资额达到了 4515 亿美元，约是 70 年代的 19 倍。进入 21 世纪以后，全球的外商直接投资额有所下滑，2001 年、2002 年、2003 年连续三年都持续下降，到 2003 年的时候，外商直接投资额还不到 2000 年的一半。但是从 2004 年开始，全球外商直接投资开始回升，并且一直保持着上升的趋势直到 2007 年。2008 年开始，由于受到金融危机影响，全球外商直接投资又有所下降，但是随着危机的逐步化解，外商直接投资又开始企稳回升。纵观近三十年的发展历程，尽管全球外商直接投资有所波动，但是总体上来说是日趋上升与活跃的（见图 1－2）。尤其是 20 世纪末和 21 世纪初这十多年间的发展是迅猛的，可见外商直接投资在全球经济发展过程中起着重要的作用。

表 1－4　　1970～2008 年世界 FDI 流量　　单位：百万美元

年度	t 值	FDI 流入		FDI 流出	
		流量	存量	流量	存量
1970	1	13345.5943		14151.42166	
1971	2	14282.04695		14440.22289	
1972	3	14932.73034		15769.92071	
1973	4	20645.96153		25937.8998	
1974	5	24126.56472		24474.32555	
1975	6	26567.00473		28593.55568	
1976	7	22002.32054		28414.11204	
1977	8	27139.38849		28740.59395	

续表

年度	t值	FDI流入		FDI流出	
		流量	存量	流量	存量
1978	9	34358.11957		39351.97149	
1979	10	42292.43653		62884.34825	
1980	11	54076.42141	705211.3475	51549.7657	548932.5413
1981	12	69567.178	755433.8417	51503.28302	586799.5321
1982	13	58059.24504	790282.6336	27309.96582	578937.5039
1983	14	50267.76879	832266.9068	37381.46037	616183.9912
1984	15	56838.92602	870149.193	50120.10715	646505.3589
1985	16	55887.15635	964307.4008	61974.97718	750882.9866
1986	17	86344.81715	1095935.38	96878.9644	896109.7695
1987	18	136547.6839	1296527.804	141413.0656	1110752.373
1988	19	162834.3662	1457445.055	180296.4522	1261411.812
1989	20	196617.2909	1677789.854	231754.759	1477558.536
1990	21	207273.3079	1942207.181	239111.0656	1785583.944
1991	22	155685.6215	2102464.131	200464.3845	1982667.732
1992	23	166593.7438	2161141.271	204054.3337	2086434.502
1993	24	222407.8371	2335247.363	241964.1403	2280376.152
1994	25	256784.9104	2571967.393	287887.2017	2601707.107
1995	26	341144.3345	2915311.409	361679.3132	2941724.17
1996	27	390443.3638	3246278.684	398324.1681	3276593.144
1997	28	485808.056	3503400.15	476124.5734	3701084.745
1998	29	705330.3406	4152438.133	688504.9165	4308408.245
1999	30	1078605.635	4921699.274	1078189.328	5137181.917
2000	31	1381675.158	5757359.936	1213794.768	6069881.799
2001	32	820429.9835	6129811.285	745662.1349	6495218.786
2002	33	629675.2774	6739772.549	536572.4673	7269150.471
2003	34	565159.5231	8160409.585	563399.4161	8642209.595
2004	35	734892.0399	9607800.709	929640.8588	10093117.13
2005	36	973329.0717	10050884.85	878987.6477	10603661.8
2006	37	1461074.132	12404438.55	1396915.53	12953545.88
2007	38	1978837.91	15660498.35	2146521.639	16226586.37
2008	39	1697353.188	14909288.59	1857734.031	16205662.94

资料来源：世界银行官方网站。

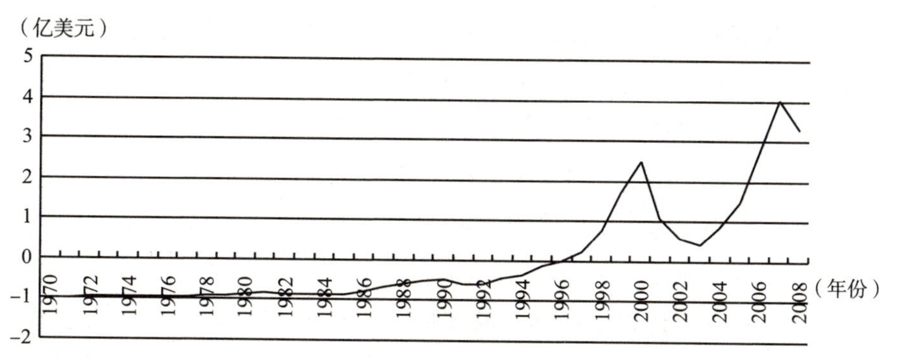

图1-2　全球外商直接投资流量趋势（INWARD）

全球外商直接投资的基本态势是较稳步发展的，但是外商直接投资的分布状况却是不均衡的，无论是在空间分布状况还是在其变动趋势上，都表现出了其分布的不平衡性。

沿着历史的发展阶段过程来看，我们可以将国际资本流动的历史划分为五个阶段。第一阶段起源于14世纪初，产生于国际贸易的发展过程之中，之后随着15世纪、16世纪的地理大发现，殖民地经济的快速发展，出现了大量的国际资本流向了西欧国家。这个阶段大概持续到18世纪中叶才终结。第二阶段起源于工业革命，在这一阶段英国和西欧的经济得到了快速发展，并且积累了大量的资金，在该种情况下，发达国家开始进行了国外投资，外商直接投资在这个阶段得到了大力的发展。从而国际资本的流动达到高潮，但是这种高潮因为第一次世界大战的到来而衰退。并且在第一、二次世界大战期间呈现出极度的萎缩。第三阶段是开始于“二战”之后，在这个阶段过程中，美国在外商直接投资过程中扮演了极其重要的角色。美国政府增加了对意、日、德以及英、法等国的官方援助，同时还加大了对私人投资和直接投资方式的资本输出，外商直接投资活动在发达国家之间比较活跃。但是在这个阶段时期，社会主义国家对资本流动控制得比较紧，因此社会主义国家的国际资本流动量非常小。这个阶段在20世纪60年代末70年代初宣告结束。第四阶段，则起源于70年代初的布雷顿森林体系的瓦解。随着新的国际货币体系诞生，它促进了国际资本流动的新一轮格局的发展。随着1974年和1979年爆发了两次石油危机，在这样的背景条件下，石油输出国的资本大量地输入到了发达国家之中，与此同时，西方国际商业银行也开始向发展中国家提供大量的贷款，但是在80年代时期，当拉美等国进入债务危机之后，发展中国家的国际资本流入又陷入了萎缩状态。在这个阶段，发展中国家的规模有所发展，但是规模仍然比较小。这个阶段终结于80年代末期。第五阶段开始于20世纪90年代。该阶段世界经济处于腾飞阶段，各个区域的经济发展均摆脱困境，金融贸易自由化程度得到不断发展。1997年爆发的亚洲金融危机对发展中国家的资本流动影响比较大。在这个阶段中，发达国家的国际资本流动占据主导地位。这个阶段一直延续到今天，发达国家的优势状况仍然是很明显。虽然在2007年开始一直延续至今的金融危机爆发，对发达国家产生了比较大的冲击，但这仍然没有改变发达国家的外商直接投资“领头羊”的地位。

从前述的国际资本流动的历史发展过程阶段可以看出，第一阶段是由于国际贸易的发展引起的国际资本流动，第三阶段是由于殖民掠夺的原因造成的，从而引起国际资本流动，因此这两个阶段都不在本书的讨论范围之中。第二阶段是由于工业革命的爆发，发达国家将积累的原始资本投向了发展中国家，是从发达国家流向了发展中国家。第四阶段和第五阶段则是更多地流向了发达国家，并且是在发达国家之间相互投资。这正是本书所要研究的现象。这种情况我们可以通过以下几个方面得到论证。

1.2 卢卡斯悖论的背景及意义

随着全球经济一体化进程的深入，以外商直接投资为代表的跨国资本流动不断上升。按照新古典经济学中的边际报酬递减规律理论的预期，在资本可以自由流动的前提条件下，资本应该从资本丰裕的地区流向资本匮乏的地区，也即资本应该从富国流向穷国。但根据我们上一节对外商直接投资现状的分析可知，资本的流向却并没有遵循这个规律。根据新古典经济理论的假设存在两个生产相同产品的国家，他们的资本和劳动投入是同质，而且面临着相同的不变规模收益的生产函数。如果两国工人的平均生产率不同，则两国工人的平均资本占有量不同。收益递减规律表明生产率更低的国家资本的边际产出会更高。如果资本品的贸易是自由的和具有竞争性的，则新的投资将只会发生在更加贫穷的国家。这样持续下去，直到两国的资本劳动比相等，从而工资和资本收益也相等。但资本流动远远没有达到新古典理论预测的水平。

由新古典经济模型可以得出如下对资本边际收益的分析。假设这两国的生产率都服从相同的柯布—道格拉斯的不变收益函数，生产一种产品，有两种要素投入，一种是资本；一种是劳动，劳动都是同质的，各经济体都拥有相同的技术。生产函数表示为：

$$Y_{it} = AF(K_{it}, L_{it}) \tag{1-1}$$

其中，i 表示某经济体，t 表示某期，Y 表示 GDP，K 表示资本，在此可表示外商直接投资，L 表示劳动数量。假设各国生产函数都服从道格拉斯函数，则有 $Y_{it} = A_{it}K_{it}^{\alpha}L_{it}^{\beta}$，其中 $\alpha(0<\alpha<1)$ 表示资本的占有率，$\beta(<0<\beta<1)$ 表示劳动力的占有率，且生产服从规模报酬不变的特性，即 $cY_{it} = A_{it}(cK_{it})^{\alpha}(cL_{it})^{\beta}$。

令，$K_{it} = \frac{K_{it}}{L_{it}}$ $y_{it} = \frac{Y_{it}}{L_{it}}$

根据规模报酬不变的特性则有：

$$y_{it} = A_{it}k_{it}^{\alpha} \tag{1-2}$$

其中 y 为人均 GDP，k 为人均资本，在此可表示为人均外商直接投资。对式（1-2）中的 k 求一介导数，得到资本的边际产出，用资本表示的资本回报率。

$$r_{it} = y'_{it} = \alpha A_{it}k_{it}^{\alpha-1} \tag{1-3}$$

由式（1-2）可得 $k_{it} = (y_{it}/A_{it})^{1/\alpha}$ （1-4）

将式（1-4）代入式（1-3）得到

$$r_{it} = \alpha A_{it}^{1/\alpha}y_{it}^{\alpha-1/\alpha} \tag{1-5}$$

此式的资本的边际收益可以通过人均 GDP 表示，由于 $\alpha<1$，所以资本边际收益与人均产出呈反比关系，即人均 GDP 越高的国家，资本边际

收益越低。按此模型推出外商直接投资应该流向贫穷国家。在卢卡斯的分析中，他指出根据罗伯特·萨默斯和艾伦·赫斯顿的数据，美国的人均收入大约应该为印度的15倍，他令美国和印度资本平均占有率为0.4，即$\alpha=0.4$，则式（1-5）表明印度的资本边际产出大约为美国的$15^{1.5}=58$。卢卡斯认为，如果这一模型足够精确，且世界资本市场足够自由和完全，那么面对如此巨大的回报差距，资本显然会很快从美国和其他富裕国家流向印度和其他贫穷国家。然而面对如此大的回报差距，资本为什么没有从资本回报率低的富国流向资本回报率高的穷国呢？卢卡斯悖论由此而被提出。

“卢卡斯悖论”的提出产生了两大问题：第一是卢卡斯悖论现象是否在全球范围内普遍存在；第二是卢卡斯悖论现象存在的真正的原因是什么。第一个问题我们在第一节中已经进行了阐述，可以发现这种现象是普遍存在的。针对第二个问题，卢卡斯本人也作出了解释，他是通过人力资本来加以分析的，其使用的工具是标准的规模收益不变生产函数。

1.3 人力资本假说

对于这种悖论现象的出现，卢卡斯从人力资本的差异性和外部性进行了解释。

1.3.1 人力资本差异论

卢卡斯认为，出现悖论的原因在于模型的假设中将劳动力即L视为了同质，忽略了劳动力的差异性，从而把由于劳动力差异带来的收益部分也归入了资本的收益。卢卡斯引用了安妮·克鲁格的研究成果。根据安妮·克鲁格的数据研究，在20世纪50年代开始的25年内，各国之间的收入百分比差异变化很小。克鲁格根据教育水平、年龄、部门等因素得到各国工人构成的信息，以及美国人对这些因素对生产率的影响的估计。并用相对收入进行衡量。她估算了28个国家能够达到的人均收入水平。

卢卡斯根据克鲁格的估算，在考虑了人力资本差异的基础上，再研究印度和美国的有效劳动的人均收入，发现美国为1，印度为0.38。因此经克鲁格计算过的美国和印度的人均收入的比值由15降为了3，则两国的资本预期收益率之比就变成了$3^{1.5}=5$，这个变化是个很大的改进，即将劳动力的质的差异考虑进来后，美印两国的资本预期收益率由原来的58倍降低到了5倍，根据以上情况卢卡斯认为：一定程度上人力资本的差异是可以解释卢卡斯悖论现象的。但5倍的差异仍然是有足够的吸引力来导致资本发生流动，所以人力资本的差异还不能完全解释卢卡斯悖论之谜。在此基础上，卢卡斯又提出了人力资本外溢的作用。卢卡斯把人力资本外溢看作与技术进步一样的作用。

1.3.2 人力资本的外部性假说

经济学家卢卡斯为了解答为什么资本不从富国流向穷国的谜题，于是他作出了进一步的解释。理论上来说只有边际收益相等才造成资本的不流动，由于资本在两国之间没有出现大规模的流动，那么我们可以先假设资本边际收益在两个国家是相等的，然后再根据前面我们得到的两国的人均收入差异，采用道格拉斯生产函数比较两国的技术水平，并且道格拉斯生产函数规模收益是不变的。在卢卡斯假说中，他把两个国家收入水平的差距归结为技术变量的差异，再把人力资本的外部性纳入到技术变量中。于是卢卡斯建立了道格拉斯生产函数，该生产函数是规模收益不变，利用数学方法对函数进行推导，求解出资本边际收益率的表达式。同前面设定的生产函数不同的是，卢卡斯在这里把人力资本的外部效应引进到生产函数中。

$$y=f(k)=Ak^{\alpha}h^{\gamma} \tag{1-6}$$

人均资本用k表示，人均收入或人均生产率用y表示，人均人力资本用h表示，人力资本的外部效应用h^{γ}表示，该模型中增加了在任何技术水平下每个工人的生产率。在接下来的分析中，卢卡斯的假设是每个国家的技术水平是相同的，即 A 的值为不变，采用 h^{γ} 来代替 A 的作用。对公式（1-6）中的 k 进行求其一阶倒数，于是得到资本的边际生产率为：

$$r = A\alpha k^{\alpha-1}h^{\gamma} \tag{1-7}$$

由式（1-6）可得

$$k = [y/(Ah^{\gamma})]^{1/\alpha} \tag{1-8}$$

我们将公式（1-8）代进公式（1-9）可得用人均收入或人均生产率所表示的资本边际收益率：

$$r = A^{1/\alpha}\alpha y^{(\alpha-1)/\alpha}h^{\gamma/\alpha} \tag{1-9}$$

发达国家我们用带 d 的变量去表示，欠发达中国家我们用带 u 的变量表示，我们把初始条件设立为 $r_0^d < r_0^u$，根据理论因为资本是可以自由流动，这样均衡时的资本收益率为：

$$\begin{aligned} r^d &= A\alpha\,(k^d)^{\alpha-1}(h^d)^{\gamma} \\ &= A\alpha\,(k^u)^{\alpha-1}(h^u)^{\gamma} \\ &= r^u \end{aligned} \tag{1-10}$$

经济学家卢卡斯假定 $h^d > h^u$ 以及技术水平相同，也即 A 的取值相等，其理论根据是人力资本的外在收益差异；鉴于此我们可以将 h 加入到 A 变量之中，统一采用 a 来表示，则就有 $a^d > a^u$，

$$\begin{aligned} r^d &= a^d\alpha\,(k^d)^{\alpha-1} \\ &= a^u\alpha\,(k^u)^{\alpha-1} \\ &= r^u \end{aligned} \tag{1-11}$$

从式（1-11）我们可以得出，由于 $a^d > a^u$，从而有 $\alpha\,(k^u)^{\alpha-1} > \alpha\,(k^d)^{\alpha-1}$，也就是 $f'(k^u) > f'(k^d)$，根据资本的边际收益递减规律可知 $k^u < k^d$。因此，我们能够得出，即便是处于均衡状态，资本边际收益率相等以及资本没有出现流动的情况下，发展中国家的资本仍然会低于发达国家。经济学家卢卡斯处理的方法是：设定好一个生产函数，然后把具体的数据代入到生产函数中，通过求解出具体的资本边际收益直观地阐述自己的观点；我们这里是采用平衡式的方法来说明问题的。

经济学家丹尼森（Edward Denison）于 1962 年把美国 1909 年和 1958 年的生产率做了对比，比较结果是在这一期间，单位小时美国工人的劳动

生产率比资本投入转化成的生产率要高出一个百分点；通过丹尼森估计h的增长率是0.009，他把这个增长归功于对教育的投资；可以采用式子来表示乘数效应人力资本转化为生产率的过程，即 $[(1-\alpha)+\gamma]0.009=0.01$，在这里α取值为0.25，不再等于前面的0.4，原因是前面生产要素仅仅考虑了物质资本与人力资本，这里我们加进了人力资本的外部效应。我们把 $\alpha=0.25$ 代入到公式 $[(1-\alpha)+\gamma]0.009=0.01$ 中，计算得到γ等于0.36，表示如果周边普通人员的平均水平增加为10%，由于人力资本的外部效应作用，其他的人也可以提高3.6%的水平。在前面论述的人力资本差异时，曾经得出过一个美国工人相当于五个印度工人的结论，$h_{india}=1/5h_{usa}$，我们把这些数据代入公式（1-9）$r=A^{1/\alpha}\alpha y^{(\alpha-1)/\alpha}h^{\gamma/\alpha}$，得出 $h_{india}:h_{usa}=1.04$。

通过以上研究的结果说明，资本不会发生大规模的移动，原因是两个国家的资本边际收益已经相当接近，这同我们利用生产函数进行推导得出的结果是相吻合的。如果一个国家能够重视提高人力资本的投资，那么它将有利于吸引更多的资本流入，吸收到更多的国际资本，从而能够促进本国经济增长；原因是存在人力资本的外部效应的差异，这就消除了由于资本存量所带来的资本边际收益率的差异，从而使得资本流动并不从富裕国家流向贫穷国。

1.4 本章小结

本章通过对外商直接投资现状进行了分析，透过近四十年的外商直接投资流量数据发现，总的来说，四十年来全球范围外商直接投资总体规模是稳步提升的，其中有些国家和地区提升的幅度还比较高；外商直接投资总体规模提升速度情况大致是20世纪70年代相对比较慢，80年代有加速的趋势，到了90年代提升增速最快。然而外商直接投资区域分布的不均衡性却表现得非常明显，按照空间区域分布来看，全球外商直接投资规模主要集中在经济发达国家和经济飞速发展的发展中国家；按照全球各国经济排名来看，排列在世界靠前十几位的外商直接投资引资国，它们大部分都是经济较发达的国家；按照相对占百分比重来看，发达国家所吸引的外商直接投资额占据了全球外商直接投资额的最主要部分。分析结果显示：经济较为发达的欧洲和北美是外商直接投资流动的主要去向，而不是流向资本匮乏的非洲和经济比较落后的亚洲。但是新古典经济学理论的边际报酬递减规律利率的预期是在资本能够自由流动的前提条件下，资本的流向应该是从资本比较丰裕的地区流向资本比较匮乏的地区，即资本应该从富国流向穷国。我们分析的结果却与此理论预期是相悖的，资本为什么没有从资本回报率低的富国流向资本回报率高的穷国呢，卢卡斯悖论由此提出来。对此现象，卢卡斯从人力资本的差异性和外部性的角度进行了解释。本章内容为后续章节中对卢卡斯悖论现象的进一步研究奠定了基础。

第2章

文献综述

2.1

理论贡献及实践意义

外商直接投资是世界经济一体化的重要推动力，对各国的经济发展都起着举足轻重的作用。虽然各国各地都积极采取各种手段努力吸引外资，但FDI在全球的分布却是有着很大的不均衡性。以美国为首的发达国家每年吸引了全球的绝大部分的国际直接投资，亚洲国家间近年来有较快增长，而非洲和拉丁美洲等国每年吸引的国际直接投资非常少。到2007年全球外商直接投资额达到了18330亿美元，达到历史最高，尽管2008年由于金融危机的影响，有所下降，但国际投资增长的势头仍然在持续。2007年发达国家的外商直接投资流入量占了将近70%，2008年有所下降，但是仍然接近60%，是全球投资的主导。显然现实经济中，外商直接投资更多地流向了发达国家，而不是资金缺乏的发展中国家。而根据新古典经济的边际报酬递减理论，资本应该流向资金匮乏资本回报率高的地方，这种理论预期与现实经济相悖的现象首先由卢卡斯提出，所以称为“卢卡斯悖论”。在提出这一悖论之后，卢卡斯又从理论上用人力资本因素对这一现象作出了解释，以说明其存在的合理性。究竟人力资本对外商直接投资的影响存不存在，人力资本如何衡量估算，本书的目的是借助于索罗模型中的技术进步因素，和以此为基础的卢卡斯和罗默的人力资本模型，在人力资本和技术进步间搭上桥梁，用技术进步来反映人力资本的效率。文中将用全要素生产率来衡量技术进步，也即人力资本通过全要素生产率这个代理变量体现，以达到能够有效验证卢卡斯人力资本假说。对卢卡斯的人力资本假说进行论证，这是本书的理论意义所在。另一方面，吸引外商直接投资不仅可以弥补一国尤其是资金匮乏的发展国家的建设资金的不足，更可以与此同时，通过外商直接投资的溢出效应使东道国能够获取先进的技术，促进东道国产业不断升级，使东道国学习到先进的企业经营管理经验。外商直接投资的流入为东道国提供了接触先进技术的契机，而东道国能否充分利用流入的外商直接投资提高自身的技术水平促进本国经济发展，则取决于东道国的人力资本水平。如果东道国人力资本存量丰富，那么东道国就有能力吸收外商直接投资带来的先进技术；反之，东道国人力资本存量匮乏，则东道国将无力吸引外商直接投资带来的先进经验。可见人力资本在外商直接投资溢出过程中具有举足轻重的作用。而人力资本的核心内容是蕴含于人体之内的知识和技能，是技术存在的主要方式，因此人力资本的水平可以体现技术进步的程度，而技术进步的程度也是人力资本水平的反应，体现了人力资本水平。新增长理论将人力资本作为衡量技术进步的重要指标，因此，在本书中为了更好地体现人力资本在经济建设中实际发挥的作用，我们用技术进步作为人力资本的代理变量，进一步验证人力资本在外商直接投资的区位选择和技术溢出过程中的作用。通过对人力资本与外商直接投资关系的实证分析，为东道国在吸引外商直接投资方面以及利用外商直接投资方面提供现实的指导意义。

2.2 文献综述

2.2.1 外商直接投资区位选择理论

外商直接投资区位选择理论是关于生产资本进行跨国跨界运动的法则。尽管迄今为止外商直接投资区位选择理论尚未形成一般意义上的共识，但仍有大量的文献在讨论这个问题。并且数量仍在不断地上升。区位理论是外商直接投资理论的一大理论渊源，主要分为三大流派。第一大流派是成本学派，该学派的主要创始人是杜能和韦伯，他们认为生产成本极小化是决定生产布局的目标函数。1826 年，德国区位理论经济学家杜能出版了《孤立国同农业和国民经济的关系》一书，提出了农业的生产布局不仅与自然条件有关，而且还与运费、地租等有关。杜能被誉为区位理论的鼻祖，创立了农业区位理论，他的观点为后来区位理论研究奠定了基础。工业区位理论则是由阿尔弗雷德·韦伯创立，他于 1909 年出版了《工业区位论：区位的纯理论》一书。韦伯认为企业区位选择首先考虑的是原材料地、生产地和销售地之间的运输成本，其次是劳动成本的节约和集聚效应。跨国公司的区位选择受到了生产成本最小化思想的极大影响，这种影响主要体现在两个层次：第一个层次体现在跨国公司在全球范围内的区位选择，各国之间运输成本和通信成本、劳动力成本和技能、相关或辅助性产业发展水平等方面的差异决定了跨国公司的区位选择。第二个层次体现在一国家或地区内部的跨国公司的选址上，其考虑因素与跨国选址考虑的因素是一致的。第二大流派是市场学派。20 世纪 30 ~ 40 年代，克里斯塔勒和廖什开创发展了市场区位理论。该学派的目标函数为最大限度地为目标市场服务。1933 年沃尔特·克里斯塔勒的《德国南部的中心理论》一书出版，该书根据聚落和市场区位的不同提出了中心地理论。克里斯塔勒认为某一厂商服务的最优面是圆形，其最优半径的确定由需求界限和市场范围决定，这样就会形成若干个中心地。克里斯塔勒首创了以城市为中心的市场面与网络分析的理论。奥古斯特·廖什于 1940 年出版了《空间经济秩序》一书，书中认为一个企业的市场区位在地理上是个六边形，其选择是多种因素综合作用的结果。廖什将贸易流量和服务区位问题纳入到区位理论的研究范围中，把市场利润作为区位选择的动力。廖什以最大利润原则代替了最小成本原则，开辟了从市场角度研究企业生产布局的新途径。市场学派从接近市场和满足消费者需求的角度出发，研究区位选择理论，满足了市场追逐型跨国公司的要求。第三大流派是行为学派。该学派强调了人的因素。普雷德（A. Pred，1967）认为经济活动区位选择是人的决策结果，区位选择是决策者占有信息并对信息进行处理的结果。20 世纪 60 年代，普雷德把满意人的概念引入区位论中，建立了更加接近现实的区位行为研究理论；70 年代克鲁梅（G. Krume，1973）把工业区位论与行为科学相结合，论述了行为科学与工业区位论的关系，他提倡感应—行为的区位选择决策，他强调研究区位与个人行为的空间问题，并指出人类可能的行为空间要受财政、技术和生物学的制约。《资本流动的原因和效应》一文中最早出现了国际直接投资理论，但是作为独立理论，则是由海默的厂商垄断理论形成的。一般把外商直接投资理论分成以下四类。

第一类是以比较优势学说为基础的 FDI 理论。在这一类中主要包括弗农的产品生命周期理论、小岛清的比较优势论。弗农（R. G. Vernon，1966）认为 FDI 的发生发展取决于母国的特定优势和东道国的区位优势；外商直接投资实际上是把两种优势结合起来，以跨国公司的方式放大两种优势；处于不同发展阶段的东道国吸引外商直接的类型和规模不同，并具有时序上的差异性。小岛清（Kojima，1978）依据产业梯度转移原理，认为如果 A 国的产业发展水平高于 B 国，且该类产业在 A 国丧失了竞争优势，但在 B 国仍拥有比较优势，则 A 国企业就可去 B 国投资设厂，把本国内的夕阳产业转移到 B 国，从而延长 A 国产业和产品生命周期。

第二类是传统的资本国际流动理论，以麦克道格尔和纳克斯（Nurkes，1933）为主要代表人物。麦克道格尔认为，根据国际资本流动依据的一般均衡模型，外商直接投资应当从资本丰富而资本边际产出率较低的国家流向资本稀缺从而资本边际产出率较高的国家，直至两国的资本边际产出率相等。

第三类是以产业组织学说为基础的外商直接投资理论。在这一类里包括了海默的垄断优势论，巴克莱的市场内部化理论和邓宁的国际生产折中理论。海默（S. H. Hymer，1960）认为美国企业对外直接投资的根本动机在于控制国外经营而非利率差异，国外经营的目的不仅是充分发挥其资产优势，而且还要通过占领东道国市场，削弱甚至消灭东道国企业的竞争，达到获取垄断利润的目的；欧洲的寡头企业同样如此；所以海默认为发达国家的相互投资，是国内垄断竞争的国际化。巴克莱（P. J. Buckley，1976）的观点认为生产成本低、高运输成本和高关税都会刺激企业进行跨国投资。邓宁（J. H. Dunning，1977）的观点认为决定跨国公司行为的因素有三个方面，即区位优势、所有权优势和内部化优势。在缺乏区位优势和内部化优势时，企业一般只会通过合约输出优势；在缺乏区位优势时，企业不会对外直接投资；只有同时具有三大优势时，企业才会考虑进行国际直接投资。

第四类是外商直接投资的最新发展。包括波特的竞争优势理论和理查德森的综合动因模型。理查德森（Richard，1974）的观点认为，由于非经济因素也能发挥巨大作用，所以企业的跨国投资活动不能完全用经济变量来解释。鉴于此他引入了“空间偏好”的概念，以表达诸项非经济因素的投资或引资效应，并且以此为核心，在吸收各种 FDI 理论的基础上，进一步构建了具有较强解释力的外商直接投资一般动态模型。在对日本企业进行实证研究的基础上，波特（Porter，1990）提出了竞争优势理论；国际竞争环境与跨国公司竞争战略和组织结构之间的动态调整过程及相互适应的过程是该理论研究的核心问题，并且对 20 世纪 90 年代区位理论的发展产生了重大的影响。

2.2.2 人力资本与外商直接投资关系的理论

人力资本与外商直接投资关系的理论更多的是建立在外商直接投资区位选择理论的基础上进行的实证分析。国外学者主要从人力资本对外商直接投资的吸引力的影响和人力资本与外商直接投资溢出效应之间的关系来加以验证的。

凯勒、伯伦斯坦等经济学家对外商直接投资溢出效应中的人力资本作用进行了一系列的研究。本哈比和彼吉尔（Benhabib and Spiegel，1994）等人开始了人力资本影响东道国向跨国公司学习能力问题的最初研究。他们在研究经济增长的过程中发现，一国吸收跨国公司技术的能力受其人力资本水平的影响。如果东道国的人力资本存量没有达到一定的水平，其对跨国公司先进技术的吸收和利用就会受到限制和约束。

凯勒（Keller，1996）以中间投入品增多型内生增长模型为基础，探索了在同样实施外向型政策促进技术进步的背景下，为何东亚国家经济增长率却大大高于南美洲国家。凯勒强调了人力资本积累对技术吸收的重要性，其研究以韩国和巴西为例，并最终得出结论为正是由于两个地区人力资本水平存在差距从而导致了两地区对技术的吸收效果和经济增长率的不同。

在研究人力资本对外商直接投资技术外溢的决定作用方面，伯伦斯坦（Borensztein et al.，1998）做出了重大的贡献。伯伦斯坦在内生经济增长模型的基础上，运用柯布道格拉斯生产函数，分析了人力资本与外商直接投资技术溢出效应的关系。该模型首次将吸收能力的代理指标描述为人力资本，并以此为依据，将东道国的吸收能力进行量化，其目的是解释各国技术吸收出现差异的根源所在。在理论分析的基础上，伯伦斯坦进行了实证回归分析，结果表明外商直接投资与东道国人力资本相结合比单纯的资本积累对经济增长的推动作用更显著。伯伦斯坦还发现，外商直接投资对一国经济增长的作用受到东道国的人力资本的临界值影响，即东道国经济有效吸收外商直接投资技术外溢的前提是东道国具有一定的人力资本存量。

徐斌（Bin Xu，2000）根据1966～1994年间44个国家的面板数据，运用聚类回归方法，对东道国吸收能力的人力资本临界值效应进行了验证。研究的44个国家包括了20多个发达国家和20多个欠发达中国家。研究结果表明，发达国家对先进技术的吸收能力比欠发达国家技术吸收能力的效果明显，东道国的人力资本存量越丰富，外商直接投资的技术溢出效应就越明显。在所选中的44个国家中，外商直接投资技术外溢效应显著为负值时，东道国人力资本存量低于1.3年；只有当东道国人力资本存量超过2.4年时，外商直接投资的技术溢出效应才显著为正；而当人力资本存量为1.3～2.4年时，外商直接投资技术溢出效应为正但却不显著。因此，由这个样本得出的结论是东道国的人力资本存量最低必须在2.4年，才能保证东道国有效吸收跨国公司带来的新技术。

邓宁（Dunning，1988）、汉森（Hanson，1996）、奥克塞尔（Alcacer，2000）、班蒂等人（Bende - Nabende et al.，2000）、诺巴斯等人（Noorbakhsh et al.，2001）则在人力资本对外商直接投资区位分布的影响方面做了研究。邓宁早在1988年就指出，外商直接投资的规模和跨国公司对东道国的选择特别是对发展中国家的选择是受东道国国劳动者教育状况及其技术水平的影响的。汉森（Hanson，1996）利用成人识字率对105个发展中国家的外商直接投资流入量进行实证分析，发现影响外资分布的主要原因之一是人力资本的分布状况。

马库斯（Markusen，1999）通过模型分析发现许多跨国公司都需要高素质的劳动力，因此跨国公司进入东道国的规模及其在东道国进行的生产经营活动内容受到了东道国人力资本水的约束。马库斯的研究表明东道国国内所拥有的高技能劳动者的数量影响着外商直接投资的流入量的大小。

班蒂（Bende - Nabende et al.，2000）认为对外资特别是对私人性质的外资的流入有决定性影响力的因素是人力资本和基础设施。班蒂发现由于技术进步的飞速发展使得通过教育投资来提供充足的劳动力的步伐不匹配，导致劳动力匮乏从而阻碍了外资的进入。

奥克塞尔（Alcacer，2000）将对人力资本的研究具体化到了经理人才。奥克塞尔采用的样本国主要是东欧转型国家，经过对这些国家的研究，作者认为外商直接投资进入东道国的主要障碍是缺乏高级经理人员，并提出建议只有培养出本地区自己的经理人才才能提高对外资的吸引力。

诺巴斯（Noorbakhsh，2001）等人同样是对发展中国家的外商直接投资区位选择决定因素进行了回归分析。在外商直接投资区位选择的诸多决定因素当中，诺巴斯认为人力资本是最主要的因素。只有跨国公司认为一国劳动者具有了良好素质，该公司才会把复杂的技能密集型的子公司放在该国。人力资本水平较高的国家获得较高的外商直接投资的可能性也越大。

沈坤荣、赖明宝、赵江林等国内学者也对人力资本与外商直接投资的关系进行了探讨，其研究大部分集中在对中国本土范围吸引外资现状的研究上。沈坤荣、耿强（2001）通过建立计量模型对中国29个省区市的人力资本与外商直接投资的关系进行了分析，其中人力资本以高校人数作为代理变量。研究结果显示，人力资本存量与外商直接投资流入量相结合，对中国经济有明显的增长效应，即人力资本存量的高低对外商直接投资溢出效应作用明显。沈坤荣又与田源合作，研究了中国人力资本与外商在中国进行投资时的区位选择的关系。沈坤荣、田源（2001）利用中国各省分年份的面板数据分析了人力资本对外商直接投资区位选择及投资量大小的影响，认为人力资本水平的不断提高，将有助于吸引更多的外商直接投资的流入，有助于外商在中国的投资领域由劳动密集型行业向资本、技术密集型行业的转变。规模大的外商投资更倾向于投向人力资本存量水平较高的地区。

赖明勇、包群和阳小晓（2002）利用20世纪末中国二十年的数据，以中学入学率和大学入学率为人力资本代理变量，研究了人力资本及其他因素对外商直接投资溢出效应中的作用，结果表明，人力资本积累水平是诸多要素中对外商投资技术外溢效应起决定作用的要素，而在中国的外商直接投资在那个时期与初高中教育水平的人力资源水平相结合效果明显。赖明勇、包群、彭水军、张新（2005）利用我国30个省区市1996年到2002年的数据，运用资本深化型的内生经济增长模型，探讨了开放经济条件下国内研发、人力资本与外商直接投资溢出效应对经济增长影响的内在机理。模型结论表明，我国人力资本的相对不足限制了我国对外商直接投资技术溢出的吸收，基于人力资本吸收能力的提高有利于经济的长期发展。

赵江林（2004）通过对我国1990～2000年期间全体教育水平的变化以及东中西部教育水平的差异，研究了人力资本变化与我国外商直接投资流入量的变化的关系，发现在1995年以前，小学文化程度的人口对外资流入的影响明显，而到了1995年以后，则是高中及以上文化程度的人口对外资流入方向的影响明显，1995年以后，外商将资金转向了高附加值领域进行投资。赵江林认为，进入我国的外商直接投资的规模、结构以及质量很大程度上取决于现有人力资本存量的高低。

王志鹏和李子奈（2004）利用中国1982～2001年29个省区市的数

据，以伯伦斯坦的外商直接投资溢出效应模型为基础，进行了实证研究发现，外商直接投资技术溢出发挥重要作用的途径是与人力资本相结合。各省市只有具有一定的人力资本水平才能从外商直接投资中获得实质性好处。

代谦、别朝霞（2006）在一个两国内生增长模型中，从人力资本角度研究了发达国家外商直接投资产业选择与发展中国家经济增长和技术进步问题。他们指出发展中国家的技术能力和竞争能力决定了发达国家外商直接投资产业的选择，而发展中国家的技术能力和竞争能力又依赖于其人力资本的积累。因此发展中国家人力资本积累水平越高，发达国家则越倾向于将更先进的产业转移到发展中国家。所以，代谦、别朝霞认为发展中国家可以通过加大教育力度来提高国民的人力资本水平，从而达到提高本国技术能力，吸引更多更高质的外商直接投资，最终实现促进技术进步和经济增长的目标。

关于外商直接投资理论中，国内外的研究文献中对于人力资本的影响因素的分析更多的是集中于外商直接投资进入到东道国后对该国的技术进步和经济增长的作用方面的研究，而对于人力资本因素在吸引外商直接投资流向方面的研究比较弱。而人力资本的指标在研究的文献中更多的是集中于使用教育年限，而教育年限法的缺陷在没有考虑到接受教育者存在没有把知识转变为生产力的情况的存在。研究使用的数据更多地使用截面数据或是单纯的时间序列数据，缺乏使用数据量更大、可以更好地反映现实的面板数据的分析。

2.3 本书研究方法和创新之处

本书运用定性分析与定量分析相结合的方法。在对人力资本和外商直接投资的定量分析的基础上，得出定性的结论。同时运用比较分析方法，对中印的外商直接投资的人力资本因素进行比较，以期深刻揭示出人力资本在吸引外商投资上的作用。并在分析过程中运用大量的图表分析，并与数理分析相结合，以期更直观更深刻地说明分析的结论。

目前，对人力资本和外商直接投资的相互影响机制较多，但使用人力资本来论证卢卡斯悖论的文献并不多。本书首先对卢卡斯的人力资本对外商投资的假说进行论证。其次，在人力资本的方面，本书将运用经济增长理论来阐述人力资本与技术进步（全要素生产率）的关系，并将全要素生产率约束在行业，以说明人力资本的代理变量为全要素生产率。

第 3 章

人力资本的理论基础

3.1

人力资本的理论概述

3.1.1 人力资本的概念与性质

1. 人力资本的概念

人力资本是作为资本存在的一种形式，其具有资本的一些特点。与物质资本一样，人的知识、技能、健康等质量因素的形成需要花费的支出，该种支出就是放弃目前的消费，从而希望于在未来获得收益，同时人力资本与物质资本一样，具有稀缺性和生产性特点。人力资本的思想及其理论虽然经历了较长时期的发展，已经日趋走向成熟，但是其理论仍然比较多地体现在描述性的说明上。从定义角度来看，第一次开始正式使用人力资本这个概念的人是美国的著名经济学家沃尔什。他曾经在 1935 年发表了《人力资本》一书，在该书中他从个人教育费用与个人收益之间的关系方面入手，比较深入地探讨了教育的经济收益问题，从而把人力资本问题放到了经济学的领域中去进行分析研究。然而我们现在所提到的关于人力资本的定义，更多的是来自于舒尔茨对人力资本的描述性解释，他认为："人力资本是体现于个人自身的知识、能力和健康"。他从不同的角度针对人力资本进行了定义描述，其主要观点认为：人力资本是内生于人本身的知识和技能的存量，它主要体现于四个方面，分别是体质、智力、知识、技能和道德。在人的素质成为既定之后，人力资本就表现为从事工作的总人数及总的工作时间。一个人的能力与素质是通过对人力资本投资而获取的，具体表现是为提高人力的保健开支、学校教育支出、在职教育支出以及劳动力迁移支出等各项支出费用。人力资本是劳动者的时间价值收入提高的最主要源泉。舒尔茨在研究中对人力资本进行了比较系统的阐述，但他并没有明确以定义的形式对人力资本进行清晰的界定。

在人力资本这个定义被提出来以后，许多学者及经济学家们都分别从不同的角度对人力资本提出了自己的见解。萨洛（1970）的见解认为“人力资本是个人的生产技能、才能和知识”。麦塔（1976）则把人力资本较宽泛地定义为“居住在一个国家或一个地区的人们的知识、技能及能力总和”。他还从比较广义的意义上认定人力资本包括“首创精神、应变能力、持续工作能力、正确的价值观、兴趣、态度以及其他可以提高产出和促进经济增长的人的质量因素。”卢卡斯（1988）[①] 则把人力资本定义成为“个人的一般技术水平”。他认为“一个人力资本为 h(t) 的工人的生产力水平相当于两个人力资本为 h(t)/2 工人，或者说相当于一个人力资本为 2h(t) 的半日制工人”。卢卡斯对人力资本的看法视角主要是从生产力的角度来定义的。1992 年度诺贝尔经济学获奖者贝克尔则把人力资本定义为：“人力资本不仅意味着才干、知识和技术，而且还意味着时间、健康和寿命。”[②] 然而另一位专注于研究人力资本的经济学家明赛尔也对此进行了相关阐述。明赛尔的观点认为技能、劳动质量和人力资本这三个概念之间是可以互相交换的，劳动力所积累的劳动技能就是人们经常所说的人力资本。[③]

新帕格雷夫经济学大词典首先对资本进行了解释，认为是资本是现在和未来产出与收入流的源泉，是一个具有价值的存量。在此基础上，进一

---

① Lucas, Robert E. “On the Mechanics of Economic Development”, Journal of Monetary Economics, 1988, 22: 2-42.

② 加里·S. 贝克尔. 人力资本. 北京：北京大学出版社，1987.

③ 明赛尔. 人力资本论. 北京：经济出版社，2004.

步将人力资本定义为体现在人身上的技能和生产知识的存量。而 1991 年的《世界银行发展报告》一文中把人力资本定义成为："人力资本是对人力资源的自身素质的投资总量，其包括未进入劳动大军而做准备的公共和私人教育的投资，在工作过程中的岗位培训、在职培训、脱产培训、边干边学、个人自学等再教育过程的投资等。" 1998 年，经济合作与发展组织把人力资本定义为每个人所拥有的同经济活动过程相关的知识、技能、能力及其他属性。

综合上述描述可以得出，在西方理论界中，对人力资本的分析研究较为多一些，但是他们对人力资本的内涵研究却尚未形成一个统一的定义。究其原因是主要受到广义资本思想的影响所致。

我们国家理论界对人力资本理论的分析研究是开始于 20 世纪 90 年代，针对人力资本的定义表述亦比较多。大多数的分析研究都是建立于西方经济学家们的研究成果基础之上的，研究的同时也考虑结合了我们国家的实际情况。在这些研究中早期相对较有名气的有 1998 年李建民所写的《人力资本通论》与 1999 年李忠民所写的《人力资本：一个理论框架及其对中国一些问题的解释》。李忠民学者将人力资本的定义表述为"凝结于人体之内的，能够物化于商品或服务之中，增加商品或服务的效用，并以此分享收益的价值。"① 李建民学者还专门针对国外有关文献进行搜集分析研究，他最终发现萨洛关于人力资本的定义是从个体的角度出发进行的，然而麦塔对人力资本的定义则是从群体角度出发进行研究的，李建民认为这两角度对人力资本的定义方式之间是没有什么本质上的差异，但是他们在技术上是存在一定的差别；两者的主要差别是群体的人力资本并不一定是简单地等价于个体人力资本的汇总之和，分析其理由是由于个体所具有的人力资本之间是存在着一定的替代、互补、互动等多重关系。在他分析了萨洛和麦塔的研究之后，李建民吸收了前两位学者的思想，对人力资本从个体和群体两个角度进行了定义。李建民认为，从个体角度来看，

① 李忠民．人力资本——一个理论框架及其对中国一些问题的解释．北京：经济科学出版社，1999.

人力资本是指存在于人体之中，后天所获得的具有经济价值的知识、技术、能力和健康等质量因素之和；而从群体角度来看，人力资本则是指存在于一国或地区群体每一个人之中，后天具有经济价值的知识、技术及健康等质量因素之整合。这两个角度下的定义，其本质上都强调了依附在人身上的知识、技术及健康。我国还有一位学者王金营（2001）采用道格拉斯生产函数，利用人力资本对经济增长的贡献做了分析，他这样来表述人力资本的："个体的人力资本是由通过投资凝结在人身体内的知识、能力、健康等构成，并能够物化为商品和服务的效应，并以此来获得收益的价值；总体人力资本是指一个国家或地区中每个人具有的知识、能力、健康等个体人力资本构成因素的整合，并能够物化于商品和服务，提高商品和服务产出效应的价值。"① 学者王金营对人力资本的定义，其实质是把李忠民和李建民对人力资本的定义进行了综合，同时将人力资本的内涵与人力资本的功能进行了整合。王金营学者的观点是，从内涵的角度来看，一个人的天赋可能会对投资效率产生重大影响，但是人的天赋是不能取代这种投资的，人力资本实质上是人力投资带来的结果；从构成的角度去看，人力资本的构成包括了显示人质量方面的因素知识、能力和健康等所组成的，人力资本具有的特性是通过它能够提供有经济价值的生产服务，以满足市场对劳动能力的需求问题。魏杰、赵俊超（2001）等人认为人力资本就是特指劳动者所投入到企业生产中的知识、技术、创新概念以及管理方法等的总称，他们两人将人力资本具体划分成两种类型，一种类型是掌握了核心技术的技术人员；另一种类型是具有企业家素质的经营者。

综合以上的论述，结合本书针对人力资本的研究范畴，于是我们可以把人力资本定义成为劳动者对企业生产中所投入知识和技能。关于人力资本的定义问题，虽然说最具有权威性的定义是舒尔茨与贝克尔的描述，然而舒尔茨对人力资本的定义仅仅是描述性的定义，而贝克尔对人力资本的定义则是更多地从微观角度去描述。在人们写作现实论文的阐述过程中，对于人力资本的使用，或者对于人力资本的核算时，对其进行定义的范畴

---

① 王经营．人力资本与经济增长理论与实证．北京：中国财政经济出版社，2001.

常常是与舒尔茨或者贝克尔关于人力资本的定义是有差异的。因此理论界对人力资本定义的界定问题上，依然是缺乏一般性和适用性描述的。人们在从事学术研究的过程中，常常引用的是舒尔茨所描述的定义，但是对其在实际应用的过程中，又不是全部遵照舒尔茨所描述的定义去对问题进行研究。

2. 人力资本的特征

（1）普遍的观点认为人力资本属于一种无形资本。人力资本存储形式是以潜在的方式存在于个体之中，它是通过使用过程中并且在生产劳动中得以体现出来。如果某个人自从小学读到中学再读到大学毕业，他一直处在接受文化教育过程中，但是从来没有参加劳动，那么其身体内的人力资本就无法发挥其应有的作用。只有等到他参加到工作中去了，其投入到生产活动过程中去了，人力资本才能够发挥出其应有的作用。

（2）人力资本是具有个体上的差异性。对于一个人来说，他所受到的教育情况、家庭成长环境、成长过程的经历是不一样的，那么其个体心理、意识、思想甚至行动等就会存在差异，而对于这些都是构成人力资本的重要组成部分，它们显然都是有区别的。

（3）作为人力资本，其本身就具备比较强的依附性。人力资本具有的依附性质不单单体现在它对个体的依附上，同时也体现在它对物质资本的依附上。人力资本的天然载体是人自身的个体，构成人力资本的内涵的要素知识、能力、技术、健康等都是依附于单个的人而存在的，并且这些要素必须通过该个人的支配和使用过程，人力资本才能发挥出其作用。所以说，人力资本是具备显著的个体性。因为这种个体上的独占性质，使得人力资本在使用过程中只能是部分地让渡，没办法做到人力资本全部地让渡，而且让渡的仅仅是人力资本的使用权而，并非其所有权；然而对于物质资本来说，却是可以完全让渡的。另外，人力资本要素只有在生产劳动过程中，它通过运用物质资本或者是通过改变物质资本，同物质资本有机地相结合，才有可能真正地体现其价值，从而创新产品。

（4）人力资本具有能动性和创新性。人是有意识地从事生产劳动的，人力资本的本质是体现在人是可以通过对技能、知识和智慧的消耗，投入到生产劳动中去，从而产生无限的创造性。所以说人力资本是构成经济发展过程中的最具有能动性的因素；人类社会历史的发展，科学技术的进步，它们所依赖的就是人力资本的日积月累、陆续地被开发和使用的结果，也就是人类自身的创造性。

（5）人力资本具有的增值性。作为实际可以触摸到的物质资本，它会在不断地使用过程中而消耗，例如使用中的风化、自然腐蚀、磨损等，因而物质资本的效率和收益是以递减规律呈现的，与物质资本不同的是人力资本却是可以不断地自我积累的，人力资本在使用的过程中它的含量是呈现不断上升趋势的。人力资本越是闲置，其越会出现退化，相反地人力资本的使用次数越多，其价值则就会越大。人力资本是与个人联系在一起的，一旦在人力资本被某个体所拥有的时候，它就会同个体之间密不可分，而且还能够周而复始地自我增强。所以，人力资本收益所具备的递增性，使得它为经济快速发展的发动机。

（6）人力资本具有专用性与团队性。人力资本具有的专用性是特指职员们在企业工作过程中所逐渐形成的隐含性的能力和知识，人力资本的专用性具体指的是那些进入生产过程中的人们所具有的专门技术、工作技巧或者是具备的某些特定信息。企业中的知识表现形式，我们可以用明确的形式去清晰地表示出来，以提供给供需要的人员去学习和掌握；我们也可以采用隐含的形式，它是每个岗位人员的工作经验积累的成果，该知识存在于人员的个体内。人力资本型的团队特征显示，某一个企业的成果，并不是等于该企业每一位职员人力资本的简单汇总，该企业的成果是整个团队职员齐心协作的结果。在大多数情形下，某个企业中的“集体产品和团队产品”是不能够按照个体去进行分割的，无论哪一个给定投资的专用性程度，其对于个体而言，在水平上一般都是具有不确定性的，所以一个企业的团队特征常常也就意味着是该企业人力资本的团队特征。

（7）人力资本具有时效性和动态可变性。人力资本与个人之间密不可分，而人是具有生物性的，这种由人的生物基础决定性，导致人力资本的形成与使用过程中都受到时间上的限制性。人的生命是有限的，这种人自身时间的有限性，导致如果人力资本不能被及时而有效地利用，它就会伴随着个人自身时间的消逝从而丧失掉。鉴于此，对于人力资本的用非所长与闲置都将是最大的浪费资源。同时人力资本所具有的时效性还体现于知识商品的时效性上，作为知识商品，他与过去的其他任何商品进行比较，知识产品显著的特征是时效性，他价值分布服从负指数分布，伴随着时间的往前推移，知识产品的价值逐渐递减，一直递减到为零，也就是人力资本的丧失。人力资本的时效性特征还表现出人力资本具有动态可变性。人力资本会伴随着培训、教育、保健及“干中学”等不断地积累而增加；另外人力资本的动态性还表现为贬值，其具体表现为，一个方面为由于个人自身学习的中断及对人力资本使用的中断；另一个方面为由于外界知识和技能的不断更新，然而个人自身却没能及时更新，以致造成了人力资本的贬值。

(8) 人力资本具备积累性。人力资本的使用过程也是磨损的过程，人力资本磨损之后，它可以通过对人进行补充营养，以进行补充与恢复；这种磨损的过程，同时也可以积累更多的经历，以实现人力资本的“保值增值”。对人力资本的投入过程，从时间维度去看，其具有不可逆转性，然而它投入的效果却具有累积性。针对于在每一个时间段内对人力资本的投入，都可以使人力资本所有者的人力资本从量上得到积累，从质上得到提高。另外，人力资本的累积程度会伴随着质量的提高而呈现加速，表现出递增的趋势。对于人力资本来说，对其投入的时间越长，投入的费用越高，它的累积效应就表现得越明显。

3.1.2 人力资本理论基础及发展

1. 早期人力资本萌芽

人力资本理论，最早阐述其思想理论的应归功于柏拉图、亚里士多德等古代思想家，柏拉图曾经提到过教育和训练的作用性，然而亚里士多德也较早地认识到了教育的重要性。魁奈则是最早研究了人的素质问题的经济学家，他的理论观点认为，人是构成财富的第一因素。1676年，英国比较早期的古典经济学家威廉·配第首次严肃地运用了人力资本概念，他把作战中武器与军人、军械的损失与人的生命的损失进行了比较研究；他在那个时期还提出了“土地是财富之母，劳动是财富之父”的著名论点，最早提出了劳动决定价值，从而奠定了劳动价值论的基础。威廉·配第认为因为存在人的素质的不同差异，所以也就存在了劳动能力之间的不同差异。这些经济学家们都注意到了人在经济活动中的作用，但是还没有开始把人与资本的概念结为一体。亚当·斯密是第一位将资本的构成里考虑了人的因素的经济学家，1776 年他首次在《国富论》一书中论证了人力资本投资与劳动者技能对个人收入和工资结构的影响，认为工人技能的增强是技术进步和经济增长的源泉。法国古典经济学家萨伊（1803）提出，花费在教育和培训两个方面的费用总和是“积累资本”，他尤其重视人才，并认为教育是一种资本，且能够促进经济的发展，他还特别地提出了科学知识是生产力的思想，并且认为具有特殊才能的企业家在生产过程中能发挥着特殊的作用。德国古典经济学家冯·杜能在他 1875 年的著作中写到将资本的概念用于人自身并不与人尊严相违背。李嘉图、穆勒等人继承了斯密的劳动价值学说。李嘉图坚持了商品价值量决定于劳动时间的原理，并且指出机器和自然物是不能创造价值的，只有人的劳动才是价值的唯一源泉。穆勒认为技能和知识都是对劳动生产率产生重要影响的因素，他还强调人的能力应该构成国民财富的一个组成部分，并且认为教育是可以给未来带来更大的国民财富。马克思虽然没有进行专门的人力资本理论研究，但是他关于劳动价值论的许多理论观点却是人力资本理论的重要思想基础和源泉。马克思的观点认为劳动创造了财富，他还把劳动划分为简单劳动与复杂劳动，复杂劳动是倍加的简单劳动，并且把提高人的智力的科学技术和教育看成为提高劳动生产力的源泉。

以上叙述的这些有关人力资本领域的思想和观点，同现代意义上的人力资本的思想和观点相比可能不充分，甚至于是相去甚远，但是这些仍然不影响其作为人力资本发展的理论渊源。

相比较之下，阿尔弗雷德·马歇尔则明确提出了“所有的投资中最有价值的就是对人本身的投资”这一经典论断。他十分强调教育的经济价值，认为教育是可以开发一个人的智力，能为劳动者带来能力的提高以及劳动力利用的机会；他利用替代原理去说明生产厂商在人的投资和物的投资方面选择的经济学意义；他还对人力资本与工业组织、工业制度之间的相互作用关系，企业家人力资本的有关特性进行了论述，提出可以把企业家加入到生产要素之中去。马歇尔的理论实际上是肯定了人力资本对经济发展的决定作用。

比较早期的人力资本思想论述较精辟但却比较零散，没能形成一套完整的理论体系。

2. 近代人力资本思想

近代人力资本思想，所指的是19世纪70年代到20世纪80年代这段时期内，关于人力资本的主要观点和思想。在这一段时期之内，西方经济学者研究并吸收了数学等学科的公理化体系方法，从而大大推动了边际革命理论的发展，使得西方经济学的研究规范性得到了很大的发展，其发展阶段进入到了新古典主义经济学时代；因而人力资本理论在新古典主义经济学时期得到了极大的发展。

首先是在科学地估算人在经济活动的价值方面得到发展。[①] 杜步林等对人寿保险中关于人的价值进行了重新估算，他在沿用原来已经有的基本做法的同时，增加考虑了人的消费，其对人力资本估算的贡献主要在于精算人的价值。还有一些经济学家们试图想站在宏观的角度对人的作用进行考察。尼科尔森指出，培训和教育等是可以提高人的技能，应该把培训和教育看作投资，个人学习中所获得的技能也应该视为资本，这些在提高人的劳动生产率方面都是具有极其重大的意义。

其次是更加深入地分析了人力资本投资问题。瓦尔拉斯的理论观点认为，“产生收入是资本的本质属性”，由于人作为一种要素投入可以产生收入，因此人应该被包含在资本的概念之中；瓦尔拉斯强调了劳动和人力资本之间的区别，并且把生产所需要的三个要素劳动、土地和资本改为人力资本、土地与物质资本三个要素。这些研究都较此前人们对人力资本的研究更加地深入，但此时仍然没有对人的能力的形成及人力资本投资的过

① 徐大丰．人力资本、趋同假说与经济增长的区域差异．北京：法律出版社，2009.

程做较为深入的研究分析。

在新古典主义时期，对人力资本思想有过重要影响的经济学家还有费希尔。他的主张是：资本是在某一时点上财富的存量，收入是某一时期内财富的流量；费希尔通过时点和时期、存量和流量这两组变量将资本和收入区别开来；他的观点是资本创造了财富，而劳动力之所以能够成为资本的原因是劳动力提供的服务产生了收入；费希尔还论述了人力资本的概念，虽然他并没有就人力资本的投资方面进行系统性的严谨的论述分析，但是他正式地使用了人力资本这个术语，其对人力资本思想的影响也是举足轻重的。

德国著名经济学家李斯特，在其著作中系统地分析了教育对经济增长的积极作用，他提出了一个精神资本的概念，用以与物质资本的概念相对应。李斯特认为物质财富的积累形成了物质资本，而人的智力的积累则构成了精神资本。他的这些关于精神资本的观点，其实质就是现代人力资本概念的雏形。

美国新古典经济学家沃尔什在完善人力资本思想方面也起到了极其重要的作用。他的主要贡献是在于其测度了人进行正规教育投资的收益率，通过对个人教育支出和未来收入来进行教育的经济效益计算，并且进行对比，以此来说明高中教育和大学教育在经济上合算与否。沃尔什同时还注意到了由于人要接受教育从而不得不放弃工作带来的机会成本问题。沃尔什是最早的一个从个人收益角度去测算人力资本投资收益率的经济学家，他对教育的收益和成本问题的分析颇具有一定的深度。

从上述过程的分析中，我们不难发现，在近代人力资本理论的发展过程中，人们对人力资本有了较深刻的认识，研究也较为深入，并且与经济学和社会学相融合，人力资本思想也得到了较快的发展。

3. 现代人力资本理论形成

现代人力资本思想是指20世纪中后期以来所形成的关于人力资本的思想。新古典经济学理论的一个最基本假设是把资本和劳动认为是同质性，但是针对这样的假设条件，在理论上却遇到很多经济问题难以解释，甚至于在有的场合还出现了矛盾，从而导致了一系列的“经济之谜”现象的出现。例如，第二次世界大战战败国以及资源条件不佳的亚洲“四小龙”的经济腾飞现象之谜，现代经济增长之谜以及里昂剔夫之谜的出现等等。为了解开这些谜团，一些经济学家着手开始在人力资本研究领域进行了较为深入的挖掘，开创了人力资本理论的研究之河，并且逐步形成了人力资本理论。对人力资本理论的完善过程中，起到了重要作用的主要有三位经济学家，他们分别是明赛尔、舒尔茨以及贝克尔。他们中的舒尔茨与贝克尔两人因为人力资本理论上的重大贡献分别荣获了 1979 年和 1992 年的诺贝尔经济学奖。经济学家丹尼森则对人力资本要素作用的计量分析方面做出了极其突出的贡献。

经济学家西奥多·舒尔茨对人力资本的研究是开始于 20 世纪 50 年代，他的研究是开始于探索经济增长之谜起步的，随着研究的深入，逐渐发展演变到人力资本研究方面来的。他的最大贡献是在于其第一次较为完整系统地提出了人力资本理论，并且排除重重障碍使得人力资本理论成为经济学的一个分支领域。舒尔茨的理论观点认为，资本存在物质资本和人力资本两种基本形态，物质资本是指那些能够带来剩余价值的物质资料，而人力资本则是指凝结在人体中的能够使价值迅速增值的知识、体力和价值的总和；舒尔茨通过发表《关于农业生产、产出与供给的思考》《人力资本投资》《教育与经济增长》等一系列重要文章形成了自己的人力资本理论。他同时还指出一个国家的人力资本存量越大，劳动生产率就会越高，其国内的人均产出也就越高，从而经济增长速度也会越快。社会进步的决定性原因之一是人力资本。舒尔茨的观点认为，劳动力质量的改进是投入品质量改进的一个极其重要组成部分。第二次世界大战以后，日本与德国的经济迅速崛起就表明了人力资本对经济增长具有重要的贡献。舒尔茨曾经在 1960 年美国经济学会上发表的《人力资本投资》一文中的报告中，明确地阐述了人力资本的概念及性质、人力资本投资的内容和途径以及人力资本在经济增长中的重要作用等思想，并在该基础之上进一步深入地研究了人力资本形成的方式和途径。由于舒尔茨在人力资本理论上的贡献，使得他荣获了 1979 年诺贝尔经济学奖。然而舒尔茨的研究方向主要偏重于宏观理论上的分析，缺乏微观理论基础，存在着一定的局限性；并且他对人力资本投资的诸项因素的分析缺乏定量研究分析，内容亦显得相对单薄一些。另外，他对人力资本概念的定义仅仅强调了其外生性，这是不够全面的，有待于进一步对其进行界定。

经济学家贝克尔被认为是现代经济领域中最富有有创见性的学者之一，他过去曾经同舒尔茨一起在芝加哥大学担任教师，也是对人力资本理论有重要贡献的推动者。贝克尔在20世纪60年代期间陆续发表了《生育率的经济分析》《人力资本：特别是关于教育的理论与经验分析》《实践分配理论》和《人力资本投资：一种理论分析》等重要性论文。他的这些文章都是从微观的角度对人力资本的性质、投资等方面做了更加深层次的研究分析，提出了比较有系统性的人力资本理论框架，弥补了舒尔茨的仅仅是研究了教育对经济增长的宏观作用的不足之处，从而构建了人力资本的微观分析研究基础。贝克尔的《人力资本》这本书被西方经济学界认定作为“经济思想中人力资本投资革命”的起点。

在舒尔茨之后，美国的经济学家丹尼森应用数据和计量工具进一步验证了人力资本在经济增长中的作用。由于在使用传统的方法去分析资本及劳动对经济增长贡献的过程中，有许多尚未被认识的并且使用劳动和资本的投入增加亦无法解释的“残值”部分，丹尼森在这方面作了比较精确的研究分析。丹尼森对美国1929~1957年的经济数据进行了详细的分析，他发现美国经济增长的1/5是来源于教育，他的解释是因为伴随着教育水平的逐步提高，美国劳动力的平均质量水平提高了97%，其对于美国经济增长的贡献率达到了67%。丹尼森还把技术的进步分解为：资源配置的改善、规模节约、知识进步及其他情况等，他还将要素投入分解为数量和质量两个方面，并在分解的基础上分别计算出了每个部分对生产率的贡献大小。该项研究的基本出发点是，投入要素的质量和投入要素的数量是同等重要的，因此只有对投入要素的质量也进行准确化的计量，才能可能更有效地解释经济增长率的变动原因。丹尼森的深入仔细研究为舒尔茨的人力资本理论提供了强有力的证据与补充，为人力资本的计量也提供了很有益的方法论上的理论指导。

明赛尔关于人力资本理论方面的研究成果在国内的知名度是不如舒尔

茨和贝克尔的，但是其实明赛尔对人力资本理论的研究要比舒尔茨和贝克尔的研究都要早。明赛尔其实才真正应该属于人力资本理论研究领域的开拓者。明赛尔的贡献在于其主要是从个人收入分配与劳动经济问题两个角度对人力资本进行研究的。早在 1957 年，他在自己的博士学位论文《人力资本投资与个人收入分配》中把人力资本投资与个人收入之间建立起关系，并且建立了个人收入和接受培训量之间关系的数学模型。他文章最终得出的结论是教育的差异是个人收入差异的主要原因，工人收入的增加及个人收入差距之间缩小的根本原因是在于人们受教育水平的普遍提高。他还进一步借用了斯密的“补偿原理”，构建了人力资本的收益模型，提出了著名的工资方程模型和以提升人力资本为基础的超赶概念，把人力资本的重要思想应用在劳动力家庭决策与市场行为，从而提出了许多比较新颖的理论见解。明赛尔的关于人力资本研究极大地丰富了人力资本理论研究的内容。

人力资本理论研究证明了人，尤其是具备专门技术和知识的高层次的人推动了经济的发展。这一时期的人力资本理论比较全面地分析了人力资本的含义、形成以及其效应，并且从宏观和微观的角度进行了分析研究，使得人力资本理论得到了全面的确立。

4. 当代人力资本理论发展

基于明赛尔、舒尔茨、丹尼森和贝克尔等人对人力资本理论研究作出重大贡献之后，卢卡斯、罗默等人接着对人力资本理论进行了不同程度的发展。他们借鉴采用数学的方法，以人力资本作为核心建立起经济增长模型，从而使得人力资本理论研究得到进一步的发展及应用。卢卡斯与罗默建立的模型是采用将技术进步内生化，从而克服了 20 世纪 60 年代人力资本理论分析研究的一些不足和缺陷。

罗默在 1986 年和 1990 年的研究文献里，直接把技术进步内生化，区分了以人力资本和物质资本为载体的知识积累的过程；罗默将知识作为其中的一大要素考虑加入了模型；他的主张认为是知识能够带来投资效益的提高，所以在经济活动的过程中必须要像投入物质资本那样去投入知识，知识要素是能够使得整个经济规模收益呈现递增状态。

卢卡斯则是在1988年的研究文献中采用了人力资本解释去经济持续增长的现象。卢卡斯的做法是把人力资本作为独立要素吸纳入经济增长模型之中，将舒尔茨的人力资本与索罗的技术进步概念相结合，表述为专业化的人力资本，采用了基于微观基础的对经济增长宏观问题的研究。他的观点认为人力资本是经济增长的动力。

在这个时期阶段，人力资本理论把人的知识能力作为经济增长的重要原因进行了较为系统的分析研究，较前一个阶段的人力资本理论更加朝前迈进了一步，研究也更加具体化和明确化了。

3.1.3 人力资本与人力资源区别

站在经济学的角度而言，对于资源是这样理解的：使用于投入生产过程去创造财富所需要的全部要素。资源与资本的不同，在于资源是在自然中形成的、未经过开发的，是一种潜在的东西；但是资本却是需要经过专门精心的开发和筹划；作为一种资源，其只有被人们把它投入到商品生产的过程中去，才有可能转变成为资本，才有可能转变成为企业产生利润的基础。例如，如果煤矿只是埋藏在深海里，它没有被使用者开发出来使用，其根本不可能转变成为资本，但是它还是属于资源。作为货币也是这种情况，如果货币仅仅是存放在银行里而不把它贷给其需要的企业，货币就无法转变成为资本。资源和资本两者在它们使用上所考虑的角度也是有差异的。针对资源来说，使用者总是都想需要最好的，例如对于技术资源总是越先进越好，对于人总是越能干越好。然而针对资本而言，它的要求是对其投入和产出的关系经常会被更多地加以考虑，使用者会更关注其成本，考虑到带来的利润问题。资本是属于开发利用了的资源，而资源是还没经过开发的资本。我们区别资本与资源，不应该停留在质量上的区分，也不应该停留在数量上的区分，真正的区别应该从它们所处的形态上进行区分。

我们在搞清楚了资源与资本两者的不同后，再来进行关于人力资源和人力资本的差别。首先，我们必须对人力资源的定义要有个清晰的认识。

从狭义上去理解，人力资源包括数量与质量两方面内容，其含义是指那些能够推动国民经济与社会发展的、具有智力劳动能力与体力劳动能力的人们的总和；从数量上而言，人力资源是指一个国家或者一个地区内具有现实劳动能力与潜在劳动能力的人口的总和；从质量上而言，人力资源是指一个国家或者一个地区内，现实劳动力与潜在劳动力所创造物质财富和精神财富的能力之总和。从广义上去理解，人力资源含义是指那些具有人的基本功能，智力上正常的人。某个国家或者某个地区的人力资源具体表现为两种形式：一种是现实的人力资源，是指正在被使用中的人力资源，也就是现实中存在的劳动力总量；另一种是潜在的人力资源，也即还没有被使用的人力资源，例如一个国家或者一个地区的各种待业人员。

自从人力资本这个概念被提出来以后，人们普遍是把它与人力资源这个概念相混淆使用。然而这两个概念是既有联系又有区别的。尽管人力资源和人力资本两者之间概念有差异，但是两者却是紧密相联的，两者的联系首先表现为人力资源是可以转变为人力资本，人力资源转化为人力资本的过程，其本质上就是人力资源同经济活动相结合的过程。一个企业可以通过进行教育培训、人员激励、企业文化建设等多种手段对人力资源进行合理开发与有效配置，把人力资源转变成为人力资本，企业的劳动生产率通过这样就可以得到大大地提高，更多的财富就可以被企业创造出来，在市场竞争中企业就可以处于很有利的地位。还没有与生产相结合的人力属于人力资源，已经投入到生产中的人力才属于人力资本。所以，人力资本的范围是小于人力资源的范围，例如，那些在社会上的存成的失业人口，尽管他们的素质比较高，然而他们还没有与生产活动相结合，因而说其只能属于人力资源的范畴；才能还没有被充分利用的劳动者，其仍然没有被利用的能力，同样还属于人力资源得范畴。一个企业经济效益大小和竞争力的高低很大程度上依赖于该企业能将其所拥有的人力资源转化为人力资本的程度。人力资本积累的过程其本质就是教育投资的过程，人力资本的重点问题是在于教育投资上，人力资源与人力资本的关联性体现于二者之间都同教育是密切相关的。因此，人力资本的形成和积累主要是靠教育。于此道理相同，教育还决定了一个国家人力资源质量的优劣。因此明智的企业家都对教育十分重视，除了很重视对企业内部人才的培养与培训，他们还会全力以赴法吸引高学历、高质量的人才；如果没有教育的投入，人力资源就难以被合理的开发，没有教育投资就难以形成强大的人力资本。

尽管人力资源和人力资本是相互联系的，它们之间的差别也是存在的。

人力资源是内含在人体中的一种能力，若这种能力未能发挥出来，它就仅是一种潜在的劳动生产力，如果开发出来，它就会变成现实的劳动生产力；只有当人力资源在它不断被运用的过程中不断创造出新价值来，人力资源才会具有资本的属性。人力资本是通过一定的投资形成的、存在于人体中的能力和知识的资本形态，强调的是以某种代价获得能力，而所付出的代价会在人力资本的使用过程中，以更大的价值方式得到回报。人力资源和人力资本的研究对象都是人，但是人力资源所强调的是人所具有的知识、能力、素质和健康状况情况，而人力资本所强调的是人在获取知识，形成能力，取得素质，保持健康的过程中的投入。

因此，在本书里所涉及的人力资本是指投入到生产过程中的人的知识、技能和能力。站在这个概念的角度来看，人力资本同人力资源相比较并没有什么本质上的差异，本质上两者都是指蕴含在人体中的知识、能力和技能等要素。由两者的区别可知，一个国家、一个地区或者一个企业中，即使存在大量的人力资源，他们如果不能够促使这些人力资源进入到生产领域，也即转化为人力资本的形态，也就不可能产生出其应该具有的经济绩效，要么会造成人力资源的巨大浪费，要么就会迫使闲置的人力资源转向其他企业或其他地区、其他国家流失，从而造成本身人力资源的巨大损失。

3.1.4 人力资本对经济增长的贡献

1. 人力资本的要素效应

当今的生产过程中，人力资本同物质资本以及其他生产要素一样，成为生产过程中必不可少的重要的投入要素。在现代经济发展过程中，科学的进步对推动经济的发展起着积极的作用；随着新型信息产业的兴起，工业化经济的快速发展及知识经济的出现，人力资本的要素效用越来越明显，并在生产函数中起着其他要素无法替代的作用。然而科学技术的飞快发展，是人力资本不断被强化的结果。主要表现在两个方面。一方面体现为随着人力资本的不断投入，劳动生产率就会不断地被提高。另一方面，随着著名的经济学家卢卡斯、罗默等研究的深入，他们发现人力资本的边际收益不会递减，甚至还会出现递增，这其中的根本原因是在于技术进步。人力资本的增加预示着生产要素质量的提高以及生产技术的进步，于是人力资本的收益率也会随着增加。其他要素的作用也更多地依赖于人力资本的水平，这一点充分显示了人力资本的要素效应。

2. 人力资本的溢出效应

人力资本的溢出效应可以促使其他生产要素边际产出率的增加，从而达到节约其他生产要素的效用，并且也表现为随着人力资本投入的增加，人力资本自身的劳动生产率会不断得以提高。明赛尔的研究还表明，随着人力资本投入的增加，物质资本的效率也提高了，从而整个生产过程的效率也提高了。另一方面人力资本的溢出效应还表现为能对其他人产生影响，人力资本投入的增加，不仅仅可以提高自身的效率，而且还可以提高周围人的效率。溢出效应一方面体现为其他生产要素的生产率增加上；另一方面体现在其他生产要素的节约上。

3. 人力资本的吸纳效应

所谓人力资本的吸纳效应，具体指的是一国丰富的人力资本在全球范围内吸纳和组合各种生产要素，以此来弥补本国的资源不足，从而推动本国经济能够更好地可持续发展。在当今社会科学技术飞速发展、经济全球化的背景下，人力资本的这种吸纳效应显得尤其重要。对某一个国家来说，即使在其他要素上不具有一定的优势，如资本、资源等，如果其通过对人力资本的投入加强重视，对人力资本进行不断地积累，充分开发利用人力资本优势，积极引进先进技术，建立和促进高新技术的发展，同样是可以弥补其他方面的不足，进而加快和提升本国经济的快速发展。因此人力资本的吸纳作用对一国经济发展是具有重大意义的。

本书在采用对人力资本的定义时，就是指投入到生产中的知识技术和能力。由于它具有要素效应、溢出效应及吸纳效应，从而使其在生产过程中有了重要的地位。由于这些效应的存在，使得其与资本相结合时，可以提高资本的边际收益。

3.2 人力资本与全要素生产率的关系分析

通过3.2节的分析，我们知道技术进步可以反映人力资本的状况。根据索洛的定义，技术进步是通过全要素生产率来衡量的。那么全要素生产率与人力资本的关系究竟是怎样的呢。尼尔森和菲尔普斯在其1966年的文献中指出全要素生产率的增长率取决于两个因素：一个因素是一个地区或是一个行业实际的全要素和理想的全要素的差距；另一个因素则是该地区或该行业的人力资本水平状况。他们认为文化教育程度高的工人即较高的人力资本在采纳和使用新技术方面具有相对优势。因此一个地区的全要素生产率可以反映出该地区的人力资本的总体水平。人力资本促进了技术进步，技术进步由全要素生产率量化表示，所以人力资本是全要素生产率的主要影响因素。本书旨在通过对某个国家或是某国某行业全要素生产率的分析来反映某国或某行业的人力资本水平状况。

3.3 基于经济增长理论的人力资本与技术进步关系分析

对一个国家技术进步的发展起着促进或者是制约的作用是人力资本水平状况。获得技术进步主要可以有两种途径：其一是通过技术创新；其二是通过技术模仿进行技术扩散。一个国家的人力资本水平情况是制约这个国家的技术进步的。一个国家较高的人力资本水平是促进这个国家的技术进步，由技术进步导致其投入要素的边际生产率得到提高，例如劳动边际生产率和资金边际生产率的提高，它们最终导致实现国民经济的增长。从卢卡斯、阿罗、索洛和罗默等人的经济增长模型，我们可以看到促进技术进步的源泉是人力资本。

3.3.1　索洛模型下的技术进步

1. 技术与技术进步的定义

关于技术进步的定义解释有很多种，对于这些定义的解释随着其使用的领域不同而具有不同的内涵，然而形成的这些不同主要原因是对技术理解的差异而产生的。对技术这个词汇的理解，最初把它简单地理解为劳动的技巧、技艺；伴随着经济的不断发展，科学知识的不断积累以及人类社会的不断进步，对于现实世界的认识问题人们也在得到不断的深化，对技术一词的解释含义亦得到了进一步的丰富与拓展。技术的作用在社会经济活动中也得到逐渐的显现。同时人们对技术的研究也在日趋深入，把技术作为独立的对象加以研究和认识也就受到关注，并且人们还把它与其他领域相结合进行系统化地研究。人类不仅仅把创造发明的技术更多地物化到生产过程之中，以创造出更多的经济价值，而且还把技术同科学及其应用联系起来。技术指的不仅仅是科学成果的应用，而且还包含在科学成果的应用过程中工作方法、操作技巧以及有目的的处理手段。技术在很多方面还更多地体现在生产中的制造以及制作过程中，或者是与产品、材料等实体物质的创新和改进相互联系在一起。总而言之，技术总是体现在人类的各种经济活动之中，伴随着企业管理机制及组织模式的不断演进过程，技术含义的外延进一步地扩大，其涵盖了包括组织、管理、决策、沟通等方面的经验、技巧及方法，虽然以上这些行为不是直接参与到生产中，但是它们却同企业生产经营活动密切相关的，国内的许多学者把这些行为称之为“软技术”，而把那些狭义的技能、工艺等称之为“硬技术”。从广义的角度看，技术不仅仅体现在物质产品的性能改变过程中，它还体现在人们经济行为的组织方式的变化过程中，而且这两种方式的变化都还同人的因素有较密切的相关性。

科学研究、应用技术革新以及发明创造等方面是技术进步的主要体现，这些通常是指经过对原有技术的进一步改进、革新或者研究开发出新的技术去代替原有的旧技术，这样经济活动会取得更高的收益，社会经济目标就能够得以实现。同技术概念定义的界定相一致，技术进步含义具有广义上的技术进步与狭义上的技术进步之区别。广义上的技术进步同广义上的技术定义概念相联系。其一个方面具体表现为生产工艺、中间投入品和制造技能等硬技术的改进；另外一个方面则表现为生产要素质量的提高、组织管理效率的提高、融资渠道通畅、决策沟通机制的完备及获得规模经济等软技术方面。站在另一个角度去看，广义上的技术进步既包含了体现的技术进步也包含了未体现的技术进步，如果技术进步体现在某种投入的要素之中，则称之为体现的技术进步；如果未体现在任何一种投入的要素之中，也即与投入的要素之间无关系，则称之为未体现的技术进步，许多学者把这称之为纯技术进步。所谓的纯技术进步主要包括知识、教育、技术培训、规模经济、组织管理等方面的提高和改善，而不是仅仅归因于那些有形的肥效更高的土地、技巧更高的劳动、效率更大的资本设备等生产要素的增加投入量，也即人们常说的非体现的技术进步又称之为非具体化的技术进步。狭义上的技术进步主要表现在人们对过去原来所拥有的产品进行有效的改进，对新产品进行研究开发，对新的原材料和能源的采用，采用新设备或者是对旧设备进行改造，采用新工艺或者是改进旧工艺，以提高工人的劳动技能等活动，是对中间投入品、制造技能以及生产工艺等方面的革新与改造。

总的来说，广义上的技术进步包含了除去投入的要素数量增加之外的对经济增长有贡献的所有其他因素。从经济学意义上来理解，技术进步指的是新的技能、新的组织结构、新的知识以及发明创造的应用而形成的人们经济活动水平与效率的提高，这实质上就是广义的技术进步。经济学家们常常是用全要素生产率去衡量这种广义上的技术进步。也即在产出增长过程中剔除了劳动和资本等要素增长之后，所有剩余要素作用的总和。这也是本书所要讨论的技术进步问题，我们将更关注技术变化对经济总量层次的影响。

2. 早期经济理论中的技术进步

技术进步问题，比较早期提到的是在斯密的著名论作《国富论》一书中，斯密就在阐述经济增长理论的内容中，提到了技术进步。在书中斯密把生产投入要素划分为三种：资本、土地与劳动。在对待劳动要素的投入问题，斯密就已经既注意到了劳动力的数量方面，也还注意到了劳动力质量的作用方面。就针对这一个观点来看，斯密在那个时期就已经观察到生产要素效率的提高是能够促进经济的增长。技术进步是促使要素生产效率提高的原因。接着斯密进一步认为是社会分工带来了技术进步，于是社会分工的作用被他归为三点：一是提高每一个工人的技能与工艺的灵活性；二是节约时间；三是在熟练的劳动中进行机械发明。由此看来，斯密的这些观点比较间接地表明促进技术进步的是人力资本的积累，而且这些最终还都体现在了劳动生产率的提高上。综合起来看斯密的经济增长理论，他涉及了资本要素投入、资源配置、规模经济、知识进展以及社会制度等等诸多方面对全要素生产率，也即广义的技术进步的影响。在要素生产效率方面，斯密强调的是劳动生产率的提高，提倡的是发明和使用机械，斯密对技术进步的理解则更注重于倾向技术意义上的技术进步。

李嘉图经济增长理论中也提到了技术进步，他指出农业规模收益递减是由于制造业领域技术进步的抑制作用所产生的。根据李嘉图的理论，有两种方式增加了社会的总产出，一种方式是将收入中的更大比例用于投资，通过扩大再生产增加社会总产出；另一种方式是改善各种要素的组合方式，提高生产效率。李嘉图的模型是一个关于农业和制造业的两部门模型，其中农业部门的作用是主要的。在制造业部门，技术进步使得边际报酬递减趋势减弱，出现了边际收益递增为主的结果；在农业部门，技术进步的速度，不足以改变该部门边际收益递减的趋势。根据李嘉图假设的总量生产函数，劳动、资本、土地和技术进步是经济增长的制约因素。

斯密和李嘉图的经济增长理论都认为影响经济增长的因素包括多个方面，其中技术进步也是一个因素。斯密虽然对生产要素效率与技术进步的理解有些偏窄，但是在他的经济理论中其已经认识到了技术进步的意义和作用。

3. 索洛模型下的技术进步

在索洛所提出的经济增长模型之中，他首先肯定了劳动力和资本对经济增长的贡献，然后也引入了技术进步因素。他的模型是在一定的假设条件之下，详细地描述了产量增长率同劳动增长率、资本增长率以及技术进步增长率等之间的关系，他的这种理论也把经济增长的源泉归因于技术进步。

对于索洛模型，其主要的三点假设条件为：一是投入要素只有两种即劳动和资本，并且这两种生产投入要素具有相互替代性；二是劳动和资本在生产中完全可以被充分利用，故不存在要素闲置问题；三是产量是随着投入要素的增加而等比例地增加，也即产出规模收益是不变的。索洛得出了简明且优美的核算增长的公式，即 $\Delta Y/Y=\Delta A/A+\alpha(\Delta L/L)+\beta(\Delta K/K)$，其中 $\Delta Y/Y$ 表示经济增长率，$\Delta A/A$ 表示技术进步率，$\Delta L/L$ 表示劳动增长率，$\Delta K/K$ 表示资本增长率，α 表示劳动收入在国民收入中的份额，β 表示资本收入在国民收入中的份额。索洛公式中的劳动是许多简单的同质劳动的加总，公式中的资本也属于没有进行过质量改善的物质资本。所以，经济学家索洛的观点认为经济的增长除去同质劳动与同质资本的贡献外，其中剩余下来的都归因于技术进步所带来的贡献。

经济学家索洛理论中的技术进步是非体现的、外生的，把它具体地用定量的值加以表示就形成所谓的索洛余值，在索洛的著作中，其又把索洛余值给称之为全要素生产率。通过对索洛的经济理论研究，发现索洛的观点认为全要素生产率也即为技术进步率。我们来回顾一下索洛的经济增长理论，便可以知道索洛增长模型是从总量的视角展开对经济增长问题的分析研究。索洛认为经济增长主要可以通过四个宏观经济变量来进行描述，也即劳动（L）、资本（K）、劳动的有效性（A）以及产量（Y），经济实体都是以一定劳动、资本和知识投入并且以一定的结合方式实现产品的生产，其生产函数表示为：

$$Y(t)=F(K(t),\ A(t)L(t)) \qquad (3-1)$$

公式（3－1）中，t 表示时间；L(t) 为劳动，以不变速度 n 增长；A(t) 为外生变量技术进步，其增长速度为常数 g；A(t) 与 L(t) 是以相乘的形式进入模型；$A(t)L(t)$ 为有效劳动，以这种形式参与的技术进步形式哈罗德中性技术进步；因此，有效劳动的增长率为 $n+g$。

（1）关于与生产函数有关的假定

①假定资本和劳动规模报酬是不变的。也即若资本与有效劳动增倍，产出也将会增加同样的倍数：

$$F(cK, cAL) = cF(K, AL) \tag{3-2}$$

公式（3-2）中，c 的取值为非负常数。如果令：$y=Y/AL$，$k=K/AL$，$h=H/AL$，（3-1）式两边同除以 AL，则增长模型将转化成为：

$$F\left(\frac{K}{AL}, 1\right) = \frac{1}{AL}F(K, AL) \tag{3-3}$$

在公式（3-3）中，令 $y=F(k, 1)$；设 $f(k)=F(k, 1)$，则模型为 $y=f(k)$。

②假定已知劳动、资本和技术的初始值，劳动的增长率为 n，劳动有效性的增长率为 g，n 和 g 均为常量，则有 $\dot{L}(t)=nL(t)$，$\dot{A}(t)=gA(t)$。最终产出中用于投资的比例为常数 s，资本的折旧率用 δ 表示，则新增资本量为：

$$\dot{K}(t) = sY(t) - \delta K(t) \tag{3-4}$$

（2）单位有效劳动的平均资本的均衡增长路径和动态增长特征。用 k 表示单位有效劳动的平均资本存量，则其均衡增长路径为：

$$\dot{k} = sf(k(t)) - (n+g+\delta)k(t) \tag{3-5}$$

公式（3-5）中表明，单位有效劳动的实际投资 $sf(k(t))$ 减去持平投资 $(n+g+\delta)k(t)$，即为当期单位有效劳动资本存量的变化量。持平投资是指维持经济处于均衡状态所需要保证的投资量，其中包括折旧资本 $\delta k(t)$ 的补偿。此过程中，有效劳动 AL 的增长速度为 $n+g$、资本存量 K 也是以速率为 $n+g$ 进行增长。

第一，如果所需的持平投资小于单位有效劳动的平均实际投资，则 k 上升；第二，如果所需的持平投资大于单位有效劳动的平均实际投资，则 k 下降；第三，如若两者是相等的，则 k 是保持不变的。

当实际投资与持平投资相等时 k 的值用 k^* 表示。如果初始的 k 值大

于 k^* 值，k 值减少，$\dot{k}$ 值为负；如果 k 值等于 k^* 值，k 值保持不变，$\dot{k}$ 值就为 0。如果 k 值小于 k^*，持平投资小于实际投资，k 值增加，$\dot{k}$ 值为正值。因此，k 值最终都会向 k^* 值收敛而与其初始值无关。在 k 与 k^* 相等的状态，劳动以不变的速率 n 增长，知识以不变的速率 g 增长，因为资本存量 $K = Alk$，所以资本存量则以不变速率 $n + g$ 增长。在规模报酬不变的假设前提下，有效劳动和资本以 $n + g$ 的速率增长时，产出的增长速率也是 $n + g$。此时，人均产量 Y/L 和人均资本 K/L 的增长速率均为 g，因此资本和产出的增长率均高于劳动增长率。

所以，在稳态状态下，经济增长长期增长率是技术进步。

3.3.2 人力资本的内生增长模型

在索洛的经济增长理论中，技术的状态是假设给定的，即是外生的，也就是说在无法用劳动和资本作为解释产出增长的全部原因时，技术因素被作为一个“余值”提了出来，这对解释经济增长的原因有很大的意义，但是并不十分理想。因为技术进步不是无成本的、意外偶尔得到的产物，仅将技术进步看作经济增长的一个外生力量是不够的，因此将技术进步内生化为经济增长的影响因素显得至关重要。阿罗、罗默、卢卡斯等经济学家对此做出了重要贡献。

1. 阿罗“干中学”模型

美国著名经济学家阿罗 1962 年发表的《干中学的经济含义》一文被认为是内生增长理论和技术进步模型的思想源头。经济学家阿罗的理论观点是知识的获得是在实践中逐渐学习积累而来的，他在理论中假定技术进步或者生产率的提高可以看作资本积累的副产品，也即投资产生溢出效率，不仅仅投资厂商可以通过积累生产经验而提高生产率，其他厂商也可以通过“学习”而提高生产率。因而，阿罗将技术解释为由经济系统决定的内生变量，从而突破了新古典经济增长理论的研究框架。阿罗经济模型的假设如下：知识水平本身就是一个生产要素，有关生产方法的知识积累是通过“学”来完成的；学习是经验的产物，并不仅仅只是时间的函数，并且这种经验主要是来自“干”。知识增长与生产技术的提高主要是因生产而积累经验的结果；技术进步则完全体现在新资本设备之中，这等同于技术进步仅仅发生在制造创新资本设备的部门，然而机器的设计是伴随着生产经验的增加而不断地改进的。学习过程中的两个效应分别是：其一是因为生产了更多的资本品从而积累了更多的知识，使得下一代资本品所含的技术水平得以提高；其二是因为知识具有非独享性的溢出效应，使所有劳动力和固定资产在生产最终产品时的效率都会有所增加。

阿罗模型的生产函数是：

$$Y = AK^{\alpha}\left[b(t)L\right]^{1-\alpha} \tag{3-6}$$

公式中，变量Y为产出，表示对一个国家或地区来说，即为GNP值或GDP值；K，L表示为资本与劳动力；A表示是时间函数。b(t)称为劳动效率，它的实际经济意义为知识存量，由学习函数所决定的。

这里的劳动效率指标b（t），是积累性总投资的增函数：

$$b(t) = B\left[\int_{-\infty}^{t} I(\tau)d\tau\right] \quad B' > 0 \tag{3-7}$$

如果假设资本不存在折旧，积累起来的投资等于K(t)，则以上式就转变为：

$$b(t) = B[K(t)] \quad B' > 0 \tag{3-8}$$

假定劳动数量增长速度不变，按固定比率n增长：

$$L(t) = L(0)e^{nt} \quad n > 0 \tag{3-9}$$

通过对式（3－6）两边取对数，再对t求导数得到：

$$\frac{1}{Y}\frac{dY}{dt} = \alpha\frac{1}{K}\frac{dK}{dt} + (1-\alpha)n + (1-\alpha)\frac{KB'(K)}{B(K)}\frac{1}{K}\frac{dK}{dt} \tag{3-10}$$

在稳定均衡增长时，必有$\frac{1}{Y}\frac{dY}{dt} = \frac{1}{K}\frac{dK}{dt} = G$（常数），因此可以得到：

$$\frac{KB'(K)}{B(K)} = \frac{G-n}{G} = m \tag{3-11}$$

再对式（3－11）进行积分，于是得到：

$$\ln B(K) = m\ln K + C \tag{3-12}$$

$$b(t) = CK^{m} \quad 0 < m < 1 \text{ 其中 } C \text{ 为常数} \tag{3-13}$$

这样就得到特殊形式的学习函数，该函数中包含着学习过程中的两个效应：其一，由于对投资的加大，使得产品生产的更多，所以积累了更多的知识，使得下一代产品技术水平趋于更高，从而减少了劳动的投入；其二，由于知识具有共享性，使得劳动力与固定资产在生产最终产品的时候效率会提高，这种现象被称为是知识的溢出效应。阿罗特别指出，该种特殊形式的学习函数从理论上保证了稳定均衡，在学习函数之中，生产者经验的增长是能够由资本积累的增长指数化，他由此重新构建了一个将技术进步的部分作用内升华的经济增长模型。

假设稳定均衡条件下的增长率为G，可由式（3-11）得到：

$$G=\frac{n}{1-m} \tag{3-14}$$

假设 y 是人均国民总值，则 $y=Y/L$，于是 $\ln y=\ln Y-\ln L$，由此可以得到人均国民总值的增长率 g 为：

$$g=\frac{1}{y}\frac{dy}{dt}=\frac{1}{Y}\frac{dY}{dt}-n=\frac{mn}{1-m} \tag{3-15}$$

在此模型中，产出不仅仅是有形要素的投入的结果，而且还是学习和经验积累的结果。稳定增长速度同学习能力相关的学习函数的弹性 m 呈现正相关关系，同劳动力增加速度 n 也呈现正相关关系。关于模型的本质，可以高度地概括为，全社会整体中的任何一个企业都被设想为按照规模收益不变的原则进行经营，因此从企业的角度去看，在知识水平为既定的条件下，资本与劳动力投入的倍增将会引起产出的倍增。然而，作为一个企业，其通过投资增加资本存量的行为来提高知识水平，知识作为生产函数的一个要素，规模收益递增是不可避免的；在知识水平不变的前提条件下，有形的生产要素投入倍增导致产出也会倍增。企业在扩大资本投入的同时，企业的知识水平也跟着变化，收益呈现递增也就是很自然的结果。因而作为一个企业整体，收益递增原则是经济运行的规则。

经济学家阿罗的模型里，他抛弃了古典经济学收益递减假说以及新古典经济学中收益不变假说，深入探讨了导致收益递增的原因。阿罗的“干中学”模型有效揭示了技术进步的源泉，他认为经验积累，不断学习的过程是技术进步的主要源泉，而“干中学”的载体是人，所以收益递增的原因是由人力资本的递增导致的。

2. 卢卡斯人力资本经济增长模型

诺贝尔经济学奖获得者、美国著名经济学家卢卡斯于1988年在《货币经济学杂志》上公开发表了《论经济发展的机制》一文，文中指出经济增长的真正源泉是特殊的、专业化的异质性人力资本不断积累的结果，人力资本存在内在效应与外在效应两种效应。卢卡斯从内生技术角度将人力资本因素纳入了经济增长的模型中。卢卡斯对模型的假设如下：人力资本是劳动者个人的一般技能水平，生产效率与每个人的人力资本存量成正比例关系；劳动力个数一共有N个，每个劳动者各自的人力资本存量水平h在（0，∞）范围内变动，其中具有人力资本存量水平h的劳动力数量为N(h)，因此有 $N=\int_0^\infty N(h)dh$；对于每一个劳动力来说，他们会将自己个人的非闲暇时间分配在两个方面：每个人用于生产的时间为u(h)，则他们每个人用于自己人力资本积累的时间为1－u(h)，于是，实际用于投入生产的劳动力为 $N^e=\int_0^\infty u(h)N(h)hdh$，也就是经过质量调节的有效劳动投入；假如产出对应的是总资本K和劳动 N^e 的函数，即 $F(K, N^e)$，那么 $F_N(K, N^e)h$ 就是具有人力资本存量水平h的人的工资率，则其总的收入为 $F_N(K, N^e)hu(h)$。通过人力资本劳动者可以提高自身的劳动生产率，卢卡斯将人力资本带来的这种效应称之为内部效应；假设 h_a 是平均人力资本水平，则根据前面的假设有：

$$h_a=\frac{\int_0^\infty hN(h)dh}{\int_0^\infty N(h)dh} \tag{3-16}$$

人力资本不仅会对劳动者自身产生影响，而且会影响劳动要素之外的其他要素的边际产出，这种现象卢卡斯称之为人力资本的外部效应。外部效应的存在使得没有投入成本的人也会受益，有利于一个国家的经济增长。

卢卡斯对新古典经济增长模型中技术进步外生性的内在原因作了进一

步研究，认为人力资本是其真正的原因，所以在他的模型中纳入了人力资本因素，在此基础上建立生产函数如下：

$$Y = N(t)c(t) + K(t) = AK^{\beta}(t)[u(t)h(t)N(t)]^{1-\beta}h_a^{\gamma}(t) \qquad (3-17)$$

模型中的 c(t) 表示 t 期的人均消费。

h(t) 表示人力资本存量在 t 期的变化量，由已经存在的人力资本存量和新投入的人力资本 G(1 - u(t)) 共同决定，则人力资本存量的变化 h(t) 表示为：

$$h(t) = h^{\zeta}(t)G[1-u(t)] \qquad (3-18)$$

公式中的 G 为增函数，G(0) = 0。针对于人力资本的生产而言，假如 $\zeta<1$，则说明人力资本积累是存在收益递减规律的。假如 $\zeta=1$，而且假定 G 是线性函数，因而人力资本存量的变化为：

$$h(t) = h(t)\delta[1-u(t)] \qquad (3-19)$$

根据这个公式，若 u(t) = 0，即表示个体没有闲暇时间而是将所有时间都用于对人力资本的投资，此时人力资本增量则达到最大；若 u(t) = 1，即个体对人力资本没有进行投资而是将时间全部用于当前休闲，那么人力资本存量将不会发生变化；若 $0<u(t)<1$，即人力资本投资状况处于两种极端情况之间时，要增加人力资本存量，就需要增加与之相对应数量的投入。此种情况下人力资本的边际收益率随着投入的增加而增加。

假设采用不变替代弹性函数形式作为效用函数，则经济的跨期效用函数表示如下：

$$\max\int_0^{\infty} e^{-\rho t}\frac{c^{1-\sigma}(t)-1}{1-\sigma}N(t)dt \quad \sigma>0 \qquad (3-20)$$

由生产式（3-17）、人力资本变量式（3-19）和效用式（3-20），可以求出最优增长路径上的人力资本增长率 v^*、均衡路径上的人力资本增长率 v 和经济增长率 g 分别为：

$$v^* = \sigma^{-1}\left[\delta - \frac{1-\beta}{1-\beta+\gamma}(\rho-\lambda)\right] \qquad (3-21)$$

$$v = \frac{(1-\beta)[\delta-(\rho-\lambda)]}{\sigma(1-\beta+\gamma)-\gamma} \qquad (3-22)$$

$$g=\frac{1-\beta+\gamma}{1-\beta}v \qquad (3-23)$$

最优增长路径上的人力资本增长率与均衡增长路径上的人力资本增长率不一样的原因在于人力资本存在外部效应，因此两种情况下的约束条件是存在差异的，从而得出的结论也存在差异。

最优增长路径的求解，是在式（3－17）和式（3－19）的约束条件下，确定效用函数（3－20）取值最大时的 $c(t)$、$h(t)$、$K(t)$、$h_a(t)$ 与 $u(t)$。而求解均衡增长路径与对最优增长路径求解不同之处在于，均衡路径的求解过程中要假设私人部门（一般包括家庭和企业）的投资决策是在 $h_a(t)$ 既定的条件下进行，即人力资本的平均水平 $h_a(t)$ 给定；在此前提下，均衡增长路径的求解问题就转化为在式（3－17）和式（3－19）的约束条件下，确定效用函数（3－20）取值最大时的 $c(t)$、$h(t)$、$K(t)$ 与 $u(t)$。若 $h(t)$ 求出的结果与事先确定的人力资本平均水平 $h_a(t)$ 相等，则说明经济达到均衡，经济体实际的行为与预期的行为相一致。

由均衡路径时的人力资本增长率 v 和最优路径时的人力资本增长率 v^* 可以看出，这两种状态下的人力资本增长率都是随着贴现率 σ 的提高而有所降低，都是随着人力资本投资效率 δ 的提高而有所提高。而从经济增长率 g 可以看出，即不管 γ 的取值如何即人力资本是否存在外部性，经济都是可以持续增长的。若人力资本的外部性存在，即 $r>0$，则有 $k>v$，说明人力资本存在外部效应的情况下，人均物质资本和人均消费的增长要快于人力资本的增长；若人力资本的外部性不存在，即 $\gamma=0$，则有 $k=v$，在这种情况下，均衡路径上的人力资本增长率和最优路径上的人力资本增长率是一致的，并且人力资本的增长率也是与人均物质资本增长率和人均消费的增长率也是一样的。通过卢卡斯经济模型的分析可以看出，没有诸如人口增长等这样的外生力量，经济仍然能够实现持续增长，其真正的动力是人力资本的积累。

上面所阐述的人力资本的获得是在生产过程外专门投入时间形成的，卢卡斯认为这并不是人力资本来源的全部，因此，他在文章的随后部分又提出了第二个人力资本模型，其建立的思想基础是在“实践中学习”。卢卡斯认为在生产过程外专门投入时间接受学校教育获得人力资本会产生人力资本的内部效应；而人力资本的外部效应则来源于实践中的学习。卢卡斯第二个人力资本模型研究的内容就是后一种情况。卢卡斯利用这个模型分析认为，那些体现在商品生产专业化过程中的人力资本的获得途径是“干中学”。人力资本的这种专业化是伴随着生产的商品数量增长而增大。一个行业的平均人力资本水平越高，人力资本积累的速度就越快；作为专业化人力资本的增长问题，都是建立在已经有的人力资本水平基础之上所进行的，通过实践所获得的这种专业化人力资本的积累是呈现出递增趋势的。通常假设投入到某部门的人力资本规模与人力资本的生产技术呈线性关系，资本收益率较高的国家其原因在于其人力资本水平也是较高的，因而它的人力资本积累的速度也较快；而资本收益率较低的国家其原因在于其人力资本存量比较贫乏，因而其人力资本的积累也就比较不易。卢卡斯对人力资本与经济增长的关系研究是从内生角度进行讨论的，他处理的办法是把人力资本及其外部效应都包含在生产函数之中，即人力资本与物质资本一样，它们都属于经济增长的内生变量，是内在的生产要素。卢卡斯认为全社会人力资本的平均水平可以用来衡量人力资本外部性的大小，而人力资本的溢出效应形成了整个经济范围内的外部性。根据卢卡斯的分析，人力资本的溢出效应理解为，一个经济体中的多数人受到该群体中具有较高人力资本水平的人的有益影响，从而导致由少数人力资本水平较高的人推动了整个经济体的生产率。由于人力资本外部性的存在，促使经济的均衡增长。卢卡斯还进一步对人力资本的收益递增性进行了解释，由于人力资本具有收益递增性，从而使得发达国家的劳动工资和资本利用率都比较高，进而便出现了劳动和资本均从发展中国家流向发达国家的现象。经济学家卢卡斯是用人力资本的溢出效应去解释技术进步的，并且说明了技术进步最终是人力资本不断积累的结果。他的观点认为知识是人力资本的一种形式，并且人力资本是经济增长的“发动机”。经过综合分析各种形式产出的人力资本，发现高等教育形成的人力资本在资源配置能力上具有明显优势，协调性和创新能力也比较强，因此能更好地直接或者间接地作用于生产过程，更快地促进经济增长。

3. 罗默的内生技术经济增长模型

1990 年美国经济学家罗默（Romer）提出知识具有溢出效应。罗默认为知识的使用具有非排他性，即知识在被开发者使用的同时可以被其他科研人员用来生产另外一种新知识，同时还具有正的外部效应，能够提高其他科研人员或是其他部门未来的生产率。在这个思想的基础上，卢卡斯在 1990 年建立了一个包括研究与开发（R&D）、中间产品和最终产品三部门在内的内生增长模型，该模型克服了卢卡斯人力资本模型缺乏微观基础的缺陷，把技术进步投资的溢出效应追加到企业的投入要素上，把技术进步纳入为总生产函数的一个变量。罗默模型是建立在三个基本前提之上提出的。首先罗默将知识看作一种商品，但与一般商品不一样，其特点是可以反复使用，其成本只在首次开发时产生，多次使用时，不再发生费用；其次罗默假定技术进步是内生的，即市场激励而带来的有意识行为产生了大部分的技术进步；最后罗默指出技术进步是经济增长的核心。罗默的模型对生产过程的分析从最终产品生产部门、中间产品生产部门和研究与开发（R&D）部门三个部门展开分析，整个过程包含了物质资本 K、非技术性普通劳动力 L、技术进步 A 和人力资本 H 四种投入，其中 H 是以人力资本为载体的知识部分，A 是不以人力资本为载体的知识部分，从而把知识的“溢出效应”特性纳入到了模型中。由于以人力资本为载体的知识部分对其主体人具有依附性，所以不能同时被两个或两个以上生产部门同时使用，具有了排他性；而不以人力资本为载体的非排他性的技术部分的知识，则可以随着不断的积累而无限地增长。

图 3-1 从研发部门、中间产品生产部门和最终产品生产部门三个经济部门对模型进行了描述。投入人力资本与现有的知识存量相结合，生产新产品是开发与研究部门的主要功能。研究和开发部门的新思想的产出可以描述为：

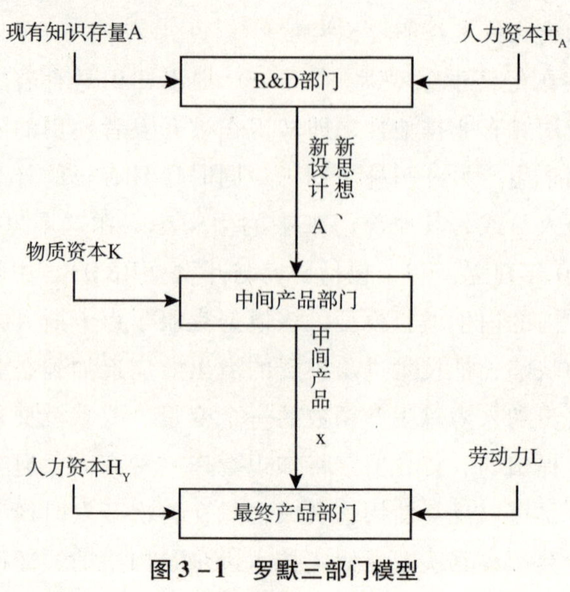

图 3－1　罗默三部门模型

$$A(t) = \delta H_A(t) A(t) d(t) \tag{3-24}$$

其中 δ 为研究和开发部门生产活动的效率，公式（3－24）表明越多的人力资本被分配给研发部门，越多的知识存量存在于研发部门，该部门的劳动生产率增长就会越快，从而也就会有越高的产出水平。在研究与开发的过程中，由于知识的非排他性的特点，每一个研究人员都可以使用该部门现在及过去的成果，使用这些知识存量的经济成本是相对是很低的，知识溢出的效应足够强，它们可以直接参与新知识的生产，因此通过知识在研发部门的溢出，可以不断增加该部门的知识存量，从而提高研究与开发部门的生产率。

新产品设计投入生产是中间产品部门的主要功能，进而产出中间产品；将劳动力、人力资本和中间产品进行组合投入，以产出最终产品是最终产品生产部门的主要功能。当经济中中间产品种类数目的扩大时，则表明经济中存在着技术进步。此种情况下尽管资本总量增加但并不会导致其边际产品递减，因为不同种类的中间产品之间是相互独立的，即一个单位资本品的边际产生率不会因为其他资本的引入而受到影响。若经济中中间产品数目固定不变时，则表明不存在技术进步，在此情况下，积累将导致资本边际产品表现出无限递减，因为最终产出函数是资本与劳动的一阶齐次函数。由此可见，技术进步使得最终产品的生产产生规模收益递增的特征，资本收益率因此得到提高。

在罗默模型中，稳态条件下的产出增长率与 A 的增长率相等，有如下公式：

$$\begin{aligned} g &= \frac{C}{C} = \frac{Y}{Y} = \frac{K}{K} = \frac{A}{A} = \delta H_A = \delta(H - H_Y) \\ &= \delta H - \frac{\alpha r}{(\alpha+\beta)(1-\alpha-\beta)} \\ &= \delta H - \Lambda r \end{aligned} \tag{3-25}$$

其中，r 是利息率，$\Lambda = \frac{\alpha}{(\alpha+\beta)(1-\alpha-\beta)}$。

公式（3－25）表明，长期经济增长率由社会中的总人力资本存量、研究与开发部门的人力资本配置即该部门生产活动的效率以及市场利率共同决定，其同前两个因素成正比例关系，而同第三个因素成反比例关系。一个国家的人力资本水平越高，经济增长的速度就越快。此处显示，长期经济增长与人口总量水平无关。而市场利率的高低，直接影响到投入到研究与开发部门中的人力资本的边际产出，从而决定了社会人力资本存量固定的情况下，如何在研究与开发部门和最终产品生产部门之间配置人力资本。利率越低，投入到研究与开发部门的人力资本越多，技术进步越明显，长期经济增长率也会越快。

罗默模型反映了生产活动中规模报酬递增的特征，这种特征的产生主要是由内生知识增长引起的。对于中间部门而言，新知识引起了分工的深化，而对于研究与开发部门而言，知识则具有正外部性。这两种效应各自或是共同引起了最终产品生产的规模报酬递增。根据模型的分析结果，罗默认为各国人力资本存量和科技水平的差异是其经济增长存在差异的主要原因，这个解释具有科学合理性。一个国家的人力资本存量与技术进步水平越高，则其经济增长率也会越高。而比较贫穷的国家常常容易陷入低收入陷阱，正是因为他们研究和开发的投入少，缺乏充足的人力资本存量，导致总体技术水平低下，国家的经济发展缓慢甚至出现负增长。根据罗默的理论，人力资本和科技进步的重视程度在各国都得到了提高，教育和科研的投入在各个国家纷纷加大。罗默的理论突出强调了技术进步和人力资本在经济增长中的重要作用，阐述了“人力资源是第一资源”“科学技术是第一生产力”的正确性，并且对世界各国发展经济具有重大的理论和实际应用指导意义。

4.“纳尔逊—菲尔普斯”技术追赶模型

经济学家纳尔逊与菲尔普斯两个人，在1966年一起合作提出了发展中国家运用人力资本实现技术追赶的模型，这个模型很好地说明了发展中国家可以依赖人力资本在技术创新与模仿方面实现与发达国家的趋同。纳尔逊—菲尔普斯技术追赶模型将技术进步假设为两种存在形式，一种是实际应用中的技术称之为实践技术水平用 $A(t)$ 表示；一种是理论意义上的外生技术进步称之为理论技术水平用 $T(t)$ 表示，两种技术水平间存在差距。这个模型可以很好地分析发展中国家在技术上对发达国家的赶超，原因是在该模型中可以假定实践技术水平是发展中国家通过技术扩散所获得的技术水平，然而理论技术水平是处在技术前沿的发达国家的技术水平。该模型的具体形式有两种，两种形式的简要数理表述如下。

“纳尔逊—菲尔普斯”模型一：发达国家的技术水平呈指数率 λ 增长，对发展中国家来说该技术水平是外生的，是理论技术水平，其表达式为 $T=T_0e^{\lambda t}$。发展中国家的技术水平为实际技术水平，技术从发达国家向发展中国家扩散存在时滞，用 $\omega(h)$ 表示，其中 h 表示发展中国家的人力资本水平，技术扩散时滞与 h 有关，一个国家的人力资本水平越高，技术扩散的时滞就越短，即 $\omega'(h)<0$，所以发展中国家的技术水平为 $A(t)=T[t-\omega(h)]$。

把 $T=T_0e^{\lambda t}$ 代入到 $A(t)=T[t-\omega(h)]$，可以得到：

$$A(t)=T_0e^{\lambda[t-\omega(h)]} \tag{3-26}$$

将式（3-26）对时间 t 求导，可以得到：

$$\frac{\partial A}{\partial h}=-\lambda\omega'(h)A(t) \tag{3-27}$$

因为有，$\omega'(h)<0$，所以 $-\lambda\omega'(h)A(t)>0$，即 $\frac{\partial A}{\partial h}>0$。

由模型一的数理分析可知：发展中国家对发达国家的经济赶超取决于发展中国家的人力资本水平，发展中国家的人力资本水平越高，其技术进步也就越快，经济发展也会越快。

“纳尔逊—菲尔普斯”模型二：发展中国家的技术水平状况取决于本国现有的人力资本水平状况以及本国现有技术同发达国家技术的差距。本国现有的人力资本水平越高，同发达国家的技术水平差距越大，则发展中国家技术进步的速度就越快，也即：

$$\frac{A}{A} = \varphi(h)\left[\frac{T-A}{A}\right] \tag{3-28}$$

公式（3－28）中，发展中国家的人力资本水平用 $\varphi(h)$ 表示，并且有：$\varphi(0)=0$ 和 $\varphi'(0)>0$。在均衡的时候，发展中国家与发达国家的技术差距为$\frac{T-A}{A}=\frac{\lambda}{\varphi(h)}$该模型同第一个模型类似，用 λ 表示外生的发达国家技术进步率。

第二个模型得出的重要结论是：在均衡时，发展中国家和发达国家的技术差距取决于发展中国家的人力资本水平和发达国家的技术进步率，发达国家的技术进步率越高，发展中国家的人力资本水平越低，技术差距就越大。“纳尔逊—菲尔普新”模型理论认为增长由人力资本所驱动；反过来说，一个国家人力资本存量也影响国家创新的能力或赶超更发达国家的能力。所有的各个国家之间增长率有差异的基本原因是人力资本存量存在差异，进而导致这些国家形成技术进步的能力存在差异。

3.3.3　人力资本与技术进步

人力资本活动作用非常广泛，人力资本活动不但涉及可以利用的知识在人们中的传播和吸收，而且它还生产成为创新的技术变动源泉的新知识。如果不存在新知识的创造，那些大量的现存物质资本以及更广泛普及的教育和保健是否能够创造一种总体规模的连续的生产力增长，是很值得怀疑的。在某种基本的意义上可以说，现代经济增长是科学革命的一种结果，也就是说它是系统化的科学知识增长的结果。从 18 世纪以来开始的科技革命的发源地及其在地域上的扩散支持了这种观点，同时证实了人力资本在产生与推进这场革命中的关键作用。产业革命是伴随着西北欧的科学革命而兴起的，并且最迅速地扩展到那些教育的发展使得技术的转移具有可能发生的地区。根据比较优势原理的观点，技术进步总是沿着充分利用最低价格要素的路径去展开的；因为劳动力要素在发达国家是稀缺的要素，所以在发达国家开发的技术普遍是劳动放大型的。但是，这种劳动放大型技术进步却是严格人力资本偏向型的，从而产生了技术进步与人力资本之间的强互补性。在开放经济条件下，发展中国家模仿吸收发达国家先进技术的过程和发达国家向发展中国家技术扩散的过程中，发展中国家的技术进步也必然会呈现出人力资本偏向型的特点。针对于后起国在绝大多数技术领域都比先进国处于落后状态，因此对于几乎所有的后起国家而言，他们的工业化进程中的技术进步，一开始就表现为采用和模仿先进国家已有技术的过程，这些国家的产业技术进步的任务也即是采用先进国家已有的技术对他们来说是合乎经济的部分。但是，如果要真正成功地获取引进技术所带来的益处，则必须以引进先进技术为起点，通过吸收消化，使之转化为本国自己的技术积累，并且逐步增强本国自主技术研制与开发能力。也就是说以引进技术为起点的技术进步过程是一个“引进—模仿—创新”的过程。但是，实践中相当多数的后起国，在引进先进技术与利用后发优势学习时，常常长期停留在简单的引进与模仿的阶段，从而使其技术进步一直处于“引进—模仿—引进—模仿”的被动循环过程中。只有经过加强研究与开发（R&D）更多地投入人力资本，特别是高层次研究型、创新型人才的培养，才有可能实现技术跨越和经济赶超。技术进步的重要源泉是人力资本。人力资本具有创造发明掌握科学知识的功能，是技术进步和科学发展的重要源泉，人力资本存在的一种重要表现形式是研究与开发能力。作为一种新知识的源泉，人力资本将生产函数向外推移并产生世界范围的经济增长，技术扩散的必要条件是人力资本。科学发展和技术进步离不开人力资本，另外人力资本还是技术扩散的必要条件。虽然说“知识无国界”，但是它的利用却需要与当地条件相适应，它将被转移到的经济和社会越不相同，完成这种适应的成本就越大。在其他条件一定的情况下，人力资本存量越大，技术扩散的范围就越广，扩散的速度就越快。因此，技术扩散对人力资本有两个方面的要求：第一，人力资本（受训者的知识和能力）是吸收和学习新技术所需要的；第二，人力资本（培训者如教师和工程师）是推动技术扩散所需要的。只有具备了这两方面的人力资本条件才会实现技术的有效扩散。不仅仅是这样，当技术进步在连续的进行过程中时，技术扩散的速度越慢，在“跟随者”和新技术开发者之间的技术差距也就越大。所以，适应新技术和吸收的能力是需要有广泛受过教育的人口作为后盾，以及日益增长的专业化和技能娴熟的劳动力为条件的。技术应用的基础是人力资本，任何科学技术如果想转变为现实的生产力，它都都必须被实际应用到经济部门或生产领域中。因此技术应用是最后一道环节，要完成这个环节，相应的人力资本条件是必须要具备的。也就是说人力资本与新技术的应用也是互补关系，如果没有相应的人力资本条件，任何技术都将不能够被应用或不能够被有效地应用。作为技能实体的人力资本是对于它在为国民经济增长作贡献的过程中，其所发挥的生产的协调因素作用的方便的理论概括。

我们通过对索洛模型以及人力资本模型的探讨，可以发现，在满足一定假设前提的基础之上，基于索洛模型演绎所得的结果与人力资本的经济增长模型的结果基本一致，也即增长率取决于外生的技术进步率。

我们从亚当·斯密的《国富论》一书中关于劳动生产率增进问题的研讨，到新古典经济增长理论，特别是其代表人物索洛等关于外生技术进步对经济增长贡献的研究，这些理论达成了一个共识是经济增长的源泉是技术进步，技术进步是推动社会进步的根本动力。然而 20 世纪 90 年代新经济增长理论的兴起和繁荣，则进一步说明了技术进步对经济增长的重要作用，并揭开了人力资本是促进技术进步的最重要因素。因此一个国家的技术进步越显著，人力资本也就越高。综合以上分析，我们认为一个地区的技术进步如何，是一个地区人力资本水平的体现。一个行业的技术进步状况如何，也可以反映一个行业的人力资本水平状况。

3.4 本章小结

本章通过对人力资本理论进行深入分析，发现较早期的人力资本思想有其精辟之处，但是比较零散，没能形成完整的理论体系。很早以来，人们就已经认识到人是构成财富的第一要素；一个国家或地区的经济发展过程中，对经济发展起决定性作用的要素是人力资本。伴随着经济学和社会学的发展，近代人力资本理论与经济学和社会学融合发展，经济学家们强调指出教育对人力资本有重要的贡献，他们还从不同的角度对人力资本的度量问题进行了研究，尤其是经济学家丹尼森的研究为舒尔茨的人力资本理论提供了最有力的证据和补充，为人力资本度量提供了有益的方法论指导。人力资本理论证明了推动经济发展的是人，特别是具有专门技术和知识的高层次的人贡献最大。人力资本属于一种无形资本，它具有资本的一些特点，具有个体的差异性，与人力资源有很大的差别，人力资本和人力资源都是以人作为研究对象，人力资源所强调的是人所具有的知识、能力、素质和健康状况情况，而人力资本所强调的是人在获取知识，形成能力，取得素质，保持健康过程中的投入。人力资本在经济增长过程中具有要素效应，溢出效应及吸纳效应，这些效应的存在，使其同资本相结合时，可以提高资本的边际收益。对人力资本与技术进步的关系进行分析，得出人力资本是促进技术进步的源泉，阿罗的“干中学”模型认为经验积累，不断学习的过程是技术进步的源泉，而“干中学”的载体是人，所以人力资本的递增是使得收益递增的主要原因。采用各种形式产出的人力资本、高等教育形成的人力资本，它们在资源配置能力上都具有明显优势，具有创新能力和较强的协调性，因此能更好地直接或间接地作用于生产过程，促进经济增长。罗默模型充分证明了“人力资源是第一资源”“科学技术是第一生产力”的正确性。“纳尔逊—菲尔普新”模型证明所有国家之间增长率产生差异的基本原因是人力资本存量的差异，进而使得这些国家之间形成的技术进步能力也有差异。因此可以认为一个地区的技术进步如何，也就是一个地区人力资本水平的体现；一个行业的技术进步状况如何，也可以反映一个行业的人力资本水平状况。人力资本促进了技术进步，技术进步可以由全要素生产率量化进行表示，所以人力资本构成了全要素生产率的主要影响因素。这为后面通过用全要素生产率指标来反映人力资本水平状况奠定了基础。

第 4 章

人力资本度量问题研究

由上一章可以看出，人力资本在外商直接投资的区位选择中起主导作用。如果能清楚人力资本的度量手段和方法，对于进一步证明人力资本是外商直接投资的区位选择的主导因素是很有必要的。索洛模型中的技术进步即全要素生产率被其假设为外生变量，关于技术进步的源泉是什么，索洛没有给出明确的解释。鉴于此，后来发展起来的内生增长模型对此作了各方面的探索，我们在第 3 章里已经做了理论上的阐述。其中最主要的理论是从“干中学”、研发投入、劳动者素质等方面给出了解释，证明得出用索洛残值可以作为人力资本的代理变量。三个变量都反映的是一个国家人力资本发展的状况，所以下面我们将试图用这三个变量从不同角度说明人力资本的状况，看其对技术进步的影响是否显著，并用全要素生产率来反映某一个行业的人力资本的状况。

4.1

全要素生产率的概念及估算方法

4.1.1 全要素生产率的概念

所谓全要素生产率，一般是指除了资本与劳动力要素之外的其他全部生产要素所能够提供的产出增长；由这个定义可以看出，全要素生产率剔除了生产率分析里的资本与劳动力这两大要素。经济学家诺德豪斯、萨缪尔森等人认为创新、教育、科学进步、规模效益等等是在考察全要素生产率时应该考虑的要素资源。

关于全要素生产率的理解，学者们普遍的观点是在生产增长率中无法解释的那一部分就是全要素生产率，即为扣除全部投入要素增长率的加权和后总的经济增长率剩余部分的余值。索洛是早期运用这种观点对全要素生产率展开研究的经济学家，他认为生产率减去资本生产率和劳动力生产率之和即为全要素生产率，即全要素生产率增长值包含了那些不能被资本生产率和劳动生产率所能解释的部分。经济学家索洛还认为技术的进步是产生“余值”的真正的原因。索洛还将技术进步作为生产的独立要素纳入生产函数，并认为资本投入、劳动投入和技术进步是决定经济增长的三大因素。但是资本投入的技术进步是不包括在全要素生产率中的；外生的希克斯中性技术进步也没有被包含在全要素生产率中的技术进步中。

但也有一部分学者的观点认为，既然称之为“全要素生产率”，就应该综合思考全部的生产要素。在这样的思想指导下，全要素生产率就等于企业生产过程中所有要素的投入与产出的比值。持这种观点的学者们认为，在考虑全要素生产率时，对投入要素考虑得越多越全面，则其结果就越精确。然而实际上，该种研究方法对效率的相对性有忽视，原因是在核算时如果把生产中所有投入要素的各项都加以考虑，也就是说除了对资本要素和劳动要素加以考虑外，还要对管理、技术、自然资源和气候等等要素加以考虑，这样生产率的差别情况就会不复存在，这种情况条件下，就难以识别出生产率变化的影响因素中究竟是哪方面的投入要素产生的作用最大，从而失去了研究生产率的最初意义。

综观以上分析可以知道，对全要素的理解存在的差异是不同的学者对于全要素生产率含义理解的最大分歧所在。有一部分学者认为从生产率变化中剔除了劳动、资本、教育、技术进步、管理等投入要素的作用后，剩下的部分才是全要素生产率，还有一部分学者认为全部投入要素共同作用产生的产出增长率才是全要素生产率；更多的学者则认为，全要素生产率是独立于劳动、资本、两大投入要素之外的增长率。本书中所采纳的全要素生产率的思想与大多数学者一样，采用索洛“余值”的概念，即全要素生产率是指经济总增长率剔除劳动力要素增长率与资本要素增长率之后的增长率。

4.1.2 全要素生产率的估算方法

当前，测度全要素生产率的方法主要有两大类：一类是非参数法；另一类是参数法。其中 Malmquist 指数方法和 HMB 指数方法属于非参数方法，生产函数法和随机前沿生产函数法属于参数法。

1. 非参数方法

由丹尼森（Dennison）和肯德里克（Kendric）共同创建的一种典型的统计学指数法，这种方法可以用来对全要素生产率增长率进行有效的测度，格里利奇斯（Griliches）、乔根生（Jorgenson）等人对这种方法作了进一步的发展，测量技术也由于他们的贡献从早期的帕氏指数、拉氏指数过渡到了准确指数。正如 1998 年考利（Colli）所说的那样，在全要素生产率的测算中指数方法主要起到了三个方面的作用。第一个主要作用就是用来计算全要素生产率的变化，主要使用的是 Tornquist 指数和费雪指数。第二个作用是指应用指数产生特殊的数据序列应用、随机前沿生产函数和数据包络，SFA - Malmquist 指数或者 DEA - Malmquist 指数就起这个作用。Malmquist 指数主要有四个优点：第一，不要求行为假设；第二，便于计算；第三，不要求价格信息；第四，已经被 Cave 等证明在一定条件下优于 Fisher 理想指数和 Tornquist 指数。第三个作用是用来处理面板数据，目的是减少投入和产出向量的维数，拉氏指数和帕氏指数就是起到这个作用。

（1）Malmquist 指数方法

在 20 世纪 90 年代，Malmquist 生产率指数法是一种比较流行的测算全要素生产率的非参数方法。距离函数是 Malmquis 生产率指数法的基本工具，投入距离函数和产出距离函数是距离函数的两个具体形式。投入距离函数是指产出一定的条件下，生产技术的有效性是用要素投入向量向内收缩最小的程度来衡量的；产出距离函数是指投入一定的条件下，生产技术的有效性是用产出向量的向外扩张最大程度来衡量的。它们的优点是在不需要任何生产行为假设的条件下，能够估算生产率增长的各个成分。

（2）HMB 指数方法

对 Malmquist 生产率指数进行扩展便可得到 HMB 生产率指数。HMB 生产率指数由希克斯、莫斯汀和彼鸠瑞克三位学者于 1961 年提出，他们将产出角度与投入角度的 Malmquist 生产率指数结合在一起计算生产率，从而克服了 Malmquist 生产率指数只能从投入角度或是产出角度对生产率进行单方面的分析，并因此造成指标使用过程中的随意性和指标计算的不可比性的缺陷，使得 HMB 生产率指数能够完备地完成对生产率的分解，成为其他指数不可比拟的指数。

2. 参数法

（1）隐性变量法

作为参数法之一的隐性变量法，就是把全要素生产率指标看成为一个不可观测的变量，它是建立在检验数据平稳性和协整性的基础上，估算全要素生产率采用状态空间模型做极大似然估计的。处理的过程是仍然假定在规模收益不变的前提下，采用 C－D 生产函数，建立观测方程与状态方程。该种方法的理念是把全要素生产率看成为一个独立的状态变量，把它从残差中进行分离，从而使得对全要素生产率的估算更为精确。但这种方法的处理过程并没有在理论方面有太大改进，仍然依赖于新古典模型，采用的是规模报酬不变条件下的道格拉斯生产函数，其进步仅仅是在计量方法上对最小二乘法估计全要素生产率的一个较小的改进。

（2）随机前沿生产函数法

传统的经济学理论中，生产函数的建立都是使企业的生产过程处于生产可能性的边界上，即生产过程中技术总是充分有效发挥作用的，不存在无效率状况。因此学者们把技术进步看作产出增长剔除要素投入贡献后的剩余（全要素生产率）唯一来源。然而经济学家费瑞尔等人认为并不是所有的生产者都处于生产函数的前沿上，都能够达到技术前沿，与此相反大部分生产者的效率同最优效率之间都存在有一定的差距，也即存在技术无效率。为了能够进一步深入地研究并发现生产效率变化和经济增长的根源，在随机前沿生产函数法中，技术效率和技术进步作为两个组成部分被用来分析全要素生产率，以便能比“索洛余值法”分析生产和经济增长更接近于现实。在采用随机前沿生产函数方法时，关注重点更多的是分解层面上的意义，而并不是全要素生产率的测算。所以严格意义上来说，随机前沿生产函数方法是关于效率的测算。我们在此为了强调前沿生产函数跟平均生产函数的不同，所以加上“前沿”一词。另外，随机前沿生产函数方法要求要有具体的函数形式，因此该方法也就造成了估计上存在一定的困难。

（3）生产函数法

生产函数法是早期最为流行的测量全要素生产率的方法，该方法利用投入和产出的函数关系表示生产函数，一般产出量用 Y 来表示，利用自变量 K 与自变量 L 表示和 Y 之间的函数关系。因为有各种差异的生产函数形式存在，因此如果选择的生产函数形式不同去进行全要素生产率分析，分析的结果就会显示出不同的特点。其中有三种函数形式是早期比较流行，它们是：超越对数生产函数、柯布—道格拉斯生产函数以及常替代性生产函数。

虽然我们可以选择不同的生产函数形式去计算全要素生产率，但是三种函数都有一个相同的条件假设：规模报酬不变，这是因为它们都是建立在“索洛余值”的理论方法之上。然而这个假设条件在现实环境中常常是不可能成立的。研究全要素生产率的学者们对如何放宽规模报酬不变的假设条件，进行了广泛的探索研究。经济学家伯恩特（Ernst R. Berndt）对全要素生产的参数方法做了进一步的拓展，这样就改变了参数方法过去对规模报酬不变条件假设的依赖。经济学家伯恩特采用的是添加的办法，该办法是在规模报酬和技术进步的形式中添加上一个充分的系统结构，从而用以确定技术进步、规模报酬和替代弹性的速度及偏度。

经济学家索洛提出用总量生产函数所得的余值估算全要素生产率，并在此研究过程中认为技术进步对劳动生产率的提高有巨大的作用，在此基础上进一步区别出劳动、资本和技术因素对经济增长所起的作用的差异。他还提出了“余值法”，用该方法可以测算技术进步对经济增长的贡献；他用资本存量数表示资本投入，也就是资本存量所提供的服务流；用从业人员数表示劳动投入，也就是劳动力存量所提供的服务流。索洛模型成为估算全要素生产率最常用的理论模型，并奠定了新古典增长理论的分析框架。本书也是使用索洛的总量生产函数法来计算全要素生产率。

4.2 全要素生产率影响因素分析

一个国家经济增长的关键因素除了资本要素和劳动要素投入之外，全要素生产率的增长也是一个重要的决定性因素，这是经济学家们对传统的经济增长理论模型持有的一致观点。传统经济增长理论认为效率改善、技术进步和规模效应是全要素生产率增长的三个主要来源。

在这方面的分解具有代表性的经济学家有肯德里克（Kendrick J. K.）和丹尼森（Denison F. F.），他们分别站在宏观经济总体运行的角度通过对历史统计数据进行分析，且采用了“经济增长核算”方法进行研究，进而实现了对全要素生产率变动的分解和估算。

4.2.1 全要素生产率的影响因素

资源配置、规模作用、生产要素质量的变动、知识进步、政策影响和不规则因素等几个方面是决定全要素生产率变动的关键性因素。对作为微观经济个体的企业而言，企业组织管理水平的高低程度取决于其投入生产的要素配置是否合理、生产规模投入与否达到最佳状况。外在环境的不确定性因素和现实政策的变化给企业生产所带来的影响可以在企业自身的管理组织整体效能中得到体现。根据技术进步的含义，显然可以看出，构成技术进步的内涵包括体现型技术进步和非体现型技术进步两部分，它们全部涵盖了要素质量的提高、知识的进步中所含的有关技术知识进步。由此，从实质上我们可以认为，技术进步和组织管理是决定全要素生产率变动的因素的两个大类。投入要素质的提高表现为体现型技术进步，丹尼森知识进步中的技术部分表现为非体现型技术进步，体现性技术进步和非体现型技术进步构成了技术进步的全部；要素配置、技术水平发挥程度及规模作用则构成了组织管理水平的全部，图 4 - 1 对此进行了清晰地描述。

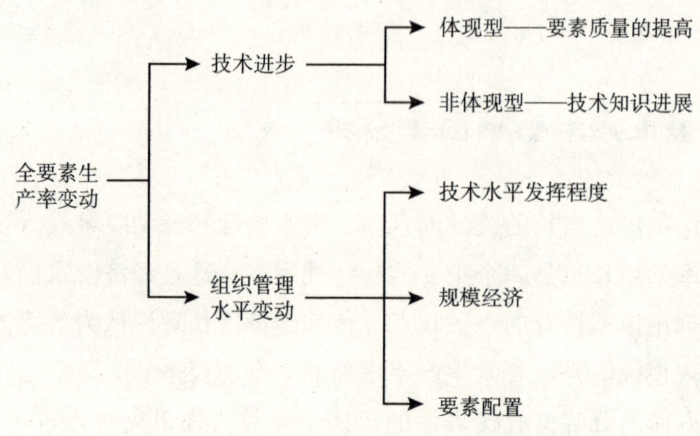

图 4 - 1　全要素生产率的影响因素分解

由此可知，在影响全要素生产率发生变动的因素中，技术进步的两个方面是人在起着主导作用，而在组织管理水平变动方面，技术水平的发挥则取决于人的因素，而要素配置的效果也存在着部分的人的因素，另外则是存在着制度的因素，规模经济则与行业的特色相关。总体而言，全要素生产的影响因素中，人起着重要的作用。

高技术是建立在综合科学研究基础上，处于当前科学技术前沿，对社会生产，技术发展和生活方式等产生重大影响的技术。这种技术是在经济上能够取得重大效益的尖端技术，具有高人类智慧高知识密集度的特征。在制造业，以信息技术为核心的高技术产业发展很快。高技术行业的企业从知识本质上看是具有高技术知识存量，进行快速持续知识创新，面向未来技术与市场的变化，协调个人知识进行专业化生产并快速在市场上实现知识价值的开放性企业。从这个定义出发可见，高技术行业的典型特征是高知识性、高创新性、高风险性和高收益性。与传统产业相比，高技术产业是典型的知识密集型企业，其研发投入大，研究和生产涉及大量复杂的专业化的技术，并且每种技术和步骤都必须协调配合。高技术行业的核心竞争力是知识的独创性和前瞻性。高技术行业中高级技术人员比重大，知识密集程度高。OECD国家把整个制造业划分为“高技术”“中高技术”“中低技术”和“低技术”4个产业组。此处的高技术产业主要是针对制造业，共有五大类即航天航空制造业、计算机及办公设备制造业、电子及通信设备制造业、医药制造业、专用科学仪器专用设备制造业。由于高技术行业具有知识、技术、资本、人才高度密集性，高附加值，高风险性，高创新性，高渗透性的特征，因此，高技术行业中，全要素生产率是人力资本的体现，可以作为人力资本的代理变量。下面我们来计算高技术行业的全要素生产率，作为人力资本核算的指标。

4.2.2 肯德里克的全要素生产率影响因素分析

经济学家肯德里克（Kendrick）研究发现，全要素生产率的分解可以通过对生产要素进行分类来进行。他把全要素生产率的影响因素分为：资源重新分配、土地质量变化、劳动者素质变化、纯政府部门影响、知识进步、与产量有关的因素、其他剩余因素等，具体情形如图4－2所示。

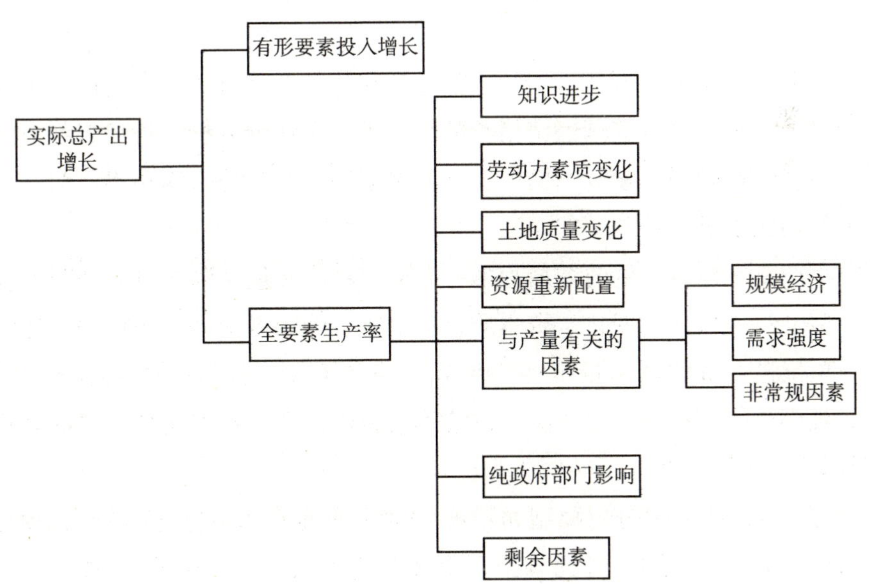

图4－2 肯德里克的全要素生产率影响因素分析

肯德里克结合经济学家索洛的总量模型，采用上述分解过程对美国1889~1957年间，私人经济增长过程中的全要素生产率状况进行了持续研究。研究的结果是，在这段时期内，美国的私人经济增长率为3.5%，而在这其中资本要素和劳动要素投入量的增加只占了1.7%，而全要素生产率的提高则占了1.8%。肯德里克又对美国1948~1966年的私人经济增长率进行了分析，发现在此期间私人经济增长率为4%，其中要素投入量增加带来的贡献为1.5%，而由全要素生产率提高带来的贡献则高达2.5%。

肯德里克对美国这两个时期经济增长的研究分析表明，全要素生产率对经济增长具有重要影响，经济的增长是离不开全要素生产率的提高，全要素生产率在经济增长过程中起着越来越重要的作用。尽管肯德里克的研究结果正确性仍然有待于进一步去考证，但仍需承认技术进步是全要素生产率提高的主要源泉，是经济增长的主要动力所在，在现代经济增长过程中技术进步起到了决定性作用。

4.2.3 丹尼森的全要素生产率影响因素分析

丹尼森（Denison E.）是经济学家肯德里克之后的又一位美国著名经济学家，他也对影响美国经济增长的因素进行了详细分析。丹尼森把对经济增长产生影响的因素分为两大类，其中第一大类又分为四小类，第二大类又分为五小类。

生产要素投入总量的增加为第一大类，具体又包含资本投入数量的变化、劳动投入数量的变化、资本质量的变化、劳动者素质的变化四小类。

单位投入量的产出量（生产率）为第二大类。具体内容包括知识进步、规模经济、资源配置改善、政策因素影响以及一些不规则因素的影响等等。

丹尼森的生产率分解模型如图4-3所示，他认为引起全要素生产率变化的原因是第二大类。丹尼森采用上述分解方法分析研究了美国1929~1969年期间的国民收入状况，对经济增长中各种因素的贡献率作了估算。

他的研究结果是，在 1929 ~ 1969 年这段时期内，美国的国民收入年均增长率为 3.33%，年均增长率中 1.52% 为生产率的增长率，占了总增长率的 45.6%，由要素投入总量增加带来的增长率为 1.81%，占据了总增长率的 54.4%。其中，规模经济因素、资源配置改善因素、知识进步因素分别为 0.36%、0.29%、0.92%，各自对总增长率的贡献为 10.8%、8.7% 和 27.6%，可见这几个因素中知识进步因素贡献最大。而在 1948 ~ 1969 年期间，总增长率中的知识进步因素的贡献率则上升到了 30.9%。丹尼森在 1983 年，他又对 1948 ~ 1981 年的美国经济增长作了研究分析，结果发现这期间经济年增长率是 3.2%，其中全部要素生产率的增长率为 2.1%，贡献是 66%，其中 47% 为知识进步因素的贡献率，19% 为教育因素的贡献率；要素投入增长为 1.1%，贡献是 34%。

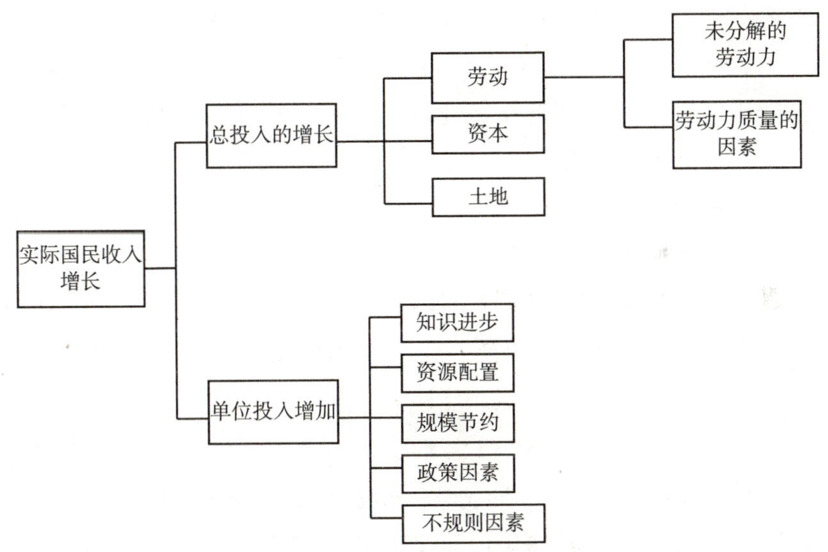

图 4-3　丹尼森的全要素生产率影响因素分解

丹尼森根据其对美国经济三个时间段的分析研究，认为要素投入量和要素生产率是影响经济增长的两大主要类因素，并且要素投入量增加所带来的贡献远远低于要素生产率的提高对总增长率的贡献；进一步研究分析发现，在九类子因素中，贡献最大、自身增长最快的是知识进步因素，其次是教育因素。所以，重视发展教育事业，积极引导加强开发新技术，提高科学管理水平等是一个国家促进经济高速增长的必由之路。

4.3 全要素生产率的计算方法

本书的测算方法是基于美国著名经济学家索洛的总量增长方程，其方程式为：

$$\dot{Y}/Y = \dot{A}/A + \alpha\dot{K}/K + (1-\alpha)\dot{L}/L \tag{4-1}$$

式（4－1）中的·表示对时间求倒数，技术进步增长率为 $\dot{A}/A$，资本增长率为 $\dot{K}/K$，就业人数增长率为 $\dot{L}/L$，资本的份额为 α。在规模报酬不变的条件下，式（4－1）可以变成：

$$\dot{y}/y = \dot{A}/A + \alpha\dot{k}/k \tag{4-2}$$

根据式（4－1）计算出技术进步增长率，并且在此基础上进一步求出各年的技术进步相对值。

高技术行业资本增长率的核算：根据联合国工业发展组织出版的1995～2010年的《国际工业统计年鉴》的数据整理，本节选取了十二个国家高技术行业[①]1991～2008年的固定资本形成总额，并根据永续盘存法，得出资本存量总额。永续盘存法的公式如下：

$$K_0 = I_0/(g+\delta) \tag{4-3}$$

$$K_t = I_t + K_{t-1}(1-\delta) \tag{4-4}$$

此处 I_0 取1990年的资本形成额，g 取1991～2008年的资本形成总额的几何平均增长率，δ 为折旧率，根据过去的习惯取值，取 δ＝6%，经过整理得出资本存量为（见表4－1）。

① 此处高技术行业是与OECD国际的四大类分类是一致的，对应于国际标准产业分类表第三版中的3530类、2423类、30类、32类和33类。

表 4－1　　十二国高技术行业资本存量总额（1991～2008）　　单位：美元

年份	中国	日本	新西兰
1991	2476739762	25665265823	117071971.2
1992	3067923192	25051769388	120396083.1
1993	4279543536	24348301859	141441180.3
1994	4906706391	23972588630	163481315.6
1995	5423113189	24190079385	181616826.9
1996	5989897444	25298950035	190883063.3
1997	6452284324	25235293299	191226452.4
1998	7111509020	23416733556	186730777.7
1999	7522130120	23231943433	206452377.8
2000	8176555440	23501788606	207219075.2
2001	8943831905	23289048907	221263777.3
2002	10124009202	22141965657	238552672
2003	11808246420	22022372652	269251306.4
2004	13211262955	22340879038	289766829.1
2005	14664244625	23042216665	304754753.4
2006	16235520796	23150136175	297745575.9
2007	18010865482	23393961889	311746366.3
2008	19600039310	23593921889	313747966.9
年份	法国	德国	意大利
1991	4334118297	6940941588	3978330569
1992	4232214852	7262961120	3922587065
1993	3970062650	6949093422	3473169338
1994	4038054174	7247471900	3488334255
1995	4112240649	7232797125	3729727289
1996	4141199558	7195295744	3816627971
1997	4159045513	7267037037	3877521651
1998	4455835637	7555631104	4039355076
1999	4824588170	7914335729	4196836189

续表

年份	法国	德国	意大利
2000	5171697070	8152386217	4459701493
2001	5294693201	7854824028	4580110558
2002	5205732449	7377910448	4751367238
2003	5322478349	7355898286	4693285425
2004	5513622628	7333886125	4799043671
2005	5754718998	7413779252	4838011793
2006	5993316750	7987707758	4979856274
2007	6385671642	8333370186	5080742583
2008	6420993182	8701857380	4930375898
年份	英国	巴西	墨西哥
1991	3510721743	1678171523	1603223394
1992	3478980179	1567059360	1776995401
1993	3470476623	1666222880	1732073035
1994	3629865335	1903714916	1877409540
1995	3736453321	2042502995	1332907888
1996	3939440157	2073191602	1551430575
1997	4207426237	2254208430	1877797055
1998	4783389318	2246497981	2070855358
1999	4925159631	2062366336	2230490470
2000	5058919655	2166176551	2483821974
2001	5189768498	2175623127	2343791730
2002	5379007414	2061804648	2328828512
2003	5437224996	1967083572	2337422632
2004	5701718868	2146466397	2524642656
2005	5830004539	2224285761	2687519665
2006	6178284158	2441659142	2946414525
2007	6595409290	2771165938	3111449880
2008	6393151763	3152705497	3349764818

续表

年份	加拿大	美国	印度
1991	2002939869	20262000000	1128766709
1992	1948069490	21362000000	1204646680
1993	1908845196	22854000000	1247222884
1994	2051596525	24686000000	1389517883
1995	2008138173	26234000000	1616910287
1996	2096122820	28448000000	1652308718
1997	2415066999	30944000000	1751587496
1998	2473911521	33828000000	1881103675
1999	2653294728	36636000000	2091986284
2000	2777887011	38884000000	2091821278
2001	2888291698	38158000000	2245960061
2002	2933379570	36700000000	2395304495
2003	3115382129	37814000000	2722438612
2004	3357256750	40088000000	3235704396
2005	3665766615	42396000000	3811049209
2006	3924616524	43150000000	4365076128
2007	4078493031	42190000000	4930167635
2008	4118493033	42292000000	5332925046

资料来源：United Nationals Industrial Development Organization，International Yearbook of Industrial statistic，1995 –2010.

在计算出各国高技术行业历年的资本存量的基础上，求出各国高技术行业的人均资本存量，即令 $k = K/L$，式中的 K 即为上表中的资本存量。L 为各国高技术行业的就业人数，见表 4 –2。

在求出高技术行业人均资本存量的基础上，计算出人均资本的增长率，即 $\dot{k}/k$。人均资本的导数用逐年的变化量来代替，即 $\dot{k}/k = \Delta k/k$。因此求出高技术行业的人均资本增长率见表 4 –3。

表4-2　　十二国高技术行业就业人数　　单位：人

年份	中国	日本	新西兰	法国	德国	意大利
1991	1355429	4551814	68484	1750527	2798775	1672047
1992	1235671	4612623	68695	1764387	2794399	1619905
1993	1347839	4634426	69484	1773449	2778218	1609726
1994	1455297	4658231	71297	1778168	2799689	1597875
1995	4484239	4682313	72905	1786157	2790276	1588348
1996	4610214	4713743	75103	1807622	2791680	1595529
1997	4304533	4758667	75875	1806467	2809800	1599083
1998	3926857	4764121	76113	1818837	2813324	1611910
1999	3844730	4742115	76707	1835562	2829917	1624097
2000	3899785	4732619	77405	1846935	2826251	1626119
2001	3983464	4723677	79000	1848700	2833363	1634766
2002	4238928	4698569	81352	1873888	2838340	1657586
2003	4772823	4686574	82870	1917401	2853624	1684755
2004	5868861	4657449	85172	1934134	2842132	1726104
2005	6633422	4665003	87481	1949975	2913247	1721414
2006	7444894	4663255	89659	1965940	2932599	1734846
2007	8429582	4685450	91317	1988415	2955536	1736991
2008	9447700	4681390	92508	2002788	2966258	1764829
年份	英国	巴西	墨西哥	加拿大	美国	印度
1991	2023325	659316	308669	1037461	12996703	8115749
1992	2013339	694624	321201	1034821	13204068	8296101
1993	1996101	710468	333887	1041890	13346183	8467804
1994	1992694	729899	341675	1049672	13564127	8656091
1995	1990425	748774	350676	1053533	13745866	8805792
1996	1998910	748026	359093	1064121	13955068	8974426
1997	2008569	774206	376501	1082022	14201541	9131958
1998	2016671	792688	383557	1100335	14387490	9308298
1999	2036483	819390	387397	1120465	14576617	9471371

续表

年份	英国	巴西	墨西哥	加拿大	美国	印度
2000	2050957	833791	395172	1138081	14787094	9635967
2001	2049633	848802	398156	1155586	14876183	9831310
2002	2072595	876021	405682	1188093	14977884	10007804
2003	2089990	894048	409897	1216962	15045895	10199946
2004	2106341	919614	426141	1231757	15145670	10373640
2005	2133859	945074	432943	1242808	15313196	10583024
2006	2165550	970366	447610	1260251	15534392	10801202
2007	2179184	978791	456474	1284984	15667756	11021586
2008	2204646	999451	467061	1306213	15837459	11247205

资料来源：United Nationals Industrial Development Organization，International Yearbook of Industrial statistic，1995 – 2010.

表 4 – 3　　高技术行业人均资本的增长率（$\dot{k}/k$）

年份	中国	日本	新西兰	法国	德国	意大利
1991	0. 16015723	– 0. 019414	0. 0601458	0. 013405516	0. 018385953	0. 0442465
1992	0. 20483336	– 0. 01216	0. 0641035	0. 009597838	0. 018157048	0. 009077479
1993	0. 18832518	– 0. 012981	0. 0587841	0. 01226198	0. 006671445	0. 010275678
1994	0. 16709355	– 0. 012126	0. 0656749	0. 010667593	0. 016660467	0. 013036836
1995	0. 15273817	– 0. 010839	0. 0526536	0. 002554941	0. 011400929	0. 003544068
1996	0. 1353419	– 0. 013506	0. 0624776	0. 014494408	0. 005247743	0. 006371787
1997	0. 12812168	– 0. 009054	0. 0580224	0. 011111545	0. 012484488	0. 002822392
1998	0. 11346586	– 0. 003313	0. 058155	0. 013675257	0. 010248929	0. 005237007
1999	0. 10792196	– 0. 004899	0. 0494379	0. 02064377	0. 018567323	0. 015155337
2000	0. 10292627	– 0. 005128	0. 0385641	0. 025717705	0. 010623448	0. 011833387
2001	0. 10627934	– 0. 003968	0. 0313236	0. 009274161	0. 006063544	0. 004721346
2002	0. 11546961	– 0. 006528	0. 0500862	– 0. 0002389	0. 001708828	– 3. 8307E – 05
2003	0. 11537825	– 0. 001651	0. 0415425	0. 015166032	0. 010499801	– 0. 00754146
2004	0. 11305014	– 0. 007402	0. 039999	0. 017310186	– 0. 01785013	0. 018927563

续表

年份	中国	日本	新西兰	法国	德国	意大利
2005	0.11112466	-0.004848	0.0315682	0.018623169	0.004735996	0.00927056
2006	0.11131024	-0.00907	0.0369282	0.018578735	0.005793326	0.016125327
2007	0.10494651	-0.002768	0.0371314	0.020683266	0.012208321	-0.00218239
年份	英国	巴西	墨西哥	加拿大	美国	印度
1991	0.0401548	-0.0211084	0.01441772	0.04314	0.03340651	0.08205795
1992	0.0404906	0.01108093	0.00697355	0.027612	0.04078084	0.07326453
1993	0.034621	0.01621797	0.0265918	0.030606	0.03803122	0.074233
1994	0.0337181	0.02049993	-0.0113425	0.028887	0.04186483	0.08872611
1995	0.0301027	0.04468075	0.00164737	0.023386	0.04308349	0.07402764
1996	0.0325672	0.01253458	-0.0070217	0.027131	0.04375675	0.070923
1997	0.0426911	0.01836757	0.02784667	0.025056	0.05198446	0.0669505
1998	0.0349667	-0.0031738	0.03976825	0.026582	0.05393981	0.07210222
1999	0.0359635	0.01432591	0.03603257	0.02934	0.05183633	0.05988418
2000	0.0422699	0.0114615	0.03648792	0.029111	0.05049352	0.05629733
2001	0.0295616	-0.0092401	0.01996798	0.013485	0.03921306	0.05729689
2002	0.0295162	-0.0035012	0.02520303	0.019193	0.0399732	0.06349409
2003	0.0310817	-0.0058074	0.00030479	0.034732	0.03935067	0.07942134
2004	0.0241796	-0.0038552	0.02593201	0.042526	0.03593504	0.087356
2005	0.0244309	0.0029351	0.01328426	0.039286	0.02948689	0.09229006
2006	0.0357952	0.03000267	0.02811423	0.032033	0.02886912	0.09476837
2007	0.023197	0.02667776	0.02755236	0.030726	0.02329623	0.08919471

资料来源：根据表4-1、表4-2计算得出。

Y的值在此本节用各国高技术行业的增加值作为代理变量，原始数据仍然来自联合国工业发展组织出版的《国际工业统计年鉴》，人均增加值表示的是高技术行业单位就业人数下的增加值，同样的原理在计算出人均值的条件下，进一步计算出单位产出的增长率，y的倒数同样用历年的变化量来代替，在原始数据的基础上经过整理，得出高技术行业人均增加值的增长率，见表 4-4。

表 4-4　　　高技术行业人均增加值的增长率（$\dot{y}/y$）

年份	中国	日本	新西兰	法国	德国	意大利
1991	0.1272365	-0.003591	0.0080078	0.005702872	0.023859584	0.040166604
1992	0.12645532	-0.00224	0.0523121	-0.01419968	-0.00224453	-0.00261455
1993	0.11752854	0.0058198	0.0265374	0.019441391	0.018698354	0.029094727
1994	0.09559113	0.014358	0.0187889	0.016603572	0.022343606	0.034437373
1995	0.08779428	0.0206099	0.0044634	-0.00090366	0.00943216	0.006403652
1996	0.08043696	0.0061163	0.006914	0.023030169	0.011479653	0.016458735
1997	0.0666525	-0.021615	0.0020075	0.027991481	0.019024886	0.005944261
1998	0.0643413	0.003217	0.0449972	0.023595539	0.014127953	0.007028539
1999	0.07299443	0.0306653	0.0143758	0.032703824	0.033436998	0.035642678
2000	0.07107136	0.0037405	0.0152565	0.017571583	0.009859059	0.012796404
2001	0.07971651	0.0079803	0.0187738	-0.00331386	-0.00175359	-0.00928849
2002	0.09013909	0.016731	0.023915	-0.01206639	-0.00751756	-0.01629304
2003	0.09211938	0.0338676	0.0096392	0.015837205	0.016169093	-0.00900383
2004	0.09512067	0.0176904	0.0024677	0.010682258	-0.01687262	0.009300729
2005	0.10749941	0.0207772	-0.006391	0.013867246	0.022808786	0.012460333
2006	0.12323863	0.0190803	0.0121448	0.01167629	0.016652573	0.014383487
2007	0.08185949	-0.006139	-0.023724	-0.00291607	0.009035982	-0.02600493

年份	英国	巴西	墨西哥	加拿大	美国	印度
1991	0.0064335	-0.055262	-0.0041455	0.011325	0.01713184	0.03187201
1992	0.0310507	0.0233097	-0.0192318	0.016442	0.01597473	0.02643234
1993	0.0445846	0.02530205	0.02077457	0.040273	0.02389801	0.04334212
1994	0.0316018	0.01784729	-0.086251	0.024317	0.0118177	0.05740546
1995	0.0244256	0.02252247	0.02675389	0.006076	0.0218998	0.05536164
1996	0.0281038	-0.0012084	0.01838455	0.025017	0.02733727	0.02259487
1997	0.0318952	-0.0229456	0.02976651	0.023648	0.02872696	0.04181776
1998	0.0246658	-0.0301602	0.0284384	0.036358	0.03133602	0.05538364

续表

年份	英国	巴西	墨西哥	加拿大	美国	印度
1999	0.0318171	0.02506647	0.04504424	0.036044	0.02216286	0.02253428
2000	0.0252803	-0.0048132	-0.0090512	0.00242	0.0015543	0.03126285
2001	0.0096538	-0.0053142	-0.0104395	0.001084	0.00923031	0.01936839
2002	0.0196229	-0.0089267	0.00309476	-0.00536	0.02059174	0.06329461
2003	0.0196013	0.02777221	0.00047066	0.018814	0.02967018	0.06465187
2004	0.0074147	0.00379342	0.01578738	0.019604	0.01818094	0.07188764
2005	0.013329	0.0125923	0.01380365	0.016831	0.0131524	0.07454075
2006	0.0237783	0.04759989	0.01198865	0.007364	0.01154605	0.06879663
2007	-0.004563	0.02904172	-0.0053542	-0.01232	-0.0067582	0.03946963

资料来源：United Nationals Industrial Development Organization，International Yearbook of Industrial statistic，1995～2010.

由于 $\dot{y}/y = \dot{A}/A + \alpha\dot{k}/k$，根据经验值取 $\alpha = 0.4$，因此可以求出各国高技术行业技术进步的增长率，其结果见表4－5。

表4－5　　　　十二国高技术行业技术进步增长率

年份	中国	日本	新西兰	法国	德国	意大利
1991	0.0631736	0.0041744	-0.016051	0.000340666	0.016505203	0.022468004
1992	0.04452198	0.0026236	0.0266707	-0.01803882	-0.00950735	-0.00624554
1993	0.04219847	0.0110121	0.0030238	0.014536599	0.016029776	0.024984456
1994	0.02875371	0.0192084	-0.007481	0.012336535	0.01567942	0.029222639
1995	0.02669901	0.0249453	-0.016598	-0.00192563	0.004871788	0.004986024
1996	0.0263002	0.0115187	-0.018077	0.017232406	0.009380556	0.01391002
1997	0.01540383	-0.017993	-0.021201	0.023546863	0.01403109	0.004815304
1998	0.01895496	0.0045424	0.0217352	0.018125436	0.010028381	0.004933736
1999	0.02982564	0.032625	-0.005399	0.024446316	0.026010069	0.029580543
2000	0.02990085	0.0057915	-0.000169	0.007284501	0.005609679	0.008063049
2001	0.03720477	0.0095674	0.0062443	-0.00702352	-0.00417901	-0.01117703

续表

年份	中国	日本	新西兰	法国	德国	意大利
2002	0. 04395124	0. 0193422	0. 0038805	-0. 01197083	-0. 00820109	-0. 01627772
2003	0. 04596808	0. 0345279	-0. 006978	0. 009770792	0. 011969172	-0. 00598725
2004	0. 04990062	0. 0206512	-0. 013532	0. 003758184	-0. 00973256	0. 001729703
2005	0. 06304955	0. 0227164	-0. 019018	0. 006417979	0. 020914387	0. 008752109
2006	0. 07871453	0. 0227083	-0. 002626	0. 004244796	0. 014335242	0. 007933356
2007	0. 03988089	-0. 005031	-0. 038577	-0. 01118937	0. 004152654	-0. 02513198

年份	英国	巴西	墨西哥	加拿大	美国	印度
1991	-0. 009628	-0. 0468186	-0. 0099126	-0. 00593	0. 00376924	-0. 0009512
1992	0. 0148544	0. 01887733	-0. 0220212	0. 005398	-0. 0003376	-0. 0028735
1993	0. 0307362	0. 01881486	0. 01013785	0. 02803	0. 00868553	0. 01364893
1994	0. 0181145	0. 00964732	-0. 081714	0. 012762	-0. 0049282	0. 02191502
1995	0. 0123845	0. 00465017	0. 02609494	-0. 00328	0. 0046664	0. 02575059
1996	0. 0150769	-0. 0062222	0. 02119324	0. 014164	0. 00983457	-0. 0057743
1997	0. 0148187	-0. 0302927	0. 01862784	0. 013626	0. 00793318	0. 01503756
1998	0. 0106791	-0. 0288907	0. 0125311	0. 025725	0. 00976009	0. 02654275
1999	0. 0174317	0. 0193361	0. 03063121	0. 024308	0. 00142832	-0. 0014194
2000	0. 0083723	-0. 0093978	-0. 0236464	-0. 00923	-0. 0186431	0. 00874392
2001	-0. 002171	-0. 0016181	-0. 0184267	-0. 00431	-0. 0064549	-0. 0035504
2002	0. 0078164	-0. 0075262	-0. 0069864	-0. 01303	0. 00460246	0. 03789697
2003	0. 0071686	0. 03009516	0. 00034875	0. 004921	0. 01392992	0. 03288334
2004	-0. 002257	0. 00533548	0. 00541458	0. 002593	0. 00380693	0. 03694524
2005	0. 0035566	0. 01141826	0. 00848994	0. 001117	0. 00135765	0. 03762472
2006	0. 0094602	0. 03559882	0. 00074295	-0. 00545	-1. 60E-06	0. 03088929
2007	-0. 013842	0. 01837062	-0. 0163751	-0. 02461	-0. 0160767	0. 00379175

资料来源：根据表4-3、表4-4数据计算得出。

按照索洛在其《技术变化和总量生产函数》一文中的方法，在得出技术进步率后，可以计算出技术进步值A。在此，假定各国1991年的A值均为1，各年的技术进步值为 $A(t+1)=A(t)+\dot{A}/A$，依照此方法，求出各国高技术行业的A值见表4-6。

表4-6　高技术行业技术进步率A

年份	中国	日本	新西兰	法国	德国	意大利
1991	1	1	1	1	1	1
1992	1.0631736	1.0041744	0.9839495	1.000340666	1.016505203	1.022468004
1993	1.10769558	1.006798	1.0106202	0.982301847	1.006997849	1.016222466
1994	1.14989405	1.0178101	1.0136439	0.996838446	1.023027625	1.041206922
1995	1.17864776	1.0370185	1.0061629	1.009174981	1.038707045	1.070429561
1996	1.20534677	1.0619638	0.9895648	1.007249346	1.043578833	1.075415585
1997	1.23164697	1.0734825	0.9714877	1.024481753	1.052959389	1.089325605
1998	1.2470508	1.0554895	0.9502862	1.048028616	1.06699048	1.094140909
1999	1.26600576	1.0600319	0.9720214	1.066154052	1.077018861	1.099074645
2000	1.2958314	1.0926568	0.966622	1.090600368	1.103028929	1.128655188
2001	1.32573225	1.0984483	0.9664529	1.097884869	1.108638609	1.136718237
2002	1.36293703	1.1080157	0.9726972	1.090861345	1.104459603	1.125541204
2003	1.40688827	1.1273579	0.9765778	1.078890515	1.096258516	1.109263483
2004	1.45285635	1.1618858	0.9696	1.088661307	1.108227688	1.103276237
2005	1.50275697	1.182537	0.9560681	1.092419491	1.098495126	1.105005941
2006	1.56580652	1.2052534	0.93705	1.09883747	1.119409513	1.11375805
2007	1.64452105	1.2279617	0.9344235	1.103082266	1.133744756	1.121691405
2008	1.68440194	1.2229303	0.8958467	1.091892894	1.137897409	1.096559426

年份	英国	巴西	墨西哥	加拿大	美国	印度
1991	1	1	1	1	1	1
1992	0.9903716	0.95318137	0.99008739	0.994069	1.00376924	0.99904883
1993	1.005226	0.97205871	0.96806617	0.999467	1.00343163	0.99617536
1994	1.0359622	0.99087357	0.97820402	1.027497	1.01211715	1.00982428

续表

年份	英国	巴西	墨西哥	加拿大	美国	印度
1995	1.0540767	1.00052089	0.89648998	1.040258	1.00718892	1.0317393
1996	1.0664612	1.00517106	0.92258492	1.03698	1.01185533	1.05748989
1997	1.0815381	0.99894883	0.94377817	1.051145	1.02168989	1.05171555
1998	1.0963568	0.96865618	0.96240601	1.064771	1.02962307	1.06675311
1999	1.1070359	0.93976548	0.97493711	1.090496	1.03938316	1.09329587
2000	1.1244676	0.95910158	1.00556832	1.114804	1.04081148	1.09187647
2001	1.1328399	0.94970374	0.98192192	1.105579	1.02216837	1.10062039
2002	1.130669	0.94808562	0.96349525	1.10127	1.01571346	1.09707002
2003	1.1384853	0.94055942	0.95650881	1.088235	1.02031592	1.13496699
2004	1.145654	0.97065458	0.95685755	1.093156	1.03424584	1.16785032
2005	1.1433968	0.97599006	0.96227213	1.095749	1.03805276	1.20479557
2006	1.1469535	0.98740833	0.97076207	1.096866	1.03941041	1.24242029
2007	1.1564137	1.02300715	0.97150503	1.091417	1.03940881	1.27330958
2008	1.1425715	1.04137777	0.9551299	1.066809	1.02333215	1.27710133

资料来源：根据表 4 – 5 数据计算得出。

根据表4 – 6 中的技术进步的数据，绘制平均技术进步率图见图4 – 4。

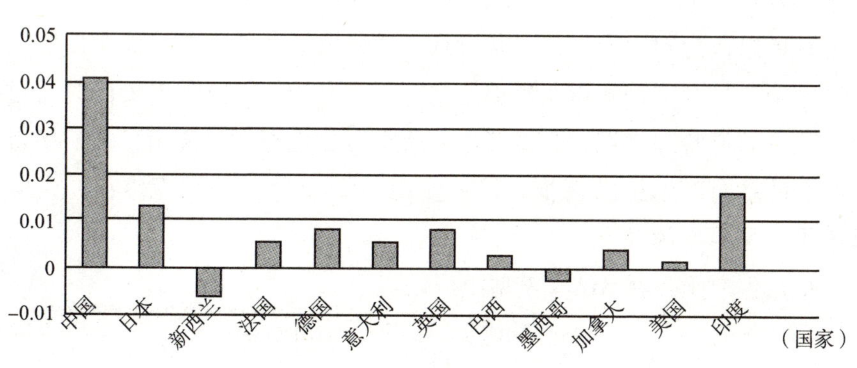

图 4 – 4　平均技术进步率

图4-4显示中国和印度的技术进步率增长最为明显，其次是日本。

理论上来说，由于高技术行业是高人力资本行业，所以全要素生产率的差异是主要人力资本差异的反映，因此本节的人力资本的指标以全要素生产率值来表示。为了进一步说明全要素生产率是人力资本的体现，下面根据第3章关于对技术进步的解释的因素的理论依据，进一步说明全要素生产率是可以作为人力资本的代理变量的。

4.4 人力资本度量解释

关于人力资本的度量问题，本节主要从三个方面进行分析，即“干中学”与知识溢出、研发与投入、劳动者素质。

4.4.1 “干中学”与知识溢出

阿罗（Arrow，1962）把“干中学”和知识溢出结合起来解释技术进步的原因，阿罗认为技术进步是内生的，否定了技术是外生变量的新古典增长模型的观点，他借鉴了卡尔多（Kaldo，1957）将技术进步视为由资本积累决定的观点，人们在生产产品的过程中，不可避免地思索改进生产过程的方式，于是，技术进步或生产率提高就是资本累积的副产品。由此看来，可以认为知识积累并不是有意识地研发活动的结果，而是传统经济活动的副产品，这种知识积累被称之为“干中学”。但是单个厂商通过投资所获得的经验和知识，会被其他人所学习，也即发生溢出，从而使得整个社会的就会产生技术进步。阿罗使用“干中学”和知识溢出，说明了技术进步是内生的观点。

总量生产函数在Arrow模型中可以写成：

$$A(t)=BK(t)^{\phi},\ B>0,\ \phi>0 \quad (4-5)$$

“干中学”的简单情形是学习可以看作新资本的一种副产品，由于知识增加量是资本增加量的函数，因此知识存量也是资本存量的函数，于是

就有

$$A(t)=BK(t)^{\phi},\ B>0,\ \phi>0 \tag{4-6}$$

由公式（4－6）表示技术随着资本的变化而变化，也即资本有技术效应。当一个厂商的物质资本投资获得的知识溢出到整个经济时，其结果是，整个经济就会出现一个类似于AK模型的经济增长。

从公式（4－6）可知，在Arrow模型中，全要素生产率（A）的变化是随着资本增加而增加。简单地说，由于投资时资本不仅仅获得公式（4－5）当期的产品，而且还获得公式（4－6）中的副产品，进而提高了经济的全要素生产率。

根据阿罗在1962年提出的观点，在新增资本的过程中，会发生学习效应，因而可以用来衡量“干中学”的大小。在本节的实证过程中，考虑到在原有资本存量的基础上进行生产，“干中学”效应同样会发生，因此最终选用了平均劳动资本而非新投资来衡量“干中学”的大小。k是代表按劳动力平均的固定资本。

表4－7　“干中学”指标（人均物质资本/人均K）　单位：美元

年份	中国	日本	新西兰	法国
1991	995.7258049	358811.6804	28491.3741	103916.6133
1992	1155.198491	351845.554	30205.01021	105309.6691
1993	1391.821674	347567.0953	32141.25809	106320.4142
1994	1653.936738	343055.4448	34030.65341	107624.113
1995	1930.298893	338895.5268	36265.61455	108772.2032
1996	2225.129222	335222.4069	38175.12972	109050.1098
1997	2526.282442	330694.8536	40560.22057	110630.7265
1998	2849.95398	327700.5772	42913.62119	111860.0048
1999	3173.326448	326614.7597	45409.26409	113389.7191
2000	3515.798062	325014.6129	47654.20482	115730.5104
2001	3877.666051	323348.0734	49491.94852	118706.8335

续表

年份	中国	日本	新西兰	法国
2002	4289. 781827	322065. 1184	51042. 21485	119807. 7398
2003	4785. 12125	319962. 6761	53598. 72751	119779. 118
2004	5337. 220167	319434. 5305	55825. 35151	121595. 6919
2005	5940. 59366	317070. 096	58058. 31094	123700. 5359
2006	6600. 740102	315532. 9246	59891. 10559	126004. 2319
2007	7335. 470048	312671. 0456	62102. 779	128345. 2311
2008	8105. 302027	311805. 5094	64408. 73907	130999. 8296

年份	德国	意大利	英国	巴西
1991	118273. 8	114546. 4	63333. 55	13014. 49
1992	120448. 4	119614. 7	65876. 7	12739. 77
1993	122635. 4	120700. 5	68544. 09	12880. 94
1994	123453. 6	121940. 8	70917. 15	13089. 84
1995	125510. 4	123530. 5	73308. 34	13358. 18
1996	126941. 3	123968. 3	75515. 12	13955. 04
1997	127607. 4	124758. 2	77974. 44	14129. 96
1998	129200. 6	125110. 3	81303. 25	14389. 49
1999	130524. 7	125765. 5	84146. 16	14343. 82
2000	132948. 2	127671. 5	87172. 35	14549. 31
2001	134360. 6	129182. 3	90857. 12	14716. 07
2002	135175. 3	129792. 2	93543	14580. 09
2003	135406. 3	129787. 3	96304. 04	14529. 04
2004	136828	128808. 5	99297. 33	14444. 67
2005	134385. 6	131246. 5	101698. 3	14388. 98
2006	135022. 1	132463. 2	104182. 9	14431. 21
2007	135804. 3	134599. 3	107912. 1	14864. 19
2008	137462. 2	134305. 5	110415. 4	15260. 73

续表

年份	墨西哥	加拿大	美国	印度
1991	24899.6	65402.78	74782.87	1117.021
1992	25258.59	68224.25	77281.11	1208.681
1993	25434.73	70108.04	80432.7	1297.235
1994	26111.09	72253.8	83491.65	1393.532
1995	25814.92	74341.01	86987.01	1517.175
1996	25857.45	76079.56	90734.72	1629.488
1997	25675.89	78143.67	94704.97	1745.056
1998	26390.87	80101.61	99628.16	1861.889
1999	27440.39	82230.87	105002.1	1996.135
2000	28429.14	84643.55	110445	2115.672
2001	29466.46	87107.62	116021.8	2234.779
2002	30054.85	88282.28	120571.3	2362.824
2003	30812.32	89976.67	125391	2512.85
2004	30821.71	93101.71	130325.2	2712.424
2005	31620.98	97060.93	135008.4	2949.37
2006	32041.04	100874.1	138989.4	3221.568
2007	32941.85	104105.4	143001.9	3526.87
2008	33849.48	107304.1	146333.3	3841.449

资料来源：经济合作与发展组织（OECD）官方数据库数据计算得出。

4.4.2 研发投入

著名经济学家罗默（Romer，1990）、格罗斯曼（Grossman）与霍尔普曼（Helpman，1991）等人以研发为基础建立的内生增长模型，通过将技术进步内生化，强调技术进步是经济长期增长的源泉，并由此引入了单独的研究开发（R&D）部门以及生产技术知识来促进技术进步。

经济学家罗默于1990年强调促进经济增长的技术进步是内生的，厂商是受到最大化的驱使而进行研发投入的。然而作为投入要素之一的技术，则具有显著的特点：非竞争性和部分排他性。也即某一个厂商对某项技术使用的同时并不影响其他厂商同时对该项技术的使用。另外，由于技术具备有非自觉的扩散，于是不能完全采用收费的方法去拒绝未付费的厂商不能使用该项技术。罗默1990年的模型是建立在三个假设的基础之上：其一是技术变化，也就是罗默所提出的组合原材料方法的改进，这是决定经济增长的最重要的因素，其居于核心地位；其二是技术变化是厂商有意识有目的地对市场刺激的反应，追求利润最大化是其目的；其三是技术和新知识可以被无成本的重复使用，这与其他物品有本质上的差异，当一种新方法研发出来以后，研发新技术的厂商和其他厂商都均可以反复无成本地重复或同时使用该新方法。罗默1990年的模型假设有四种投入，即资本、劳动、人力资本和技术。内生增长模型除了在技术产生的来源不同，也即技术是外生还是内生和新古典经济增长模型有明显区别外，具体的分析方法和数学表达式也存在明显的差异。但是，内生增长模型目前还没有一个统一的分析模式和表达式，本节准备把不同表达形式的内生增长模型概括成如下简化形式。

不失一般性，我们假设整个经济环境中只有两个部门即新技术的研究与开发部门和一般产品的生产部门，技术（知识）均能被两个经济部门全部利用，并且很多厂商对技术（知识）可以无成本地反复去使用，因而不考虑知识存量在两个经济部门的分配。并且这些部门均采用三种要素生产一种产出，它们分别采用资本、劳动和技术三要素进行生产。其中，产出总量用Y表示，社会的总资本要素为K，劳动要素为L，技术要素（即全要素生产率）为A；资本份额用于研发部门的设为∂_K，劳动份额用于研发部门的设为∂_L，这样$1-\partial_K$、$1-\partial_L$就分别是用于产品生产部门资本的份额和劳动的份额。因此，t时间的产品数量函数是：

$$Y(t)=[(1-\alpha_K)K(t)]^{\alpha}[A(t)(1-\alpha_L)L(t)]^{1-\alpha},\ 0<\alpha<1 \quad (4-7)$$

规模报酬假定不变的情况下，在产品数量函数公式（4－7）中，对于技术给定时，任意给定正数λ，如果投入要素数量增加λ倍，那么产量

就会跟着增加 λ 倍。

由于研发的资本、劳动的数量和技术水平等决定了知识的生产，假若知识生产部门的生产函数也为 Cobb – Douglas 生产函数，便可以得到：

$$\dot{A}(t) = B[\alpha_K K(t)]^{\beta}[\alpha_L L(t)]^{\gamma} A(t)^{\theta},\ B>0,\ \beta\geqslant 0,\ \gamma\geqslant 0 \quad (4-8)$$

由于知识存在非竞争性及可无成本地重复使用的特点，因而知识生产部门也很容易出现规模报酬递增的情形；在知识的生产函数中由于没有规模报酬不变的假定，所以可能存在两种可能性，即报酬递减或报酬递增情形。假若规模报酬递增情形出现，经济就会出现一个类似于 AK 模型的“不断增长”的结果，也就不存在新古典增长理论中的稳态现象出现。物质生产部门经济对资本要素和劳动要素是属于规模报酬不变的情况，所以总的经济实际的规模报酬情况，就取决于知识部门的规模经济情况；因此技术 A 决定了一个国家的经济增长速度，从公式（4 – 8）可知，技术进步又取决于研发部门的投入情况。

研发投资应该由政府主导，理由是：假设经济是分散的经济，每一个经济主体都根据自己的最大化问题进行决策，加之知识又存在外部性，所以最后的均衡结果对整个社会就不是 Pareto 最优的。政府对研发的投入情况反映了一个国家的相应的研发水平，以及研发人员的水平，因此也反映了一个国家的人力资本状况。在本书中用研发投入占一国的 GDP 的比重表示该国的研发投入（见表 4 – 8）。

表 4 – 8　　　　研发经费支出占 GDP 的比例　　　　单位：%

年份	加拿大	法国	德国	意大利	日本	新西兰	英国	美国	巴西	中国	印度	墨西哥
1991	1.57	2.32	0	0	2.78	0.97	2.06	2.71	0	0.73	0.77	0
1992	1.62	2.33	2.35	1.15	2.72	0	0	2.64	0	0.74	0.79	0
1993	1.68	2.38	2.28	1.1	2.65	1.01	2.04	2.52	0	0.7	0.71	0.2
1994	1.73	2.32	2.18	1.02	2.6	0	2	2.42	0.85	0.64	0.65	0.27
1995	1.7	2.29	2.19	0.97	2.71	0.95	1.94	2.51	0.8	0.57	0.63	0.28
1996	1.65	2.27	2.19	0.99	0	0	1.86	2.55	0.72	0.57	0.65	0.28
1997	1.66	0	2.24	0	2.87	1.09	1.8	2.58	0	0.64	0.72	0.31

续表

年份	加拿大	法国	德国	意大利	日本	新西兰	英国	美国	巴西	中国	印度	墨西哥
1998	1.76	2.14	2.27	1.05	3	0	1.79	0	0	0.65	0.73	0.34
1999	1.8	2.16	2.4	1.02	3.02	1	1.86	2.66	0	0.76	0.76	0.39
2000	1.91	0	2.45	1.05	3.04	0	1.85	2.75	0.94	0	0.78	0.34
2001	2.09	2.2	2.46	1.09	3.12	0	1.82	2.76	0.96	0.95	0.76	0.36
2002	2.04	2.23	2.49	1.13	3.17	0	1.82	2.66	0.91	1.07	0.75	0.4
2003	2.03	2.17	2.52	1.11	3.2	1.19	1.78	2.66	0.88	1.13	0.74	0.4
2004	2.05	0	2.49	1.1	3.17	0	1.71	2.59	0.83	1.23	0.71	0
2005	2.01	2.1	2.48	1.09	3.32	1.16	1.76	2.62	0.97	1.33	0	0.46
2006	1.94	2.1	2.54	1.14	3.39	0	1.78	2.66	1.02	1.42	0	0
2007	1.89	2.08	2.53	0	0	0	0	2.68	0	1.49	0	0

资料来源：由经济合作与发展组织（OECD）官方数据库数据计算得出。

4.4.3 劳动者素质

1988年经济学家卢卡斯建立了一个两部门经济的人力资本模型，该模型是建立在贝克尔等人对人力资本研究成果的基础上。卢卡斯增长模型中依旧采用两部门经济，他所指的两个经济部门是物质产品生产部门和人力资本生产部门。在他的模型中，假定所有个体都是同质的，因此我们可以得到这样两个函数表达式，它们是加总的生产函数和人力资本形成函数：

$$Q = AK^{\alpha}(\mu H)^{1-\alpha} \tag{4-9}$$

$$\dot{H} = B(1-\mu)^{\beta}H \tag{4-10}$$

公式中的Q是产出，人力资本中用于生产的部分用μ表示，H是人力资本存量，物质资本存量用K表示，人力资本形成的部分由1－μ表示，A、B、α、β等为参数，它们取值都为正。假定一个人进一步获取知识的速度取决于每个人的能力和他用于人力资本的投资（可视作受教育和培训的时间），那么，人力资本的增长率就可以表示为：

$$\dot{H}/H = B(1-\mu)^{\beta} \quad (4-11)$$

经济处于均衡状态时，经济的增长率为：

$$\dot{Q}/Q = \dot{H}/H + \dot{A}/A/(1-\alpha) \quad (4-12)$$

针对发展中国家与发达国家经济增长水平呈现的发散性现象，经济学家卢卡斯的模型给出了比较好的解释；人力资本增长得越快，经济增长的也就越快。同罗默模型一样，因为外部性的存在，进行分散决策的竞争性均衡结果只能达到一种社会次优，如果仅仅依靠市场竞争，那么整个社会的人力资本投资将会显得不足；因而保证实现社会的最优增长率是需要政府政策的干预。同宇泽模型比较其不同的是，卢卡斯模型中经济增长是不再需要依赖于外生力量（例如人口增长）就能够持续下去，经济增长的源泉是来自人力资本的积累。然而，人力资本模型也还存在着不足，这其中包括对人力资本的测度尚未有很好和很可靠的方法，这就使得当前对人力资本进行定量研究上存在较大的难度，人力资本概念比较难以明确界定，时至今日也没有一个比较统一的概念，对于人力资本的加总问题还广泛地受到质疑，人们对研究的结论也具有相当的争议性。尽管如此，在经济增长中的巨大贡献中，人力资本还是受到经济学界的广泛认可。在对全要素生产率进行测算时，不考虑人力资本的变化，那么人力资本的增加就会提高劳动要素和资本要素的使用效率，从而人力资本就成为全要素生产率增加的主导因素。

根据我们在前面介绍的人力资本的理论说明，本书的人力资本应该是投入到生产流通领域中的劳动力素质的差异性，但是由于各国对于进入各行业就业人数的教育分布状况的数据的统计很不全面，所以至今为止，尽管有许多这方面的核算，比如教育年限法、入学率以及成人识字率等等指标，但是这些只能是如前所说的人力资源，因为它不是真正反映生产服务中的劳动者的素质，而是全社会的一个人才储备。我们在此把卢卡斯的人力资本量表现为劳动者的素质，可以反映一国的人力资本储备状况，但不能作为指标进入生产函数的核算。本书中劳动者的素质用各国的大学生入学率表示（见表 4－9）。

表4-9　各国大学生入学率　单位：%

年份	中国	印度	日本	加拿大	墨西哥	美国	巴西	法国	德国	意大利	英国	新西兰
1991	3	6.4	30.4	97.8	13.4	76.2	11.4	43.2	35	32.9	33	45.6
1992	3	5.8	32.5	102.9	13.4	79.8	11.5	46.1	32.9	35.2	37.4	51.9
1993	4	6.1	39.5	90.9	13.8	80.6	11.5	49.5	35.6	37.3	43.4	57.5
1994	4	5.7	40.3	91.3	14.3	81.1	11.4	49.9	43	41	48.3	59.8
1995	5	6.5	40.7	90.2	15.3	81	11.3	51	44	41	49.5	58.2
1996	5	6.9	41	89	15.6	80	11.8	50.6	46	46	51	58.5
1997	6	7	41	88	16	81	15	51	48	49	52	63
1998	6.7	7.9	44	58	18	77	14	51	46	47	58	64.1
1999	7.5	10.5	46.6	59	19	79	15.9	52.8	48	49	59	65.9
2000	7.6	10.2	47.7	58.8	20.7	72.6	16.5	53.6	49	50	59.5	69.2
2001	12.7	11.4	49.2	57.7	21.5	81.4	18.2	53.6	51	53	63.6	71.2
2002	13.7	11.6	50.4	60.2	22.6	81.2	22.1	54	50	58	62.3	73.9
2003	15.7	11.3	52.3	60.7	22.9	82.1	22.3	55	52	60	61.1	75.5
2004	19.1	11.8	54	60.8	23.4	82.4	25	56	54	63	60.1	63.2
2005	20.3	11.4	55.3	59.7	24	82.7	25	56.4	54	66	59.7	81.9
2006	21.6	11.8	57.3	60.1	26.1	81.8	25.5	56.2	54	67	59.3	79.7
2007	22	12	57	58.9	26	82	25	56	54	67	59	80

资料来源：经济合作与发展组织（OECD）在线图书馆数据库。

4.4.4　技术进步与“干中学”、研发投入和劳动者素质的关系分析

影响技术进步的因素是多方面的，例如政府政策、经济结构、投资、规模经济、资源配置以及经济增长本身的速度等都对技术进步有影响。对于不同的国家其影响因素的重点可能会有所不同，但是其中主要的影响因素均是人力资本。依据主流经济学的理论观点，研发、“干中学”以及劳动者素质等都是影响技术进步的重要因素，本节选取了12个国家，其中包括3个发展中国家和9个发达国家，从前面章节的分析我们发现，该

十二国的“干中学”的积累、研发的投入以及劳动者的素质都是呈现上升的趋势，而这三个方面都反映了人力资本的状况。因此，我们在技术进步率和这三个变量之间建立模型：

$$A_t = C + \alpha k_{it-1} + \beta rd_{it-1} + \lambda litercy_{it-1} + \mu_{it} \quad (4-13)$$

公式（4－13）中，A 为全要素生产率，k 为十二国“干中学”的代理变量，rd 为各国研发投入占国民收入的比例，litercy 为各国大学生入学率。由于从理论上讲，“干中学”，研发投入以及大学生入学率指标对于全要素生产率都具有滞后性，所以我们在进行估计时均采用滞后一期的数据，即 t－1 期。本节主要针对选取的样本单位进行分析，所以采取固定效应模型进行分析，在其加权项里本节选取 cross-section SUR 选项，以修正各个国家统计数据存在的异方差和同期的相关性。利用 EViews 6.0，得出固定效应的模型如表 4－10 所示。

表 4－10　　固定效应模型估计结果

变量	系数	标准差	T－统计量	显著性水平
常数项	0.602935	0.006386	94.41040	0.0000
RD（－1）	0.191436	0.001326	144.3728	0.0000
K（－1）	7.92E－07	6.30E－08	12.56597	0.0000
LITERCY（－1）	0.002261	3.21E－05	70.54979	0.0000
固定效应（截距项）				
中国	0.532125			
日本	－0.440096			
新西兰	－0.025115			
法国				
德国	－0.186515			
意大利	0.068306			
英国	－0.048604			
巴西	0.155847			
墨西哥	0.228451			

续表

变量	系数	标准差	T-统计量	显著性水平
加拿大	-0.116607			
美国	-0.346898			
印度	0.346112			
R^2	0.998108			
调整 R^2	0.997968			
F-统计量	7122.106			
D.W. 统计量	1.725414			

模型的结果显示，“干中学”（物质资本的深化）、大学生入学率和研发投入三者的回归系数显著不为零，表明这十二个国家的技术进步显著受到这三个变量的影响。这三个变量都反映的是一个国家人力发展的状况，因而本节认为这三个变量从不同角度反映了人力资本的状况，并且对技术进步的影响都是显著的，所以对于样本区内经济体的技术进步，全要素生产率是可以反映一国的人力资本的状况，因此，在此我们用索洛残值作为该十二国的人力资本的代理变量。

4.5 本章小结

本章从“干中学”、研发投入、劳动者素质这三个变量从不同角度反映人力资本的状况，借以论证人力资本的代理指标为全要素生产率的合理性。全要素生产率，人们普遍的观点认为，它是生产率增长过程中所无法解释的一部分，即经济增长核算时候的一个“余值”，它应当等于产出增长率与全部投入要素增长率加权和之差。研究全要素生产率时，应当将全要素生产率与劳动、资本这两大生产要素独立开来；本章的研究延续了索洛余值的理念，将全要素生产率定义为：除了劳动力和资本这两大要素之外的其他所有生产要素所带来的产出增长率。对全要素生产率的测度主要是两大类方法：参数法和非参数法。参数法主要包括生产函数法和随机前沿生产函数方法。非参数方法主要是指的是指数法，包括 Malmquist 指数方法和 HMB 指数方法。以肯德里克（Kendrick J. K.）和丹尼森（Denison F. F.）为代表的经济学家，从宏观经济总体角度，运用“经济增长核算”方法，通过对历史统计的分析，实现了对 TFP 变动的分解及估算。技术进步的影响因素是多方面的，政府政策、投资、经济结构、规模经济、资源配置以及经济增长本身的速度都对技术进步有影响。不同的国家影响因素的重点可能有所不同。但其中人力资本是主要的影响因素。高技术行业是高人力资本行业，因此该行业的全要素生产率是人力资本的结果和体现，全要素生产率作为人力资本的代理制表示合理的。并将全要素生产率与“干中学”（物质资本的深化）、大学生入学率和研发投入三者进行回归，其系数显著不为零，进一步说明高技术行业的全要素生产率作为人力资本代理变量的科学合理性。

第 5 章

外商直接投资区位选择影响因素研究

20 世纪 90 年代以来，随着全球经济一体化的不断深入，传统的生产和贸易模式在信息技术的推动下发生了极大的改变，外商直接投资的模式和特点也随之发生了巨大变化，其中最显著的变化是传统区位因素对外商直接投资的影响力在知识经济的深化中不断降低。图 5－1 中不同技术密集度产业的出口发展速度说明了各产业的发展速度，也间接说明了外商直接投资中的技术和知识不断提高。为了形成以技术和知识为企业核心竞争力的可持续的竞争优势，各国企业都以利用和整合各自的技术和知识作为发展的首要任务。虽然一些主要的传统因素如自然资源、市场需求规模以及廉价的劳动力等仍然对外商直接投资的区位选择存在着一定的影响，但其影响力正在不断下降，特别是在技术和知识密集型产业中，传统因素正在对外商直接投资的吸引力逐步降低。随着全球经济一体化的不断深入，国家间联系日益密切，区域经济的不断加强，贸易壁垒的不断减弱，国家市场的意义正在减小，市场规模因素对外商直接投资的影响力也就随之下降，特别是一些开放性行业。初级产业在国民经济活动中的地位正在日益减弱，其产出的比例也在日趋减少，并且劳动力密集的产业也需要新的技术和先进技能，这使得廉价劳动力的优势在吸引外商直接投资的作用中减弱。随着一个地区吸引到的资本增加，在边际报酬递减规律的作用下，其结果应该是资本的边际报酬递减，资本流向发展中国家。而现实世界中，外商直接投资却更多地流向了发达国家。外商直接投资的这种区域选择现象由传统的区位理论已经不能很好地说明。人力资本可以产生报酬递增的原理很好地解释了这种现象，许多研究对此作了验证，认为人力资本不论是存量还是流量对外商直接投资的流入都会产生显著性效应。

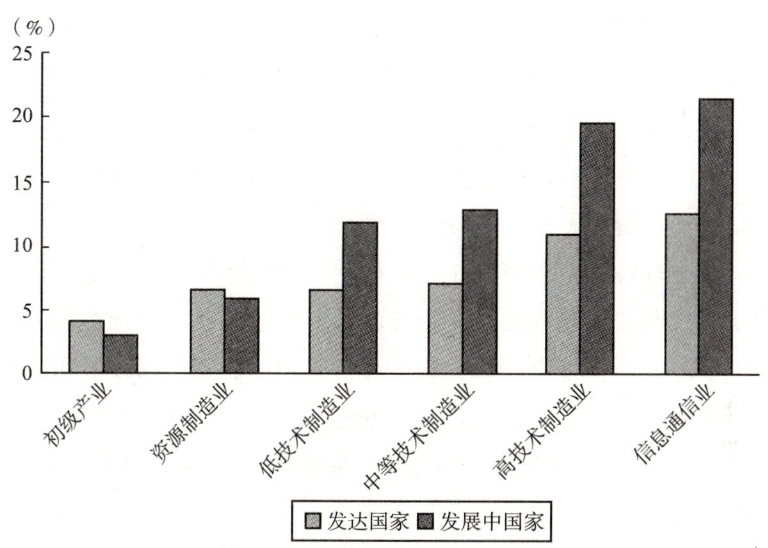

图 5－1　不同技术密集度产业的年平均出口增长率

因此，人力资本作为知识和技术的载体，在吸收、利用、传播和创新的过程中，一方面在未来知识经济时代，其发展水平决定着东道国区位优势的吸引力的强弱；另一方面，人力资本水平对于有效吸收该国外商直接投资溢出效应，使之有效地提高自身的技术能力，摆脱“低技术陷阱”，实现可持续发展成为可能。

5.1 人力资本吸引外商直接投资的理论探讨

5.1.1　外商直接投资定义

外商直接投资是国际资本跨境流动的重要形式之一，其定义存在着一定的分歧，一般我们将之简称为FDI。目前使用最多的是国际货币基金组织和经济合作发展组织给出的定义。两个组织给出的定义存在一定的差异，但都强调了持久性。经济合作发展组织将外商直接投资定义为：一国居民在其他国家进行的旨在获取持久利益的投资活动。所谓持久利益是指投资者和在他国所投资企业之间存在一种长期利益关系，并对企业的运营管理有着至关重要的影响。国际货币基金组织将外商直接投资定义为：在投资人以外的国家所经营的企业拥有可获得持续利益的一种投资，投资者的目的是在其投资的国外企业的经营管理过程中拥有实际的表决权。对两种定义进行比较发现，经济合作组织的定义比国际货币组织的定义更加宽泛，该定义强调的是投资方与受资方的长期利益关系，投资行为对东道国的影响更多地表现在投资方对受资方经营管理的影响；国际货币基金组织对外商直接投资的定义则更多的是强调投资方对受资方企业的股权控制。伴随着外商直接投资的进入，东道国一般都会获得由此带来的溢出效应。外商直接投资的溢出效应是指外资企业在东道国技术进步和经济发展中，无法获取其投资行为所创造的全部收益，从而对东道国经济社会产生一种外部正效应。外商直接投资的统计量分为流量和存量，并进一步分为流入流量和流入存量以及流出流量和流出存量，本书的研究主要指的是流入量的流量。

5.1.2 人力资本吸引外商直接投资的理论探讨

假设有A、B、C三国，A国准备将一部分资金K投向B国或C国，B国和C国都拥有庞大的市场和积极地吸引外资的政策。A国将根据资本回报率的预期决定这笔直接投资的去向。假设两个国家生产的初始条件相同，即具有相同的人力资本存量，相同的技术水平，生产同一种产品。其中产品的生产函数设为Q(K, Z)，其中Z是常数，其含义是指除资本之外的其他所有影响因素，如技术、劳动、制度等等。如图5-2所示，横轴为两国的资本总量，从O_B开始往右为B国获得的资本总量，从O_C开始往左为C国获得的资本总量，纵轴为边际产出值，r_1为B国的资本边际产出线，r_2 为 C 国的资本边际产出值。两个国家资本投入数量与其对应的资本边际产出之间的关系见图 5－2，两国资本的边际产出都是随着资本的增加而减少。当两国资本总量同为 K_1 时，如果两国技术相同，劳动力相同，则两国的资本边际产出相同，相交于图 5－2 的 E_1 点。这时投资者选择 B 国和 C 国的概率相等。上面是在新古典理论下的结论。现在将人力资本因素考虑进来。假设令 Q(K，Z) 为道格拉斯生产函数，则有 $q(k, z) = Ak^{\beta}h^{\gamma}$，其中 k 代表有效劳动的人均资本，q 表示有效劳动的人均收入或是人均产出，h 为人均资本，h^{γ} 为人力资本的外部性，它起着同 A 一样的作用，可以提高劳动生产率，Ah^{γ} 即为 Z。现在假设 B 国和 C 国的初始技术水平一样，既有同样的 A。那么一个国家的技术水平就由 Ah^{γ} 共同发挥作用。由产出函数可以得出资本边际产出为 $r = A\beta k^{\beta-1}h^{\gamma}$。现在假设 B 国的人力资本小于 C 国即 $h_1^{\gamma} < h_2^{\gamma}$，则有 $Ah_1^{\gamma} < Ah_2^{\gamma}$，所以 r_2 曲线上移到 r_2'，在 K_1 处，原来 B 国和 C 国的资本边际产出相等，现在由于人力资本的差异，C 国的边际产出大于 B 国的边际产出，导致 A 国将资本投向到 C 国。前面我们假设的是人力资本的不同，即是 h 的不同。由于人力资本存在外部性，因此 γ 也是不同的，假设人力资本存量大的，人力资本的外部收益也大，即因为 $h_1 < h_2$，则有 $r_1 < r_2$，从而导致人力资本的效应的差异性更大，在图中表现为 r_2' 曲线继续向上移，C 国的边际产出曲线继续向上

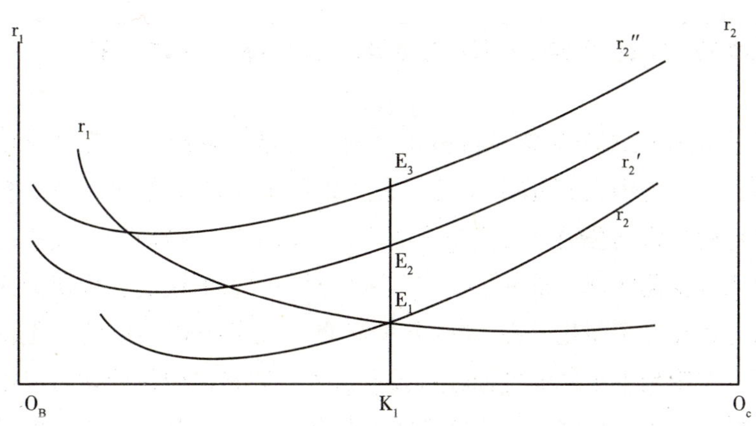

图 5－2　人力资本吸引外商直接投资的机理

移至 r_2''，导致边际产出的进一步增加，从而将不存在人力资本差异的资本回报率相等的两个国家的边际产出的距离进一步拉大。其结果是使 A 国将资本投向 C 国。由此可见即使劳动数量相同，其劳动质量不同，同等资本的回报相差是很大的。

通过上述分析，我们可以看出人力资本对资本边际收益产生了很大的影响，从而决定了国际投资的流动方向。事实上，人力资本是通过影响生产函数中的 A 值，也就是技术水平来影响劳动生产率，从而影响外商直接投资的区位选择的。即由于人力资本的存在提高了技术进步从而提高了劳动生产率，从而使得外商直接投资的企业效率得到提高，导致产量的增加，外商投资的回报率提高，因此人力资本的差异影响了外商直接投资的区位分布决策，图 5－3 正是说明了这个机理。

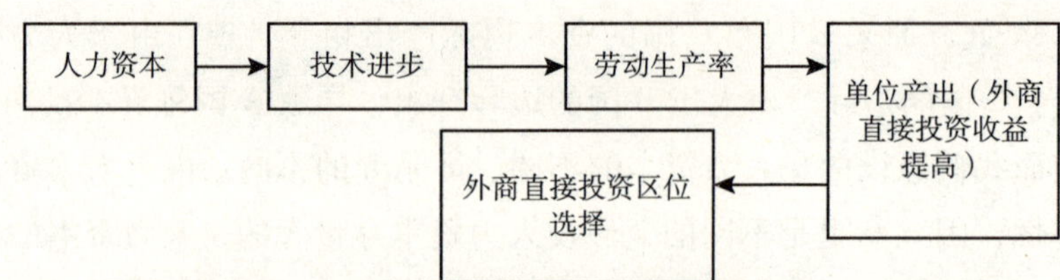

图 5－3　人力资本、技术进步与外商直接投资的关系

5.2 人力资本在外商直接投资区位选择中的作用

20 世纪末以来全球贸易自由化得到了长足的发展，投资自由化也随之不断提高，跨国公司迅速发展，其全球发展战略和竞争方法不断地调整，使得构成跨国公司核心竞争力的因素不断演进。跨国公司核心内容和经营理念的变化客观上推动了东道国区位优势因素的演变。传统的区位优势吸引力正在逐步弱化。在 1998 年的《世界投资报告》中的一份调查报告显示，在影响中东欧的外商直接投资流入的因素当中，劳动力成本和劳动力素质占据了重要地位。人力资本在构建东道国自身区位优势的过程中具有了决定性作用。

5.2.1 人力资本具有一定的初始水平是外商直接投资的必要条件

众多研究显示，人力资本的存量对外商直接投资的流入有明显的正效应。人力资本和外商直接投资的关系是错综复杂的。诺尔巴克什（Noorbakhsh，2001）通过对发展中国家进行回归发现了人力资本在外商直接投资中的决定性作用。跨国公司在选择子公司时，一般把知识密集型技能密集型的企业设在与其资本相匹配的人力资本的国家。人力资本水平比较高的国家获得的外商投资的机会也多。伴随着跨国公司中服务业和高技术制造业技术密集程度的逐步提高，这些跨国公司更倾向于在具有一定技术、知识和组织管理技能的劳动力的地区进行投资；因此发展中国家要积极制定提高人力资本的政策，以增强一国的劳动者素质，吸引更多高质量的外商直接投资。

对于知识和技术含量高的外商直接投资来说，许多研究都表明人力资本是重要的决定因素。但是对于资源寻求型或市场寻求型的外商直接投资，人力资本什么样的地位呢？在非洲一些地区人力资本水平并不高，但也有相当的自然资源和市场寻求型外商直接投资的流入。这并不意味着人力资本水平不重要，首先人力资本水平的提高有助于解决一系列经济社会基本问题，例如降低腐败和犯罪、改善健康水平、增强政治稳定以及提高公民自由等；其次对于市场寻求型或资源寻求型的外商直接投资，同样的资源或是同样的市场，人力资本高的国家对于外资的吸引力更大。因此，从这两种意义上看，任何类型外商直接投资的流入都受到人力资本水平的影响。可见，1990 年卢卡斯提出的发展中国家外商直接投资的流入将在很大程度上受制于人力资本的水平是非常有道理的。

科尔尼（A. T. Kearney）主持了一项问卷调查，其调查对象是全球各行业最大企业的 CEO 和 CFO，调查的内容是关于外商直接投资的目的地选择和投资倾向，其目的是通过对调查资料的分析和汇总，报告世界主要企业对各外商直接投资的信心。2004 年的年度报告显示，各个行业的投资者们之所以推迟在海外投资，是有很多方面的原因，其中最重要的三个是：接近消费者（占63%），基础设施质量的改进（占64%）和东道国的劳动力技能和教育水平（占调查者的68%）。[①] 具体情况如图5-4所示。这个调查结果说明，人力资本在跨国公司进行投资区位选择时具有重要的决定作用。而一定的人力资本初始水平是吸引外商直接投资的必要条件；拥有一定的初始人力资本水平，是一个国家希望通过引进高质量的外商直接投资，实现先进技术的吸收、扩散和转移的必备条件。

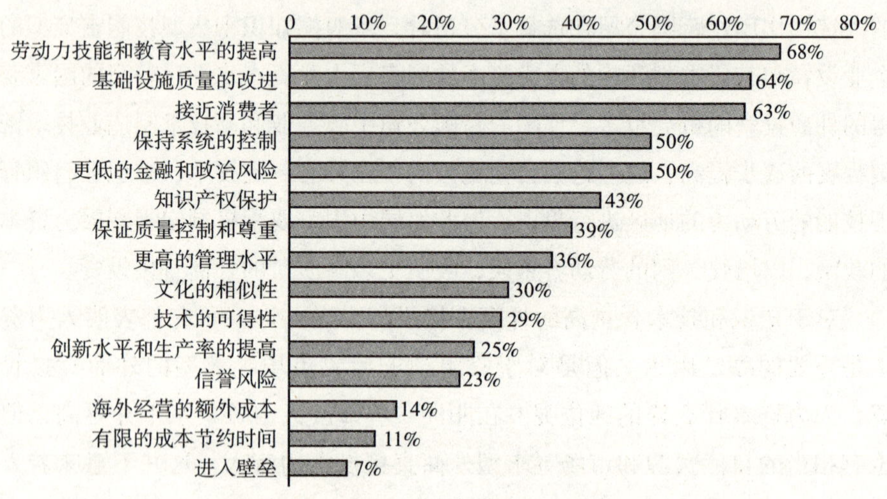

图5-4　跨国企业推迟境外投资的原因

目前很好的例证是中国台湾、新加坡以及韩国等国家和地区，它们在形成了一定实力的人力资本基础后，成功地引进了所需要的外商直接投资。

5.2.2　外商直接投资的类型和规模影响因素分析

虽然对外商直接投资区选择的因素是多方面的，但相比之下，人力资

① A. T. Kearney. *FDI Confidence Index*, The Global Business Policy Council, Ocotober 2004, Volume 7.

本的作用更加不可替代，并将长期发生作用。一方面人力资本的结构水平决定了东道国引入外商直接的类型。不同层次的外商直接投资对人力资本的结构水平的要求也不同。高技术密集型和知识密集型的外商直接投资对人力资本的结构水平要求比较高，相比之下资本和劳动密集型的外商直接投资，尤其是劳动密集型的对人力资本水平要求要低一些。不同国家之间的人力资本结构水平的差别对不同类型的外商直接投资产生了很强的“筛选”作用。同样是发展中国家，拉美地区和亚太地区成功地引进了高附加值的外商直接投资。而非洲国家引进的外商直接投资则主要集中在初级产品和资源型制造业方面，引资并不成功。不同地区人力资本水平的差异是造成这种差异背后的主要原因。跨国公司在进行跨境投资的时候，它们需要考虑的因素比较多。其中被投资国的人力资本水平状况，已经被证明是那些跨国公司，特别是那些高附加值的跨国公司进行投资区位选择时的重要决定因素。目前全球生产模式发生了很大的变化，以技能为基础的高技术制造业和服务业的发展成为经济发展的趋势。跨国公司在进行跨境子公司地址选择时，更多考虑的是拥有工程技术、管理和组织技能的人力资本的国家和地区。

另一方面，一个国家（或地区）引进外商直接投资的规模在很大程度上取决于该国的人力资本水平的高低。随着东道国在利用外商直接投资方面的不断深入，人力资本发挥的作用也越来越强。世界各国的实际情况表明，外商直接投资区域分布极度不均匀的重要原因是各国人力资本水平的巨大差异。

表5-1反映的是世界不同区域的技术基础和人力资本的概况，表5-2则是对发展中国家不同区域的人力资本状况的进一步描述。由表中看出，大量的外商直接投资流向了技术实力雄厚和人力资本水平高的欧美国家。而同样是发展中国家，外商直接投资的绝大多数份额也是流向了技术基础和人力资本相对较好的亚太和加勒比地区等地区，而最不发达地区由于人力资本薄弱和技术基础较差的原因所吸引的外商直接投资量则微乎其微。因此，跨国公司更愿意选择在具有受过良好训练的人力资本的国家进行投资的观点得到众多学者的认可。

表5-1　世界不同地区的人力资本和技术基础的差异

地区	出口产品中高技术产品比重（%）		出口产品中制造业产品所占比重（%）		R&D支出占GDP的比重（%）	每百万人中研发人员数量（人）	15岁以上人口的成人识字率（%）	
	1990年	2002年	1990年	2002年	1996~2002年	1990~2001年	1990年	2002年
发展中国家	—	20	61	73	0.6（4）	384（3）	67.3	76.7
最不发达国家	—	—	—	—	—	—	43	52.5
阿拉伯国家	—	2	20	17（1）	—	—	50.8	63.3
亚太地区	—	28	75	86	1.6	607（3）	79.8	90.3
拉美及加勒比地区	7	16	34	48（1）	0.5（4）	285（3）	85	88.6
南亚地区	—	4	71	56	—	160（3）	47	57.6
撒哈拉地区	—	4（2）	—	35（2）	—	—	50.8	63.2
中东欧地区	—	11	—	55	1	2.289（3）	98.7	99.3
OECD	18	22	78	81	2.6	2908（3）		
高收入OECD国家	18	23	79	81	2.6	3.483（3）	—	—
高收入国家	18	23	79	82	2.6	3.449（3）	—	—
中等收入国家	—	19	48	60	0.7（4）	751（3）	81.6	89.7
低收入国家	—	9	49	58	—		53.3	63.6
世界	18	21	74	78	2.5	1.096（3）	—	—

注：表中（1）指2001年数据；（2）指2000年数据；（3）指1996年数据；（4）指1999年数据。

资料来源：转引自马衍军．人力资本与FDI在经济发展中的互动研究．东北财经大学博士论文，2005.

表5-2　发展中国家各地区平均受教育年限

地区	1980年	1990年	2000年
亚太地区	4.3	5.4	6.4
南亚地区	2.6	3.1	4.3
拉美和加勒比地区	5.3	6.7	7.6
中东和北非	2.7	4.3	5.9
撒哈拉地区	2.1	3.0	3.9

资料来源：转引自马衍军．人力资本与FDI在经济发展中的互动研究．东北财经大学博士论文，2005.

邓宁在1997年组织的一项调查也说明了人力资本的结构决定了外商直接投资的类型，调查显示尽管世界先进企业的资产在国外占有50%，但在国外包含研发活动的投资仅仅占了23.3%，这正反映了海外研发活动的投资需要较高人力资本水平的支持。而从全球角度来看，60%以上的跨国公司外商直接投资存量在发达国家，创新活动的投资更是80%以上在发达国家完成。而很多进入发展中国家的外商直接投资的目的是在于东道国的资源、廉价劳动力或市场，这些因素不具有可持续性。

虽然，随着一些发展中国家人力资本的不断提高，跨国公司逐渐将部分研发活动转移到这些国家中。但由于美—日—欧三级地区拥有雄厚的人力资本基础、强大的技术实力量，所以高附加值的创新活动仍然主要集中在这些国家。跨国公司在“三级”地区更易于获得营销、组织和技术方面的专业知识和技能。在创新活动密集的环境中，跨国公司的海外分公司更方便进行创新活动。因此，一方面由于一些发展中国家的技术和人力资本水平的相对提高，知识技术密集型外商直接投资流向发展中国家的量在增加；另一方面越来越多的知识和技术密集型的跨国公司仍然在向“三级”地区集聚。

总之，人力资本水平的高低决定了吸引外商直接投资流入的规模和结构。根据世界投资报告数据显示，近年来，伴随着外商直接投资技术密集度的提升，跨国公司用于投入资源型制造业的资本比重和初级产业的资本比重正在逐渐下降。另有证据表明，在1980年之后，基础教育到初中教育是吸引外商直接投资所需要的最低教育水平。而吸引附加值较高的外商直接投资的流入的初始教育水平则是中等教育。一个国家提升其人力资本的层次，就有可能吸引附加值更高的外商直接投资流入。

5.2.3　外商直接投资升级的影响因素研究

人力资本水平的高低和结构不仅决定着一国吸引外商直接投资的规模和类型，而且人力资本的积累和升级也会促进东道国外商直接投资流入的不断升级。也就是说跨国公司会随着东道国人力资本水平状况的改变做出调整，将经营管理技术含量和技术水平更高的资本投入到东道国，而这反过来又推动了东道国的技术升级。

早期对外商直接投资的研究多集中在低端制造业，其对人力资本的重要性并不显著。到了21世纪，诺尔巴克什等人（Noorbakhsh et al.，2001）、努内卡普和斯帕特兹（Nunnernkamp and Spatz，2002）等利用20世纪80~90年代中期的数据，进行研究分析，发现人力资本对外商直接投资的流入正效应作用比早期的要显著。这个阶段，跨国公司以寻求受资国正效率导向型为目标。所以，外商直接投资的技术水平的不断升级是对东道国人力本水平和结构变化的顺应。

20世纪90年代以来，由于信息技术的迅速发展，外商直接投资的类型发生了很大的变化。投资于服务业的份额明显增加，而投资于其他产业的速度则有所放缓。世界各大区域的外商直接投资构成都转向了服务业。在70年代初，投向服务业的外商直接投资仅占1/4，90年代初时仍然不到一半；但到了2002年，它已经上升到约占60%。与此同时，初级部门的外商直接投资份额由9%下降到了6%，而制造业由42%降到了34%。并且服务业投资的空间仍然很大，有进一步增加的趋势。

对服务业投资份额的增加，正是顺应人力资本提升的结果。服务业的外商直接投资多数是由拥有雄厚知识资源和高技术的跨国公司主导的，其领域主要集中在医疗制药、电信、信息技术、金融服务等高附加值的行业。这些跨国公司需要从事的工作多数与计算机信息技术和商务经营管理有关，需要很强的全球联系和商业支持，因而对劳动者的要求比较高，需要劳动者拥有高级技能。尽管不一定所有涉及服务业的跨国公司都对高技能劳动力有要求，但是，服务业的外商直接投资依然形成了对拥有高级技能劳动者的强大需求。

进入21世纪以来，服务业经济的发展成为各国经济发展中重点关注的部分，提升服务业的竞争力成为各国经济发展的重点任务。流入服务业的外商直接投资给东道国带来的益处之一是技术转让，有效实现技术转让的关键在于东道国的劳动力市场结构和流动性、跨国公司的培训和人事政策、教育和培训质量以及国外分公司与国内服务供应商和购买方之间的紧密程度。

在外商直接投资的领域转向服务业的情况下，资金匮乏的国家为了吸引服务业外商直接投资，需要创造有利的国内外条件，尽可能减少潜在的消极因素。而要创造这一环境的关键就在于提升有形基础设施和人力资本，这是许多现代化服务业所需要的。

5.3 外商直接投资技术溢出影响因素研究

5.3.1 外商直接投资技术溢出的类型

外商投资溢出效应指外商直接投资在对东道国的技术转移时所发生的一种技术扩散效应。外商直接投资可以表现为水平溢出和垂直溢出。当外商直接投资伴随着先进技术的引入时，同行业之间首先产生竞争，并在竞争的同时进行模仿学习，在这个过程中有的企业在竞争的压力下创造出自己的新技术，有的企业则经过研究复制出新技术，一部分企业的技术水平得到了提高。经过一段时间之后，该项新技术进一步在市场中得到了普及，从而使整个行业的技术水平都得到了提升，这就是外商直接投资的水平溢出效应；与此同时与该产品相关的上游企业为了生存也会创新出新的产品，而下游企业将新技术运用到其他产品和服务上去，就产生了垂直溢出效应。东道国本土企业由于外商直接投资的介入，其劳动生产率得到了改善，产出水平也得到提高。水平溢出效应主要表现为行业内的溢出效应，有外商投资的独资企业或是三资企业会对同行的其他本土企业产生示范效应、竞争效应和模仿效应，并且发生人才在外资企业和本土企业之间流动，从而产生溢出效应，这种溢出效应不仅是指技术溢出，而且还指包括管理溢出、经营理念和文化理念的传播的知识溢出。而此处的技术不仅包括产品技术和工艺技术，还包括了企业的组织形式和管理模式等方面。外商直接投资的垂直溢出效应也可以称为行业间的溢出。行业内的溢出效应主要是通过同行间的示范竞争来实现的，而行业间的溢出效应则主要是通过外商直接投资企业与其上下游企业之间的链接效应来实现的。这种链接一方面表现为外商直接投资企业为其上游的供应商提供技术援助、管理咨询和人员培训，从而使其能够更高地服务于自己，同时东道国本土处于上游的企业的技术水平也得到提高；另一方面表现为外商直接投资企业的下游企业使用了外资企业提供的产品和服务，从而提高了下游企业的技术水平。跨国企业与东道国合并或是收购东道国，都需要东道国的本土企业在质量、技术、管理以及人才符合跨国公司的要求，从而可以使东道国在实施其战略的过程中发生溢出效应，带动东道国的技术进步。

外商直接投资的溢出效应是有层次的，但无论处于哪个层次，人力资本都具有重要的作用。外商直接投资越是处于高级阶段，其溢出效应的内容等级也越高，对人力资本的要求也越高。外商直接投资的溢出效应可以从低到高分为三个层面。高一级层面的溢出效应往往是建立在低一级层面溢出效应完成的基础之上。第一个层面的溢出效应处于最低层，这个层面的溢出效应主要表现在简单的模仿，比如管理模式的模型，经营格局的模仿。由于外商直接投资企业刚刚进入东道国，内外资企业之间的实力相差较大，本土企业的竞争较弱，该阶段的溢出效用主要处于对表象的模仿阶段。内外资企业之间由于相互信息传播的需要和交易的发生，模仿也很容易发生。在相互交往的过程中，示范效应起了很大的作用，外商直接投资企业的管理模式、经营模式、商场布局和业态模式等较容易模仿的部分在东道国扩散开来，溢出效应由此产生。在这个过程中，对于外资企业的管理模式经营模式等的理解和模仿的实施都需要有一定的人力资本来支持，没有与之相配套的人力资本的存在就无法进行很好的模仿，溢出效应也就无法有效地产生，因此人力资本在此过程中作用明显。

第二层面是中级层面的溢出效应。在示范效应的作用下，东道国企业的竞争力得到提升，初级层面的溢出效应得以完成。在此基础上，第二个层面的溢出效应开始发生，该阶段外资企业与本土企业相互竞争，竞争效应明显，竞争机制产生主导作用。这个阶段的溢出效应不再是简单的模仿，而是表现在更深层次的内容上，例如对现代技术的应用能力，对物流成本的控制能力以及现代服务的能力等等。这些内容往往是难以模仿复制的，并且外商直接投资企业的技术和经验很可能与东道国的不相匹配，需要做一定的改进，这时候创新机制将会发生重要作用。东道国企业为了提升自身竞争力，应对竞争压力，将会引进先进设备，加大研发创新和人力资本投入，溢出效应应运而生。企业如果能够进行创新，将会加快和促进溢出效应的产生。在内外企业的竞争过程中，东道国企业的竞争力不断提升，获取的信息越来越丰富，其应用技术的能力也在不断地学习和竞争的压力下得到提高，物流管理能力不断提升，成本逐渐下降，企业发生质的变化。内外资企业在这个阶段竞争水平达到了新的水平，尤其是内资企业。在竞争的环境下生存下来的企业，具有强大的生命力，可以与外资企业抗衡。这是竞争机制所产生的溢出效应的结果。这个阶段的溢出效应主要是体现在行业内的溢出。对新技术的应用，研发创新以及物流业的成本控制的关键都在于对人的需求，因此人力资本在第二个层面的溢出效应更是关键性因素。

第三层面是高级层面的溢出效应。进入到这阶段后，内外企业的实力已经基本相当，尽管仍然存在竞争，但已经基本处于一种优势互补的阶段。内外资企业之间更多的是协调配合，市场定位已经有所差异，基本是一种市场互补的错位竞争状态。因此，在这阶段，溢出效用表现为垂直溢出效用，即是行业间的溢出，主要体现在链接到上游的供应商和下游的采购商的溢出上。这个阶段链接机制发挥了主要作用，东道国供应商在与跨国公司合作的过程中，不断创新，获得溢出效应。下游的采购商通过使用外商直接投资企业的创新产品进行服务和生产，也获得了溢出效应。另外，在东道国境内内外企业的人才不断流动，导致外资企业的核心竞争力的转移，使得内外资企业的竞争力更加均衡，形成了更加公平的竞争。东道国的企业逐渐壮大起来，其降低成本的能力、应用新技术的能力以及服务能力都可以与外资企业进行直接竞争。在这种高层次的竞争中，东道国不断地吸收和创新，从而形成最高层次的溢出效应。在这个层次，上游企业的创新，内外企业的人才流动，下游企业对新产品的使用和服务都离不开人力资本。

5.3.2 外商直接投资技术溢出制约影响因素

从理论分析的角度看，外商直接投资存在技术外溢的潜力，这是各国经济学者一致认可的，因为垄断优势理论认为跨国公司具有技术优势是其进行对外直接投资的最重要原因，即跨国公司只有拥有比东道国企业更为先进的技术才可能对外投资。跨国公司对东道国进行投资决策选择时考虑的因素是多方面的，内外资企业之间存在一定的技术差距只是其中一个因素，而跨国公司对外投资的目的是追求利润最大化，产生技术外溢只是其投资的必要条件之一。跨国公司并不是为了产生技术外溢效应促进东道国技术进步。许多研究表明，跨国公司的投资决策与东道国的经济环境特别是人力资本水平有着密切联系。1999 年的世界投资报告指出，跨国公司进行对外投资时是根据东道国的经济环境和经济水平状况来决定自身所使用的技术的。如果东道国的企业技术水平比较落后，人力资本也比较贫乏，则跨国公司将不会在东道国使用较为先进的技术，从而不利于东道国企业获得外资企业的技术外溢。如果东道国的技术设备比较先进，教育水平也比较高，外资企业就必须投放更为先进的设备到东道国，将更高水平的技术培训实施于东道国员工，从而使东道国获得技术外溢效应，促进东道国的企业技术水平得到提高。

2000 年奥克塞尔（Aleacer）对经济转轨时期的东欧国家吸引外商直接投资乏力的原因进行了考察，经过考察他发现东欧国家不能吸引外商直接最主要原因是东欧国家劳动力市场发育不成熟和缺少资深经理人①；1999 年库马（Kumar）考察了日本和美国的跨国公司，他发现日本和美国的跨国公司做出投资决策的主要考虑因素包括：教育和科研基础设施情况、东道国的工程师数量、产业技术水平、市场竞争程度以及东道国的研发费用支出等，跨国公司在充分考虑这些因素之后，作出在东道国设立的

① Alcacer J. “The role of human capital in foreign direct investment” . *Transition*, 2000, May - August.

研发机构的决定，以保证其子公司在东道国市场有很强的竞争力；1994年库克（Kokko）和伯劳斯乔姆（Blomstrom）发现外资企业使用技术水平的先进程度同当地工人的受教育程度关系密切，这一结论是他们对墨西哥的人力资本水平与其境内外资企业使用技术水平之间的联系进行了实证研究得出的。东道国劳动者素质越高，则员工所在企业的竞争力就越强，企业整体的劳动生产率就越高，随之的结果就是迫使跨国公司使用更为先进的技术投入到生产中。[①] 1983年珀斯（Persson）和伯劳斯乔姆（Blomstrom）利用美国商务部的调查数据，对东道国人力资本与FDI技术外溢效果之间的关系做了实证考察，发现外商直接投资技术外溢效应与东道国的平均受教育年限长短有显著的正相关性，这也说明跨国公司在东道国的技术外溢效应受到东道国人口的受教育程度的约束。[②] 所以，东道国具有较高素质的人力资本水平将引致跨国公司投资更为先进的技术进行生产经营活动。

为了吸引各种高技术产业，东道国应该不断地完善发育劳动要素市场。因此，东道国政府的工作重点应该是完善国内要素市场、提升本国教育水平、营造公平合理的市场竞争氛围，使更为先进的技术设备被跨国公司采纳使用，这样就能替跨国公司的技术外溢创造良好的氛围，不应该只是注重对市场的行政管制或是盲目地引进物化技术。跨国公司为了在东道国市场具有竞争优势，必须向其子公司转移比东道国更为先进的技术。东道国自身的人力资本水平越高，从跨国公司获得的技术也就越先进，获取技术外溢的机会也就越大。如果东道国人力资本匮乏技术水平落后，跨国公司在东道国没有竞争压力，则东道国的经济发展将不能从外商直接投资中获得实质性的好处。因为东道国的人力资本水平制约着东道国的技术水平和吸收能力，所以一定的东道国人力资本积累与外商直接投资相结合，

① Blomstrom M.，Wolff E. *Multinational Corporation and Productivity Convergence in Mexico*. Oxford University Press，1994.

② Blomstrom M.，Persson H. "Foreign investment and Spillover efficiency in an underdeveloped economy：Evidence from the Mexican manufacturing industry". *World Development*，1983，11（6）：493－501.

才能形成外商直接投资溢出效应与东道国技术进步的良性循环。人力资本是东道国吸收能力的核心内容。吸收能力是指学习、使用、模仿及改造外商直接投资带来的先进技术，使其满足国内发展需要的能力。吸收的是内化于人体内的知识和技能，任何形态的知识和技能都必须与一定的人力资本相结合。外商直接投资的溢出效应不能自动产生，具有互动性和不确定性，需要东道国具有相应的吸收能力。即只有当东道国具有一定的人力资本存量时，东道国经济才能吸收外商直接投资的技术溢出。一国的人力资本存量总体状况直接关系着东道国吸收跨国公司先进技术的能力和程度。

5.3.3 外商直接投资技术溢出的渠道分析

东道国吸引外商直接投资，通过个人接触、模仿示范、经营管理模式的扩散、国际市场的开拓等途径产生技术溢出效应，达到提高东道国高新技术水平，促进东道国产业升级的作用。外商直接投资产生外溢的途径主要包括：工艺（技术）溢出、非关联企业的示范效应、人力资源流动产生的效应、竞争效应、培训效应以及前后联系效应，通常技术溢出的效果是这几方面共同作用的反映。跨国公司的先进技术包括的先进的工艺和管理等等，最终要以知识和技能的形式内化于劳动者体内。人既是技术的发明者又是技术的应用者，技术的最终掌握是离不开人的。所以人力资本是外商直接投资技术外溢的渠道。

1. *跨国公司以直接方式产生技术溢出效应*

东道国扩散新技术的主要途径是通过东道国的劳动力市场。首先跨国公司的资本进入需要与一定的劳动力相结合，必然增加东道国的就业水平，这是从量上对东道国人力资本产生影响。更重要的是跨国公司为了自身发展的需要，为员工提供了各种正式或者非正式的培训，员工在接受培训的同时还在“干中学”的过程中获得跨国公司的先进技能知识，无形中东道国的人力资本水平得到提高。这是外商直接投资从质上对东道国人力资本产生影响。跨国公司为其在东道国分支机构员工提供了大量的学习机会，包括各个层次的培训，不仅培养简单的生产操作员稍复杂的质量监督员，而且培养高级技术专家和高级管理专家。其培养的形式也是多种多样，既有对员工的现场指导、在职培训，也有专家研讨会，甚至还将员工送到海外进一步深造等。在不断地培训和“干中学”过程中，附着于劳动者身上的知识技能不断提升，由于人员流动效应，这些知识技能随着跨国公司员工流出到东道国本土企业转移出去，技术外溢就因此产生了。1987 年杰森翰伯格调查分析了肯尼亚的制造业。他对分处于该国 41 个外资企业的 72 名高级管理人员进行了访谈，并对他们的职业数据进行了详细分析。研究发现管理层人员在跨国公司可以比在本土企业获得更多的各种培训机会，并且跨国公司的管理人员在获得经验知识后又流向本土企业的现象发生，人员的流动促进了跨国公司先进的技术和知识向本土企业的扩散①。1981 年莱斯特通过对美国在马来西亚创办的出口加工的分支机构进行调查，调查发现外资企业一般性的管理技术经过员工培训被当地员工掌握。2004 年考恩和里奇曼（Cohen and Richman）研究发现同东道国企业相比较，外资企业为员工提供了更多的机会进行管理技能和生产技能的学习，在员工培训方面花费了更多的资源。1983 年陈通过对中国香港的外资企业技术转移情况进行考察，考察结论是培训在技术外溢过程中起着极其重要的作用，通过各级各层管理人员的流动实现外资企业的特有技能的外溢。陈选取了四个产业作为样本，发现其中三个产业的跨国公司都为其员工支付了较高的培训费用并提供各个方面的培训，其付出的程度是东道国企业所不能及的，因此陈认为跨国公司对香港制造业的最重要的作用不是其生产出的新产品，而是在于其培训出的各层级优秀的工作人员②。许多学者对跨国公司和东道国劳动生产率的关系及其经济增长的影响作了研究。阿洛伊和谭（Aloe and Tan）利用“亚洲四小龙”的数据，运用自己建立的投资理论模型，对跨国公司的职工培训投资额和东道国企业的生

---

① Gershernberg. The Training and Spread of Managerial Know-how, a Comparative Analysis of Multinational and Other Firms in Kenya, *World Development*, 1987, 15: 931 -939.

② Chen E. *Multinational companies*, Second Edition, Cambridge, Cambridge University Press, 1996.

产率的关系进行了实证分析。分析结果表明东道国企业的生产率受到跨国公司给员工的技能培训上的投资及由此产生的知识存量的溢出因素的显著影响。而早在1987年学者巴特尔（Bartel）就做了与此相似的研究。巴特尔采用了时间序列数据对跨国公司职工培训效应与东道国企业劳动生产率之间的关系进行了研究，研究结论表明外资企业对员工的培训与东道国企业劳动生产率存在显著的正相关关系①。1999年联合国世界投资报告中数据显示，美国为了解决马来西亚劳动力市场缺乏半熟练技术工人的问题，在马来西亚专门设立了培训中心，以便为其分支机构培训所需要的技术人才，仅1989~1999年之间，该技术培训中心对当地工业园区和自由贸易区的四万职工提供了培训机会。马来西亚由此得到很大受益，其人力资本水平得到了提升，促进了其技术进步，有力地推动了其经济增长。

纳鲁拉和马瑞（Narula and Marin，2003）对因跨国公司的进入而发生的东道国就业状况的变化进行了实证考察，研究发现日本、葡萄牙和土耳其等国的跨国公司就业人数占了各自国制造业总就业人数的10%，而阿根廷、匈牙利、爱尔兰这几个国家的这个比例更是达到了40%②。由此可见跨国公司的到来从数量上对东道国的人力资本产生影响，增加了东道国的劳动就业率。

2. *跨国公司以间接方式产生技术溢出效应*

在东道国中，那些专门从事生产经营活动的跨国公司，它们在经营过程中肯定是要与东道国的非企业部门以及企业部门之间进行接触的，由此产生了间接的技术外溢效应。跨国公司一般热衷于培训当地的供应商，当跨国公司在东道国与上下游企业进行业务往来时，为了降低生产成本，充分利用东道国的廉价投入要素，跨国公司会对东道国的供应商、经销商和营销组织提供培训和技术支持，以满足自身的技术需求，提高产品竞争

① Bartel A, Lichtenberg F. "The Comparative Advantage of Educated Workers in Implementing New Technology", *Review of Economics and Statistics*, 1987, 69: 1-11.

② Narula and Marin. "Foreign direct investment spillovers, absorptive capacities and human capatial development: Evidence from Argentina", *Workomg Paper* No. 96, 2004.

力，最大化地保证自身的盈利水平。跨国公司对东道国提供的这些支持，使得本土企业的人力资本质量得到很大的改善，由此产生间接方式的技术外溢。此外，间接方式的技术外溢还表现在跨国公司的员工“跳槽”到东道国企业。跨国公司的当地员工在工作期间积累了各种技能和经验，随着这些员工的工作变动和创业现象的频繁发生，于是技术外溢问题，就不可避免地随着产生。1987 年，学者杰森翰伯格对肯尼亚地区做了一项调查，其内容是关于跨国公司对其员工营销能力及技术的培训对本土企业形成的影响程度。经调查研究发现，在东道国企业供职的高层经理人多数都曾经就职于跨国公司。东道国企业管理技能的进步原因，主要得益于这些曾经在外资企业进行高层管理的人员得流入。1997 年学者帕克（Park）对中国台湾 20 世纪 80 年代的外资企业人员的流动状况进行了考察，专门对外资企业的人员流动在 FDI 技术外溢中的重要作用进行了探究，结果显示在外资企业中，将近 63% 熟练技术工人和 50% 的工程师人员都“跳槽”去了台湾的当地企业[①]。发展中国家容易存在人员流动产生的技术外溢现象，但是对于西方发达国家来说，也同样会有内外资企业人员的流动现象，这大部分都体现在管理技能的外溢上。1996 年学者卡弗斯（Caves）对发达国家之间的技术转移现象进行了专门探究，研究结果表明在欧洲、美国、日本等发达国家中，能促进管理技能在这些发达国家之间传播的主要原因，是这些发达国家的外资企业管理人员的流动引起的[②]。除此之外，间接方式的技术外溢还体现在跨国公司和非企业部门的联系中，非企业部门主要指公共研究机构、知识专利保护组织、高等院校等。跨国公司为东道国的一些非企业部门提供财力和技术支持，与它们建立研发合作关系。这些非企业部门在与跨国公司合作研讨的过程中，一定程度上掌握了跨国公司的先进技术，从而使非企业部门获得间接方式技术外溢。

---

① Pack and Saggi. “Inflows of foreign technology and indigenous technological development”. *Review of Development Economics*, 1997, 1: 81 – 98.

② Caves R. *Multinational Enterprise and Economic Analysis*, Second Edition, Cambridge, Cambridge University Press, 1996.

5.4 本章小结

传统因素对外商直接投资的吸引力下降，而外商直接投资的技术和知识含量却迅速上升。通过对人力资本吸引外商直接投资的理论进行分析，可知由于人力资本的存在提高了技术进步从而提高了劳动生产率，使得外商直接投资的企业效率得到提高，导致产量的增加，外商投资的回报率提高，影响了外商直接投资的区位分布决策。人力资本已经成为东道国构建自身区位优势的重要变量，具有决定性作用。一定水平的初始人力资本是外商直接投资的必要条件；人力资本水平的高低和结构决定了流入的外商直接投资的规模和类型；东道国人力资本水平的提升将促进流入 FDI 的不断升级。人力资本对外商直接投资技术溢出有显著影响，东道国人力资本存量越足够丰裕，东道国经济就越能吸收 FDI 的技术外溢，东道国的平均受教育年限越长，FDI 技术外溢效应越明显。另外，人力资本还是外商直接投资技术溢出的重要渠道。因为人既是技术的发明者又是技术的应用者，技术的最终掌握是离不开人的，所以人力资本是外商直接投资技术外溢的渠道。跨国公司通过对东道国人力资本的质和量的改变产生溢出效应，其新技术在东道国的扩散主要体现在劳动力市场上。跨国公司在东道国进行经济活动的过程中，与各类企业和非企业部门打交道，间接技术溢出效应因此而产生。东道国企业人力资本水平既影响了跨国公司的技术决策，也影响了东道国企业吸收先进技术的能力。这为我们后面的人力资本对外商直接投资区位选择实证分析提供了理论基础。

第6章

外商直接投资区位选择影响因素实证研究

6.1

人力资本吸引外商直接投资的实证分析

6.1.1 实证方法的选择

对经济现象进行实证分析的模型主要有三类即截面数据模型、时间序列模型和面板数据模型。截面数据模型是对同一级别的不同经济个体如区域、国家、省份或企业等在同一个时间点上的数据进行分析的模型。截面数据模型潜在假定了不同经济体遵循同一规律。时间序列模型是指同一个经济体在不同的时点如不同的年、季、月、周或日等的数据进行分析。截面数据和时间序列数据都是二维的数据，具有一定的局限性，或者只能是反映时间方向上的规律，或者只能反映经济单元方向上的规律。而面板数据是对截面数据和时间序列数据的综合，它是对不同的经济体的不同时间点数据进行观测的三维数据。面板数据克服了截面数据和时间序列数据的局限性，能够同时反映时间和截面单元方向的变化规律，将更多经济体更多的信息整合到模型中来，能够更有效地分析经济现象，因此在经济学领域得到广泛应用。不同国家或地区的外商直接投资流入情况是不同的，在横截面数据模型框架下或是在时间序列模型下，由于样本数的不够，容易造成模型的设定误差或模型设定不充分。而面板数据则可以对不同国家的多年的外商直接投资流入量进行跟踪观测，从而获得更大的样本量，达到提高面板数据模型的自由度，使模型参数估计精度更高。面板数据模型的估计方法分为两种即固定效应模型和随机效应模型。固定效应模型是利用虚拟变量最小二乘法进行估计；随机效应模型是利用广义最小二乘法进行估计。本章主要选用固定效应模型。为了提高对外商直接投资的面板数据进行最小二乘估计量的有效性，本章在此对外商直接投资流入量的观测值采取 SUR（似不相关）权重进行加权，即利用虚拟变量 SUR 加权最小二乘法进行估计，以消除异方差和同期序列相关性对估计和检验带来的不利影响。

在此，我们选取面板数据模型分析人力资本与外商直接投资流入量之间的关系。

6.1.2 样本数据的选择及模型构建

此处本章运用面板数据固定效应模型，分析人力资本对外商直接投资流入量的吸引作用。面板数据包括了三维信息，即截面、时期和变量。本节的截面指的是十二个国家包括 OECD（经合组织）的美国、英国、法国、意大利、加拿大、新西兰、德国、日本九国和三个经济高速发展的发展中国家中国、印度和巴西；时期则选取的是十二国 1991～2009 年的时间序列数据；变量则是指高技术行业的人力资本和外商直接投资流入量，其中人力资本为自变量，当期外商直接投资为因变量。因为外商直接投资总是会受到前期外商直接投资的影响，所以本模型将滞后一期的外商直接投资也作为影响外商直接投资的影响因子，所以我们在外商直接投资与人力资本之间建立模型：

$$FDI_{it} = C + \beta FDI_{it-1} + \gamma A_{it} + \omega_{it} \tag{6-1}$$

其中 FDI 为高技术行业的外商直接投资，A 为高技术行业的人力资本（技术进步），i 为国家，t 为时间。

根据前面章节的分析和计量，此处人力资本是高技术行业的人力资本，用技术进步率作为代理变量，即第五章中计量出的 A 值，外商直接投资的总量数据取自联合国贸发组织，由于缺乏直接的高技术行业的外商直接投资数据，本节在此利用国际统计年鉴中高技术行业出口占总出口的比例作为从总量外商投资中剥离出高技术行业的外商直接投资，具体如表 6－1 所示。

表 6－1　　高科技行业外商直接投资流入额（1991～2009）　单位：百万美元

年份	中国	日本	新西兰	法国	德国	意大利
1991	1091.59	295.38	152.22	3037.60	709.10	198.53
1992	2751.88	633.79	97.94	3580.09	－313.40	256.78
1993	6878.74	48.40	199.06	3289.70	55.24	299.73
1994	8441.63	204.33	235.50	3114.93	1070.17	178.88
1995	9380.13	9.54	256.50	4734.63	1803.71	385.32
1996	10431.38	52.44	352.68	4392.29	985.88	282.81
1997	11314.26	741.76	172.57	4634.74	1836.65	396.92
1998	11365.69	734.25	164.32	6196.64	3688.92	342.42
1999	10079.68	2930.65	84.73	9309.42	8411.33	552.89
2000	10178.70	1914.23	121.19	8650.45	29741.48	1069.98
2001	11719.40	1435.88	－26.26	10095.36	3962.11	1189.64
2002	13185.72	2125.23	132.53	9806.99	8028.44	1163.62
2003	13376.18	1454.60	212.86	8499.67	4855.17	1313.18
2004	15157.50	1797.60	218.34	6512.08	－1528.32	1345.18
2005	18101.50	638.34	137.19	16989.75	7115.84	1597.97
2006	18178.75	－1496.50	421.85	14369.60	8343.92	3139.12
2007	20880.25	5186.40	309.68	19244.28	11481.48	3216.15
2008	27078.00	5617.88	449.39	12451.31	3665.19	1362.50
2009	23750.00	2745.89	31.33	11925.66	5340.96	2443.06

续表

年份	英国	巴西	墨西哥	加拿大	美国	印度
1991	4008.47	143.29	952.30	403.33	7067.69	3.75
1992	4177.66	267.93	878.56	661.32	5958.82	12.60
1993	3997.21	167.82	877.76	662.42	15706.04	26.60
1994	2498.24	279.49	2194.50	1148.58	13978.10	48.70
1995	5391.75	572.67	1905.26	1295.67	18219.32	107.55
1996	6597.53	1402.92	1837.09	1348.73	26182.60	126.25
1997	8971.18	2469.08	2565.91	1613.53	32055.77	180.95
1998	20066.76	3751.23	2531.26	3192.48	54076.03	131.65
1999	23754.31	3715.20	2745.65	3464.17	87939.68	108.40
2000	32066.36	4261.30	3619.64	9351.31	97339.13	179.40
2001	14208.27	2919.46	5954.83	3872.88	49438.06	273.88
2002	6487.95	2156.73	4727.25	3101.76	23095.17	281.48
2003	4530.04	1318.66	3315.72	1047.51	16473.56	216.05
2004	15110.07	2358.96	4762.10	-62.30	42113.44	288.89
2005	47521.65	1958.62	4470.30	3596.82	32490.88	381.09
2006	42170.19	2446.89	3989.27	8366.60	73512.16	1016.39
2007	50322.87	4496.04	5488.04	15178.03	82446.67	1250.06
2008	24701.58	5857.56	4736.50	7737.76	100613.60	2020.92
2009	12332.40	3373.32	2504.45	2612.00	40263.73	1730.66

资料来源：联合国贸发组织数据库数据整理。

面板数据的固定效应模型利用 EViews 软件实现，为了减少截面数据的异方差性和同期的自相关性，在模型中采用加权的方法为 cross-section，用最小二乘法对模型进行估计。估计结果如表 6－2 所示。

表6-2　　人力资本与外商直接投资关系的模型估计和检验结果

变量	系数	标准差	T-统计量	显著性水平
常数量	-63850.09	4940.590	-12.92357	0.0000
FDI（-1）	0.683211	0.024075	28.37819	0.0000
A（-1）	72593.21	5171.488	14.03720	0.0000
固定效应（截距项）				
中国	-12581.48			
日本	-13312.70			
新西兰	-5627.374			
法国	2607.622			
德国	-2077.038			
意大利	-10557.37			
英国	8657.150			
巴西	415.6220			
墨西哥	21.33502			
加拿大	-2856.331			
美国	48050.11			
印度	-12739.54			
R^2	0.990110			
调整 R^2	0.989433			
F统计量	1463.154			
D.W.统计量	2.110893			

6.1.3 模型结果的分析

模型的估计结果显示调整后的决定系数为0.989，说明模型的拟合优度很好。D.W.检验值为2.11，证明残差无序列相关。FDI（-1）和A值的系数也都通过了T检验，因此该模型效果是不错的。方程（6-1）

FDI（-1）的系数β为0.6832，A的系数γ为72593.21，说明人力资本略有变动，外商直接投资就会发生很大的变化。通过对方程（6-1）的回归估计，说明人力资本在外商直接投资的流向中有着重要的影响作用。由于人力资本对外商直接投资区位选择产生了重要的影响，因此在外商直接投资领域出现了卢卡斯悖论现象。这是对卢卡斯悖论存在原因的一个很好的解释。

6.2 外商直接投资溢出效应影响的实证分析

6.2.1 外商直接投资溢出影响因素模型构建

1998年伯伦斯坦等人在新增长理论的基础上，提出了一个衡量外商直接投资技术外溢效应的模型。该模型研究的前提是开放经济条件，认为外商直接投资溢出对东道国技术进步产生了影响，并最终体现在该国的经济增长率上，并指出人力资本在此过程中起着核心作用。技术的进步是经济内生增长的核心，而技术进步的获取途径主要有两个，一个是完全的自主创新；另一个则是国外先进技术转移。而外商直接投资是重要的跨国技术转移媒介。由于技术是内化于劳动者体内的，所以技术在不同国家之间的传播主要是通过可获得的人力资本存量来实现。

外商直接投资资本通过与东道国人力资本相结合，两者相互作用来提高它对东道国经济增长的贡献。东道国人力资本存量越高，外商直接投资对经济增长的促进作用越显著，外商直接投资的溢出效应则越明显。伯伦斯坦考察的重点是人力资本对东道国经济增长的作用。在理论分析的基础上，伯伦斯坦等人对人力资本与外商直接投资的溢出效应的关系进行了实证分析。分析结果表明了外商直接投资对东道国经济增长的作用，指出外商直接投资受东道国人力资本存量状况的约束，只有当东道国人力资本存量足够丰富时，外商直接投资才会产生技术溢出效应，才能促进东道国技术进步和经济增长。

伯伦斯坦模型假设东道国吸收外商直接投资的技术溢出效应存在一定的吸收成本 F。这个成本受两方面因素的影响：一方面，吸收成本受东道国国内外资企业的总数与东道国国内企业总数之比即 n^*/N 的影响，与其呈负相关；另一方面，吸收成本 F 与东道国厂商总数与投资国国内生产资本品的厂商总数之比即 N/N^* 呈正相关，体现了东道国与投资国的整体技术差距。这两方面的比值代表了初始的技术缺口，而技术缺口又决定了吸收成本 F。

$$F = F(n^*/N,\ N/N^*),\ \left(\frac{\partial F}{\partial(n^*/N)} < 0 \text{ 且 } \frac{\partial F}{\partial(N/N^*)} > 0\right) \quad (6-2)$$

伯伦斯坦等人在其模型中的最终产品消费部门引入拉姆奇的跨期消费效用决策方程。

$$U_t = \int_t^{\infty} \frac{C_s^{1-\sigma}}{1-\sigma} e^{-\rho(s-t)} ds \quad (6-3)$$

在生产部门和消费部门同时达到均衡时，得出最优平衡经济增长路径如式（6-4）所示：

$$g = \frac{1}{\sigma}[A_{\varphi}^{1-\alpha} F(n^*/N,\ N/N^*)^{-1} H - \rho] \quad (6-4)$$

式（6-4）表示经济增长由外商直接投资（n^*/N），东道国与投资国的差距（N/N^*），人力资本（H）和其他因素主要是指外生的经济环境如政府的消费、政策的不稳定等等的影响（A）。

6.2.2　外商直接投资溢出效应影响因素实证分析

在式（6.2.3）的基础上，伯伦斯坦等人构建了实证检验的基本公式，用来估计各因素对东道国经济增长的影响，即

$$g = \beta_0 + \beta_1 FDI + \beta_2 FDI \times H + \beta_3 H + \beta_4 Y_0 + \beta_5 A + \varepsilon \quad (6-5)$$

其中，g 表示经济增长率，用人均 GDP 的年增长率表示；FDI 表示外商直接投资流入量状况，用 FDI 与 GDP 的比值来表示；H 表示人力资本，用前面计算的人力资本存量值表示；Y 表示各国初始阶段的经济状况，用

以表示各国之间的差距，用人均 GDP 的对数表示；A 表示政策变量，在此用每年政府消费与 GDP 的比值表示，该变量可以从一定程度上反映政治腐败等其他不良因素、非生产性公共支出以及税收等对经济增长的负面影响。

在式（6-5），FDI 对东道国经济增长的作用表现为两方面。一方面是资本积累的效应，在模型中表示为 $\beta_1 FDI$，是由东道国新引入新的资本品的增量 FDI 度量的，其系数体现的是外商直接投资单独作用下对东道国的技术溢出效应；另一方面，外商直接投资对东道国经济增长的影响受到东道国人力资本状况的约束，在模型中表示外商直接投资与人力资本的乘积即为 $\beta_2 FDI \times H$，其系数表示 FDI 和人力资本相结合条件下的技术外溢效应，其数值体现了人力本在外商直接投资溢出效应产生过程中的作用，如果系数为正，表示 FDI 溢出效应的发挥需要与东道国相应人力资本结合。如果系数 β_2 远远大于系数 β_1，就说明了人力资本在外商直接投资的溢出过程中起着至关重要的促进作用。因此东道国人力资本的存量越大，外商直接投资对东道国的技术溢出效应越显著，对东道国技术进步和经济增长的贡献越大。

为了保证全要素生产率能够作为人力资本的代理变量，本节在此仍然选取第 6 章中的十二个国家作为样本国，并仍然以各国 1991～2009 年的时间序列进行统计。数据的来源同前面一样，在获取数据的基础上，对十二国高技术行业的人力资本与外商直接投资溢出效应进行实证分析。由于本节的目的主要是考察人力资本也外商直接投资的关系，因此将（6-5）模型简化为：

$$g = \beta_0 + \beta_1 FDI + \beta_2 FDI \times H + \varepsilon \qquad (6-6)$$

利用式（6-6），对国家、时间和不同因素三维变量，采取面板数据的模型进行分析。因为我们的分析仍然限于样本国进行，故采用固定效用模型来进行分析二者之间的关系。利用软件 EVIEWS 6.0，进行回归估计，结果如表 6-3 所示。

表6-3　人力资本与外商直接头溢出效应关系的模型估计和检验结果

变量	系数	标准差	T-统计量	显著性水平
常数项	0.022729	0.001184	19.19758	0.0000
A×FDI	3.44E-07	1.57E-07	2.187549	0.0299
FDI	-4.09E-07	1.66E-07	-2.46191	0.0147
固定效应（截距项）				
中国	0.067398			
日本	-0.01279			
新西兰	-0.00901			
法国	-0.01023			
德国	-0.00997			
意大利	-0.01292			
英国	-0.01509			
巴西	0.00011			
墨西哥	-0.01684			
加拿大	-0.00612			
美国	0.00173			
印度	0.02375			
R^2	0.82558			
调整 R^2	0.81365			
F统计量	69.1823			
D.W. 统计量	1.91941			

6.2.3　实证检验结果分析

模型结果显示，其调整后的系数为0.81，说明模型的模拟结果还是不错的，t统计量也都通过了检验，说明了系数的有效性。加权后的D.W. 值为1.9，也是通过了检验。因此总体来说，模型能够反映实际的经济现实。模型中我们主要考察的是外商直接投资以及人力资本对经济增长的影响，根据表中的结果我们发现高技术行业的外商直接投资对经济增长的影响在这十二个国家中的总体效应并不是显著为正的，当只有单独的外商直接投资起作用时，尽管各个国家该行业不一样，但是这十二个国家的总体结果是还存在一定的抑制作用，这说明外商直接投资并一定有助于经济的发展。但是当高技术行业外商直接投资和人力资本相结合的时候，在这十二个国家中显现出来的效应为显著正值，这说明只有当高技术行业外商直接投资与人力资本相结合时，外商直接投资才会促进经济增长。对于投资商来说，就表现为资本的收益增加，从而增加了投资商或者是跨国公司投资的热情。

6.3 人力资本与外商直接投资关系的比较分析

为了更好地说明人力资本在外商直接投资中的吸引力，本节在此通过比较中印两国制造业人力资本情况的差异来进行说明中印两国外商直接投资的差异。

6.3.1 对中印两国的人力资本指标的说明

为了更好地说明进入到生产领域中的人力资本在外商投资中的作用，仍然用全要素生产率来进行人力资本分析，并作为代用指标分析外商直接投资中人力资本的地位和作用。仍然按照索洛的经济增长核算方法，扣除资本和劳动的贡献，得到一个余值（索洛称之为全要素生产率）。对全要素生产率影响因素的分析很多，根据前面对全要素生产率的分析，以及肯德里克和丹尼森对全要素生产率的权威分析，本节认为影响全要素生产率的因素主要有制度因素、技术进步因素、人力资本因素、劳动力成本因素、资源配置因素和规模经济因素、市场因素。

21世纪的中国和印度，都在经济发展领域实行了全面的改革开放，贸易领域的自由化全面加深，尤其是制造业领域。1992年中国确立市场经济体制，而印度也在1991年开始施行经济改革。两国的经济增长从

1985 年以来，分为这样两个阶段。第一个阶段从 1985 年开始，中国的改革从农村转向城市，而与此同时，印度的改革也静悄悄开始。第二阶段，从 1992 ~ 1997 年，中国各种改革的力度加大，市场经济体制改革目标开始确立，而印度则表现为自由化程度的进一步深入，确立以信息产业为核心的增长路径。中国和印度虽然都各有自己的改革历程，但在改革开放的大背景下，尤其是在制造业全球自由化的条件下，我们有理由假设两国制造业的技术设备水平处于同样的状态，相同行业的规模效应和资源配置是一致的，因此整个制造业也是一致的。技术设备的先进程度，在贸易的自由化的背景下，特别是外商直接投资领域，由于在引进外资的同时，还伴随着先进技术的引进，更可以在宏观层面上认为技术设备水平上是一致的。中印两国都是人口大国，国家层面上的市场也是一致的，因此我们可以认为中印两国制造业全要素生产率的差异正是两国人力资本的差异。

6.3.2　中印两国制造业的全要素生产率的核算

数据的选取

此处数据中国部分数据主要来自《新中国 60 年统计资料汇编》《中国劳动统计年鉴》和《中国统计年鉴》。印度的数据主要来源于印度储备银行的数据库、印度国家统计委员会的统计年鉴和《国民账户统计》、印度财政部的《经济概览》以及印度劳动就业部的《关于就业与失业报告（2009 - 2010）》。中国和印度的统计特点不同，印度由于产出和就业主要集中于小企业，存在大量的非正式部门，印度的统计以定期家庭调查为主，而中国则以工业部门大企业报告为主。

本节的折旧率依然参照霍尔和琼斯（Hall and Jones）的计算结果选取为 6%，本节的资本存量仍然按照永续盘存法计算，但为了避免观测结果受到初始值选择的较大影响，将资本存量起始年份提早到 1981 年开始。其计算公式为：

$$K_0 = I_0/(g + \delta)$$

$$K_t = I_t + (1 - \delta)K_{t-1}$$

其中 K_0 为初始年份的资本存量，在此为 1981 年的资本存量；I_0 为初始年份的固定资本形成总额，在此为 1981 年；K_t 为 t 年末的资本存量；I_t 为 t 年末的固定资本形成总额；δ 为资本的折旧率；g 为 1981 ~ 2009 年间投资的几何增长率。关于本节中中印两国资本份额 α 的取值，仍根据博斯沃斯和科林斯（Bosworth and Collins）文中的取值，将其确定为 0.4。劳动力 L 的取值则选取中印两国制造业的就业人数，Y 的取值则选取两国的制造业的 GDP。印度制造业的国民生产总值（GDP）、总固定资本形成额以及就业人数直接选取自相关的资料，而固定资本存量则根据永续盘存法得出，其 1981 ~ 2009 年的相关数据如表 6 - 4 所示。

表 6 - 4　　印度制造业 GDP 和资本存量（1981 ~ 2009）

年份	GDP（千万卢比）	总资本形成（千万卢比）	制造业就业人数（千人）	资本存量（千万卢比）
1981	22159	8402	7012	51356.54
1982	26062	10078	7234	59380.57
1983	28455	11443	7368	68448.27
1984	33736	13064	7588	78773.89
1985	37899	15200	7517	90823.25
1986	42018	18092	7489	105281.86
1987	46451	20704	7351	121774.08
1988	52759	24022	7448	140925.59
1989	62183	28850	7410	164138.99
1990	74995	34449	7280	192022.03
1991	86006	41246	7356	225586.81
1992	93379	45441	7277	262004.80
1993	108182	53109	7093	304633.69
1994	125402	58310	7250	350758.06
1995	154943	70582	7178	407309.73
1996	193731	91575	7120	482592.81
1997	220759	100311	6799	563599.60

续表

年份	GDP（千万卢比）	总资本形成（千万卢比）	制造业就业人数（千人）	资本存量（千万卢比）
1998	229595	110615	6785	651670.82
1999	250581	125333	6747	750937.4
2000	264114	143545	6615	864444.7
2001	300392	174097	6443	1003964
2002	315314	106206	6217	1070011
2003	346029	158580	6004	1185791
2004	388549	194206	5678	1332565
2005	453603	300336	5619	1579599
2006	519743	368492	5584	1884907
2007	617648	434076	5570	2243586
2008	705130	492005	5621	2645848
2009	780405	504918	5822	3044932

资料来源：GDP 来源于印度统计部门的印度统计年鉴，资本形成来源于《国民账户统计》，就业人口来源于印度劳动就业部的《关于就业与失业报告（2009－2010）》。

中国计算全要素生产率所需要的时间序列，即制造业的总产出、固定资本形成以及该行业的就业人数均选自相关年份的中国统计年鉴，而资本存量同样是根据永续盘存法得出，相关数据如表 6－5 所示。

表 6－5　　　　中国制造业 GDP 和资本存量（1981～2009）

年份	GDP（亿元）	总资本形成（亿元）	就业人数（万人）	资本存量（亿元）
1981	1638.7	297.02	6122	873.59
1982	1729.8	380.28	6329	1201.45
1983	1900.5	442.01	6508	1571.37
1984	2231.2	566.50	7029	2043.59
1985	2759	786.03	7412	2707.01
1986	3173.6	964.49	8019	3509.08
1987	3668.6	1171.91	8359	4470.45

续表

年份	GDP（亿元）	总资本形成（亿元）	就业人数（万人）	资本存量（亿元）
1988	4621.8	1469.27	8652	5671.50
1989	5187.2	1363.14	8547	6694.34
1990	5486.4	1396.08	8624	7688.77
1991	6469.7	1729.11	8839	8956.55
1992	8227.6	2497.34	9106	10916.50
1993	11350.4	4040.30	9295	14301.81
1994	15584.6	5267.26	9613	18710.96
1995	19960.5	6187.43	9803	23775.73
1996	23558.1	5901.11	9763	28250.29
1997	26337.1	5702.93	9612	32258.21
1998	27214.7	5544.74	8319	35867.45
1999	28689.2	5274.96	8109	38990.37
2000	32026.9	5904.81	8042.9	42555.75
2001	34864.5	7354.52	8082.78	47356.93
2002	37945	9343.25	8307.38	53858.76
2003	43956.4	14689.53	8389	65316.77
2004	51748.5	19585.49	8674	80983.25
2005	60118.0	26575.97	9008	102700.22
2006	71212.9	34089.51	9167	130627.72
2007	87464.8	44505.13	7952	167295.18
2008	103289.6	56702.4	9595	213959.87
2009	107654.0	70612.9	8931	271735.18

资料来源：《中国统计年鉴》（1985～2010）、《中国劳动统计年鉴》（1985～2010）、《新中国六十年统计资料》。

本节中中国的数据中，全社会从业人员选自2009年年鉴和2000年年鉴，其中1978～2002年的全社会从业人员直接选自《中国劳动统计年鉴》，2003～2008年根据相关年份《中国劳动统计年鉴》中城镇和乡镇就业人口合计推算得出。GDP 由中国统计年鉴直接获得，资本存量根据统计年鉴的总固定资本形成推算出各年的资本存量，其推算的方法是永续盘存法，其方法和其他数据与印度的计算相同。

根据表 6－4 和表 6－5 中中国和印度的数据，我们仍然使用索洛残值法来计算全要素生产率。即首先从经济总量的增长率中剔除掉劳动数量的增长率和资本增长率，由于假设规模报酬不变，所以利用单位产值增长率减去加权的单位资本增长率，得出技术进步增长率，用公式表示为 $\Delta A/A = \Delta y/y - \alpha\Delta k/k$，此处的 y 为人均产值，可以由表 6－4 和表 6－5 中印两国制造业的 GDP 除以就业人数得出，Δy 即为逐年的变化量，k 由表 6－4 和表 6－5 中印两国制造业的资本存量除以就业人数得出，α 是关于中印资本的份额，在本节中采用博斯沃斯和科林斯的推测，选取 $\alpha = 0.4$，即中印制造业的资本份额均为 0.4。则两国的全要素生产率见表 6－6。

表 6－6　　中国印度全要素生产率增长率和全要素生产率

年份	中国	印度	中国	印度
t	ΔA/A	ΔA/A	A	A
1981	－0.111060186	0.091738987	1	1
1982	－0.040305488	0.019266505	0.88894	1.091739
1983	0.005340204	0.104222841	0.848634	1.111005
1984	0.070183177	0.068469588	0.853975	1.215228
1985	－0.016066429	0.047417152	0.924158	1.283698
1986	0.020096088	0.054911166	0.908091	1.331115
1987	0.12688224	0.064127204	0.928187	1.386026
1988	0.058181995	0.116390216	1.05507	1.450153
1989	－0.007080326	0.151267321	1.113252	1.566544
1990	0.095920505	0.069910943	1.106171	1.717811
1991	0.161188046	0.027895198	1.202092	1.787722
1992	0.238112484	0.111433627	1.36328	1.815617

续表

年份	中国	印度	中国	印度
t	ΔA/A	ΔA/A	A	A
1993	0. 221617725	0. 083483914	1. 601392	1. 927051
1994	0. 157537081	0. 178814034	1. 82301	2. 010535
1995	0. 107844789	0. 182729848	1. 980547	2. 189349
1996	0. 071602321	0. 104114554	2. 088392	2. 372079
1997	0. 080046911	-0. 021289046	2. 159994	2. 476193
1998	0. 035392411	0. 03402485	2. 240041	2. 454904
1999	0. 085349498	0. 005388803	2. 275434	2. 488929
2000	0. 04029738	0. 090759136	2. 360783	2. 494318
2001	0. 016312967	0. 046020784	2. 40108	2. 585077
2002	0. 066776075	0. 077335335	2. 417393	2. 631098
2003	0. 058941048	0. 112030018	2. 484169	2. 708433
2004	0. 030201226	0. 100554766	2. 543111	2. 820463
2005	0. 064057885	0. 072687588	2. 573312	2. 921018
2006	0. 225323825	0. 114045998	2. 63737	2. 993705
2007	-0. 045263555	0. 063841455	2. 862693	3. 107751
2008	-0. 026037732	0. 024102619	2. 81743	3. 171593
2009	—	—	2. 791392	3. 195695

资料来源：根据表6-4、表6-5数据计算得出。

6.3.3 中印人力资本与外商直接投资关系的比较分析

由于我们将对中国和印度的制造业进行比较，在全球经济一体化的前提下，在制造业可以近似的认定为处于自由竞争的状态下，技术进步可以假设为同等水平，尤其是在外商直接投资的领域，外商投资带来技术的引进更是让后发优势国家的技术水平处于同一水平。在此我们将两国的全要素生产率差异，看作主要由两国的人力资本差异的代指标。由于分行业的外商直接投资的数据中国从1999年才开始在统计年鉴中出现，而印度的分行业数据我们通过印度储备银行和统计网站只收集到其 2000 ~ 2009 年的外商直接投资数据（见表 6 – 7），所以本节在此对这十年两国的人力资本和外商直接投资的关系进行分析。

表 6 – 7　　中印人力资本和外商直接投资（2000 ~ 2009）

年份	中国		印度	
t	人力资本（全要素生产率）	外商直接投资（百万美元）	人力资本（全要素生产率）	外商直接投资（百万美元）
2000	2.36	25844.17	2.49	2098.6
2001	2.40	30907.47	2.59	2263.6
2002	2.42	36799.98	2.63	2743.6
2003	2.48	37466.70	2.71	1484.9
2004	2.54	43017.24	2.82	2518.6
2005	2.57	42452.91	2.92	3293.2
2006	2.64	40076.71	2.99	5821.7
2007	2.86	40864.82	3.11	4502.9
2008	2.82	49894.83	3.17	7797.22
2009	2.79	46771.46	3.2	7735.8

资料来源：《国际统计年鉴》1999 ~ 2009 年。

1. 中国人力资本与外商直接投资的格兰杰因果检验

格兰杰因果关系检验方法是通过利用简单的滞后模型来检验的，主要是用来判断一个变量的变化能否被看成另一个变量变化的原因。格兰杰因果检验的前提是在序列稳定的条件下进行的，所以我们首先对中国的人力资本和 FDI 的时间序列进行单位根检验，利用 EViews 软件检验结果如表 6 – 8 所示。

表 6-8　　中国人力资本时间序列的单位根检验

原假设：D（LC1，2）有单位根				
检验类型：包含常数项				
滞后长度：0				
			t-统计量	显著性水平*
ADF 统计量			-3.906190	0.0275
各显著性水平下的临界值：	1%水平		-4.803492	
	5%水平		-3.403313	
	10%水平		-2.841819	

注：*代表显著性水平为1%。本书其余表同。

经过测试，人力资本的时间序列在其自然对数的二阶差分后，其在90%的置信区间通过了单位根检验（见表6-9），并且通过了t检验。说明人力资本在差分过后是平稳序列。

表 6-9　　中国外商直接投资时间序列单位根检验

原假设：D（LC1，2）有单位根				
检验类型：包含常数项				
滞后长度：0				
			t-统计量	显著性水平*
ADF 统计量			-3.379691	0.0514
各显著性水平下的临界值：	1%水平		-4.803492	
	5%水平		-3.403313	
	10%水平		-2.841819	

同理，外商直接投资的自然对数差分过后，其在90%的置信区间也通过了单位根检验，同时t的相伴概率小于10%，t通过了检验，因此外商直接投资在经过差分过后，时间序列也是稳定的。

在人力资本序列和外商直接投资序列通过了单位根检验后，对中国的这两个变量进行格兰杰因果关系检验。在此之前我们先来简单地看一下两者之间的相关性是否大。利用 EViews 软件，运行出两者的相关矩阵如表 6 – 10 所示。

表 6 – 10　　中国人力资本和外商直接投资的相关矩阵

	外商直接投资	人力资本
外商直接投资	1	0. 8174
人力资本	0. 8174	1

中国制造业人力资本和外商直接投资的相关系数为 0. 8174，存在较高的相关性。

我们再来看看格兰杰因果检验结果（见表 6 – 11）。

表 6 – 11　　中国人力资本和外商直接投资格兰杰因果检验表

格兰杰因果关系检验			
样本：2000 年　2009 年			
滞后期：1			
原假设：	Obs	F – Statistic	Prob.
LC 不是 FDIC 格兰杰原因	9	0. 40128	0. 05498
FDIC 不是 LC 格兰杰原因		1. 12836	0. 03290

接受人力资本不是外商直接投资的原因的原假设的概率是 5. 4%，因此拒绝原假设，说明在中国制造业，人力资本并是吸引外商直接投资的原因。而接受外商直接投资变动不是人力资本变动的原因的原假设的概率是 3. 29%，小于 10% 的概率，因此可以认为外商直接投资对中国的制造业人力资本的变动也产生了显著的影响。

2. 印度外商直接投资与人力资本的格兰杰因果关系检验

首先我们仍然先来简单地看一下印度人力资本和外商直接投资的相关性。利用 EViews 软件，得到两个变量的相关矩阵（见表 6 – 12）。

表6-12　　印度人力资本和外商直接投资的相关矩阵

	外商直接投资	人力资本
外商直接投资	1	0.9001
人力资本	0.9001	1

从印度的相关矩阵中可以看出，印度制造业的人力资本和外商直接投资的相关系数为0.9001，可以初步判断印度制造业的人力资本对外商直接投资的影响也是存在的。

下面我们对印度制造业的人力资本和外商直接投资进行格兰杰因果关系检验。首先检验印度人力资本序列的稳定性。经自然对数二阶差分过后，单位根检验结果下表。

表中显示t的统计量为-3.672795，微弱地大于置信区间为90%时的测试值，t的相伴概率为10.6%与10%几乎相等，考虑到数据量不够大，在此我们认为印度人力资本的时间序列也通过了单位根检验，是个平稳序列。

同理，我们对印度制造业的外商直接投资的时间序列进行单位根检验，经过测试，原序列和一阶差分，以及取自然对数后的原序列和一阶差分都没有通过单位根检验，都不是平稳序列，最后对外商直接投资序列的自然对数的二阶差分进行单位检验，检验结果见表6-13。

表6-13　　印度人力资本时间序列单位根检验

原假设：D（LI1，2）有单位根			
检验类型：包含常数和趋势			
滞后长度：0			
		t-统计量	显著性水平
ADF统计量		-3.672795	0.1060
各显著性水平下的临界值：	1%水平	-6.292057	
	5%水平	-4.450425	
	10%水平	-3.701534	

印度制造业外商直接投资序列的 ADF 检验的 t 统计量值等于 -5.968904（见表6-14），其相应的概率之 p 非常小，远小于1%的检验水平，因此拒绝序列存在单位根的检验，序列是平稳的，即外商直接投资序列是二阶自然对数差分平稳的。

表 6-14　　印度外商直接投资时间序列单位根检验

原假设：D（FDII1，2）有单位根			
检验类型：包含常数和趋势			
滞后长度：0			
		t-统计量	显著性水平
ADF 统计量		-5.968904	0.0032
各显著性水平下的临界值：	1%水平	-4.803492	
	5%水平	-3.403313	
	10%水平	-2.841819	

在印度外商直接投资和人力资本序列之间进行格兰杰因果关系检验，利用 EViews 软件，得出的检验结果见表 6-15。

表 6-15　　印度人力资本和外商直接投资格兰杰因果检验

格兰杰因果关系检验			
样本：2000 年　2009 年			
滞后期：1			
原假设：	Obs	F-Statistic	Prob.
LI 不是 FDII 格兰杰原因	9	1.54171	0.02607
FDII 不是 LI 格兰杰原因		0.08791	0.07768

检验结果显示，接受原假设，即印度制造业人力资本不是引起外商直

接投资变动的原因的概率是2.6%，大于10%的检验水平，所以拒绝原假设，即人力资本是外商直接投资变动的原因。同样地，也拒绝外商直接投资的变动不是引起人力资本的原假设，因此外商直接投资也是人力资本变动的原因。

3. 中印两国外商直接投资的比较分析

尽管印度的外商直接投资的总量无法与中国相比，但是从投资国家/地区和投资领域来看，印度却优于中国。从我国的外商直接投资国家/地区看（见图6-1），有35%以上的外商直接投资来源于香港地区，来自欧美发达国家的外商直接投资流入量只占了很少的一部分，2008年的前十名投资国家/地区中只有美国，投资比例也只占了2.72%。在2008年印度前十名的投资国中（见图6-2），欧美发达国家包括了美、英、法、德、荷五个国家，其投资额约占了印度外商投资总额的20%。欧美发达国家的投资带来了先进的生产技术和管理经验，资金的效率更高，对人力资本的要求也高。从欧美投资国在两国的地位可以反映出印度的人力资本高于中国。

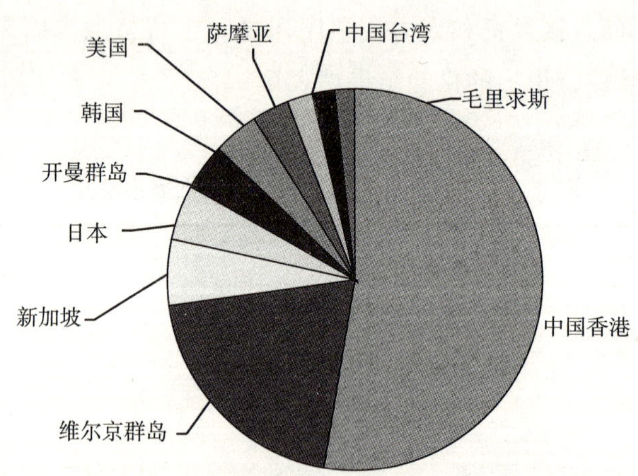

图6-1 中国排名前十的投资国家/地区

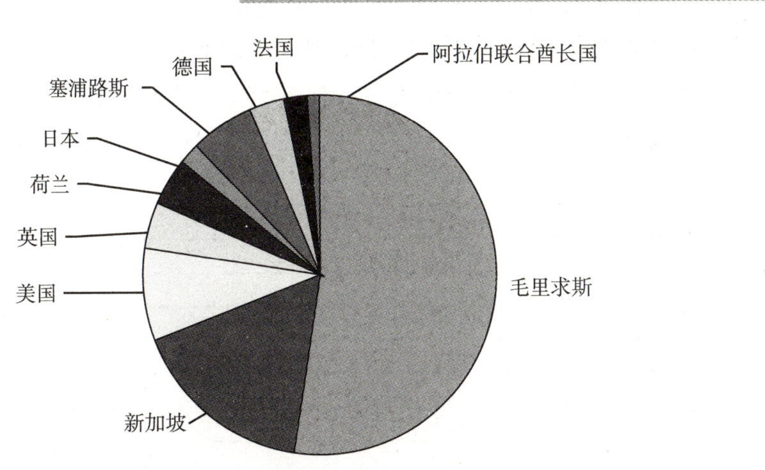

图 6－2　印度前十名投资国

注：印度的统计按财政年份公布数据，即每年的 4 月到次年的 3 月。
资料来源：印度产业政策和促进部官方网站。

通过前面两小节的分析，中国和印度两国的人力资本都对两国的外商直接投资都存在影响。在此我们进一步从量上对中印两国的人力资本和外商直接投资状况进行比较分析。中印两国制造业的人力资本状况见图 6－3，图中显示在 2000～2009 年期间，印度制造业的人力资本比中国的人力资本要高。这说明中国的制造业尽管发达，但是中国的制造业属于劳动密集型的居多。

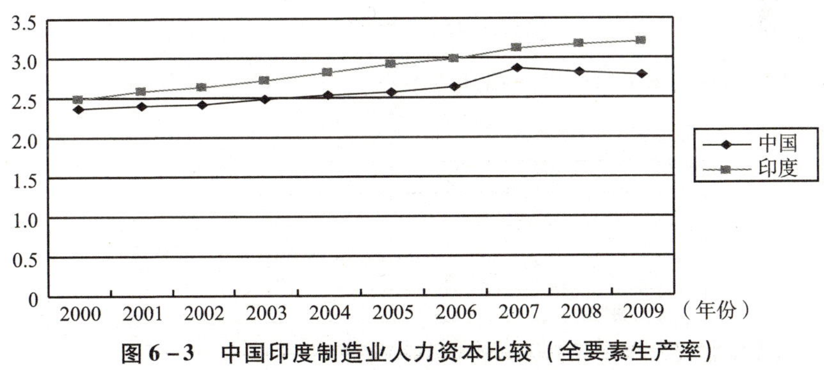

图 6－3　中国印度制造业人力资本比较（全要素生产率）

而在外商直接投资方面，通过前面表中的数据显示，中国制造业的外商直接投资流入量的绝对值是大于印度的，但剔除了经济总量差异后的人均外商直接投资量却是印度高于中国（见图6－4）。人均外商直接投资量用制造业每个参与生产的工人所分配到的外商直接投资来进行表示。这一点正好说明了印度和中国出现这种差异是人力资本的因素所导致。

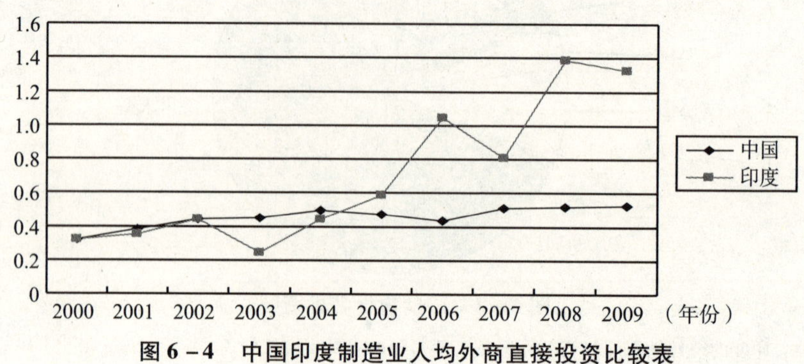

图6－4　中国印度制造业人均外商直接投资比较表

人力资本在外商直接投资中的作用，通过中印两国计算机软硬业外商直接投资数据的比较更能够说明问题。由于印度的数据只能找到2004～2008年的数据，数据量不够大，本节在此通过折线图表对中印两国进行比较分析（见图6－5）。从2004～2008年总体来看，印度的计算机软硬件业外商直接投资普遍高于中国，印度在这五年的平均值达到了1523百万美元，而中国只有1013.2百万美元。印度制造业引入的外商直接投资远远不如中国，而两国在这个领域都是采取积极的开放政策的环境下，属于制造业的计算机软硬件业的引资结果却是印度高于中国，恰好说明了人力资本在其中做出了重要的决定作用，这也是印度制造业人力资本比中国高的最好体现。

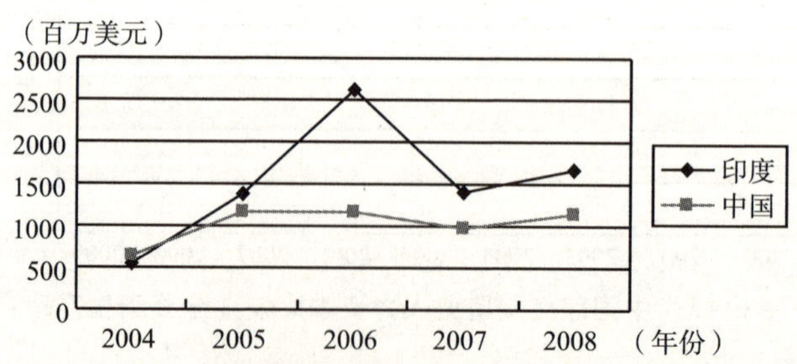

图6－5　中国印度计算机软硬件外商直接投资比较

资料来源：中国数据根据《中国高科技产业统计年鉴》和商务部官方网站整理得出，印度数据根据印度产业政策和促进部数据整理。

显然印度的计算机软硬件业的外商直接投资高于中国，在其国内的地位也明显高于中国计算机行业引进外商直接投资的地位。这与印度的人力资本水平高于中国是一致的。计算机软硬件业属于知识密集型高技能行业，对人力资本的要求较高，印度在计算机行业比中国具有引资优势，正是人力资本影响外商直接投资流向的有力说明。

6.3.4 比较检验结果分析

通过上面对两个国家的人力资本和外商直接投资的分析，我们发现无论是中国还是印度，在制造业领域，人力资本对于吸引外商直接投资的作用都是很明显，人力资本是外商直接投资流入的显著影响因素之一。而中国虽然制造业的外商直接投资的总量远远高于印度，但从投资国来源地和投资的领域来看，尤其是中印两国计算机行业外商直接投资流入差异的现状来看，印度都是优于中国的，证明人力资本在外商直接投资区位选择中起着重要作用。这说明卢卡斯悖论的人力资本解释是正确的。

6.4 本章小结

通过对面板数据进行分析，验证人力资本与外商直接投资之间的关系。由回归估计结果，可以看出人力资本在外商直接投资的流向中有着重要的影响作用。由于人力资本对外商直接投资区位选择的影响，外商直接投资的流向出现了卢卡斯悖论现象。这是对卢卡斯悖论存在原因的一个很好的解释。通过人力资本对 FDI 溢出效应的实证分析，结果发现外商直接投资对经济增长的影响在这十二个国家中的总体效应并不是显著为正的，这说明外商直接投资并一定有助于经济的发展。但是当外商直接投资和人力资本相结合的时候，在这十二个国家中显现出来的效应为显著正值，这说明只有当外商直接投资与人力资本相结合时，外商直接投资才会促进经济增长。对于投资商来说，就表现为资本的收益增加，从而增加了投资商或者是跨国公司投资的热情。通过中印制造业人力资本与外商直接投资关系的比较分析，发现无论是中国还是印度，在制造业领域，人力资本对于吸引外商直接投资的作用都是很明显的，人力资本是外商直接投资流入的显著影响因素之一。而从两国的角度来分析，但从投资国来源地和投资的领域来看，尤其是中印两国计算机行业外商直接投资流入差异的现状来看，印度都是优于中国的。这些与印度制造业的人力资本高于中国的人力资本是一致的，正好说明了人力资本对于外商直接投资的区位选择起着重要的作用。从而说明卢卡斯悖论的人力资本解释是正确的。

第 7 章

基于外商直接投资的卢卡斯悖论存在性研究

7.1 全球外商直接投资现状

自 20 世纪 90 年代末开始，作为国际间资本移动的重要组成部分之一，全球外商直接投资的增长速度飞快发展。进入 21 世纪，全球外商直接投资继续快速发展，其在全球化和不断自由化的世界经济体系中扮演着日趋重要的作用，并成为世界经济体中极其活跃的组成部分。全球外商直接投资的规模状况、投资的流向和投资结构的迅速发展变化，对世界各国的经济增长速度、国际收支平衡状况、产业结构调整情况、企业的国际竞争力乃至一个国家经济的持续稳定发展都产生了重要的影响。2007 年世界国际直接投资额达到 18333.24 亿美元，仅发达国家的流入量就达到 12476.35 亿美元。美国仍然是全球最大的外国直接投资接受国，欧盟则是外国直接投资流入量最大的地区，其流入量几乎占据了发达国家总流入量的 2/3。发展中国家的 FDI 流入量，在 2007 年达到有史以来的最高水平，总体而言，所有发展中国家和地区的 FDI 流入流量几乎均有所上升。纵观近 30 年的发展历程，尽管全球外商直接投资有所波动，但是总体上来说是日趋上升与活跃的（见图 7－1）。尤其是 20 世纪末和 21 世纪初这十多年间的发展是迅猛的，可见外商直接投资在全球经济发展过程中起着重要的作用。

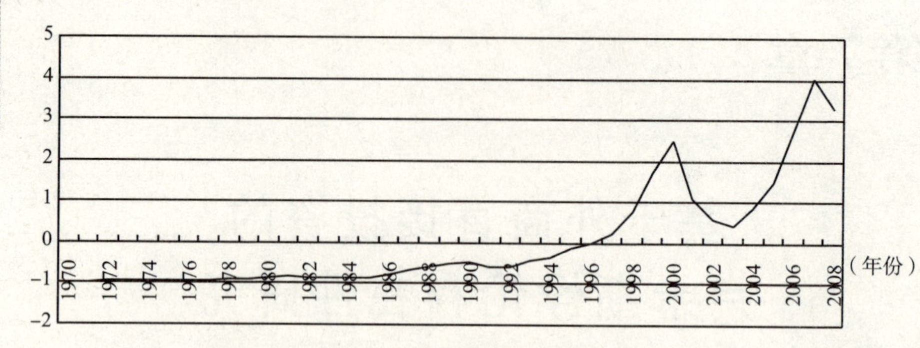

图 7－1　全球外商直接投资流量趋势（INWARD）

7.2 卢卡斯悖论存在性分析

卢卡斯悖论是指由新古典经济学边际报酬递减理论推出的资本流动规律与实际资本流动方向相矛盾的现象。即根据新古典经济学中的边际报酬递减规律理论的预期，在资本可以自由流动的前提条件下，资本应该从资本丰裕的地区流向资本匮乏的地区，也即资本应该从发达国家更多地流向发展中国家或者说是欠发达国家。

全球外商直接投资是国际资本流动的重要组成部分，其基本态势是较稳步发展的，但是外商直接投资的分布状况却是不均衡的，体现了卢卡斯悖论现象的存在。

7.2.1 从空间分布上来看，全球 FDI 主要集中在经济发达国家和经济飞速发展的发展中国家——存在性分析一

从图 7－1 中我们可以看出，从 20 世纪 90 年代开始，发达国家的外商直接投资的受资额显著高于发展中国家，当两个地区的外商直接投资额都显著增加的同时，两个地区的吸引外资额的绝对值差距也都明显地拉大。

由中经网数据知，20 世纪 70 年代，世界投资额总体上规模比较小，

但是在这个阶段，发达国家和发展中国家的外商直接投资吸收额就存在着明显的差距，整个 70 年代发达国家的受资额基本都维持在 70% 以上，然而发展中国家的受资额只有不到 30% 的水平。到了 80 年代后期，两者之间的差距进一步拉大，发达国家的受资额达到了 80% 以上，而发展中国家最低时只有 14%；90 年代，由于拉美债务危机的出现和亚洲金融危机的爆发，全球外商直接投资波动比较大，最高时发达国家引资额达到了 83%，然而最低时却不到 60%，但是这仍然没有动摇发达国家是外商直接投资的主要引资国的格局。到了 21 世纪，发达国家的引资比例同发展中国家相比较，从总体上来看有所下降。但是 21 世纪的近十年期间，发达国家的外商直接投资规模的平均引资额，仍然维持在全球引资额的 60% 以上，因此可见在全球外商直接投资的发展进程中，从 20 世纪 70 年代一直到 21 世纪以来，发达国家在全球外商直接投资的格局中，一直处于主导地位。

7.2.2　从世界各国的发展情况来看，排列在世界前 15 位的外商直接投资引资国大部分为发达国家——存在性分析二

由联合国贸发会议的世界投资报告数据显示，2009 年由于发达国家受到金融危机的影响比较严重，排在前 15 位的直接投资国中发达国家的比例有所下降，发展中国家的比例有所上升，但从总体情况上看，发达国家仍然处于主要的外商直接投资受资国地位，美国仍然处于最大的外商直接投资受资国地位。

从表 7－1 中的数据可以看出，外商直接投资流入总是集中分布在少数十几个国家中，从 20 世纪 70 年代起到 21 世纪，靠前的 15 个国家的外商直接投资流入量基本上都超过了世界投资流入量总额的 70% 以上。而在历年前 15 个国家中，美国、英国、法国以及德国等发达国家在世界外商直接投资中都占据了主要地位。1970 年的前 10 名国家中有 8 个国家是发达国家，仅有南非和巴西两国是发展中国家。到了 1980 年，前 10 名国家中，仍然有 7 个是发达国家，而 1990 年处于前 10 名的国家中则有 9 个

均是发达国家，2000年仍然有7个发达国家位列前10名。而在跨入21世纪的近十年中，排列在外商直接投资受资额靠前15位的国家，主要还是以发达国家为主，例如在2005年，进入前10名的发达国家个数就达到8个之多，只有中国和中国香港作为发展中国家/地区闯进了前10名，然而在2007年的时候，发达国家为7个，俄罗斯联邦首次进入了前10名。2008年为6个发达国家，巴西成为进入外商直接投资受资额前10名发展中国家的新秀。纵观这四十年以来外商直接投资的发展情况，我们可以发现，无论是从总的受资额情况，还是从名列前茅的国家个体状况，均属于发达国家占据了主导地位的现状。尽管在21世纪发达国家和发展中国家的这种差距有所缩小，这种差距的缩小主要是由于经济飞速发展的发展中国家，例如“金砖”国家的崛起而引起的，而最不发达国家的境况却始终没有太大的改变，而这些国家的资金却是最为缺乏的。

表7-1　　前15名国家/地区外商直接投资流入量总额及其比例（1970~2009年）　　单位：百万美元

	1970年	1980年	1990年	1995年	2000年	2005年	2009年
15国家/地区总计	10061.97	50356.39	166687.83	246704.67	1080041	736327.36	246704.67
世界总额	13345.60	54076.42	207273.31	341144.33	1387953	973329.07	341144.33
百分比	0.75395	0.93121	0.80419	0.72317	0.77815	0.75650	0.72317

资料来源：根据世界银行数据库整理得出。

7.2.3 从相对量来看，发达国家的外商直接投资吸收额占了世界投资的主要部分——存在性分析三

相对规模是指一个国家外商直接投资吸收额与世界外商直接投资总额的比值。

由表7-2数据显示，在金融危机出现之前，发达国家在吸引外商直接投资方面具有明显的优势，仅仅欧盟十五国就占据了全球的40%左右，而最不发达国家却仅仅占据全世界外商直接投资的1%左右，其差距之大

特别明显，如果再加上近二十年一直处于外商直接投资“领头羊”地位的美国，则发达国家的外商直接投资吸收力之大就更为明显了。

表 7－2　　外商直接投资发达地区与不发达地区比较：以欧盟和最不发达国家为例

	1990 年	2000 年	2005 年	2006 年	2007 年	2008 年	2009 年
世界总量	207912	1270764	958697	1411018	2099973	1770873	1114189
欧盟十五国总计	103144	617321	449095	498213	778596	414979	333933
最不发达国家总计	603	4414	7174	12816	25566	32358	27971
欧盟/世界	49.61%	48.58%	46.84%	35.31%	37.08%	23.43%	29.97%
最不发达国家/世界	0.29%	0.35%	0.75%	0.91%	1.22%	1.83%	2.51%

资料来源：根据 1994 年、2001 年、2008 年、2009 年、2010 年世界投资报告整理。

7.3 结论

通过上述的分析可以看出，国际资本流动的主要形式之一外商直接投资的流动方向主要是较为发达的欧洲和北美洲地区，而不是资本匮乏的非洲和比较落后的亚洲地区，说明卢卡斯悖论现象在外商直接投资领域是普遍存在的。外商直接投资对于一国的发展尤其是发展中国家的发展起着举足轻重的作用，对卢卡斯悖论背后原因的探讨将是我们进一步研究的方向。

第 8 章

外商直接投资对江苏省产业结构影响及对策分析

随着改革开放格局的逐步形成和不断发展，外商直接投资在我国经济发展中起着越来越重要的作用。外资经济已经成为我国国民经济发展的重要增长点。而经济发展在全国具有领先地位的江苏省，由于其人力资本和区域的优势，则吸引了大量的外资，在全国居于领先地位。大量的外资企业的涌入对江苏省产业结构的调整和整体经济的发展起着积极的推动作用。那么，外商直接投资对江苏省产业结构影响情况具体是怎样的，以及如何正确处理外商直接投资和产业结构之间的影响关系，是一个重要研究课题。在本章当中，针对江苏省外商直接投资和农业、工业以及服务业之间的关系以及影响作用进行研究论证，在此基础上提出正确处理 FDI 与产业结构关系的政策建议。

8.1 文献综述

国外许多学者对外商直接投资与东道国的产业结构的关系进行了大量的研究。20 世纪 60 年代理论界提出的“两缺口模型”，说明了外商直接投资对一国经济发展和产业结构调整的影响。随后，有学者提出了“三缺口”模型，从技术缺口角度阐述利用外商直接投资对东道国产业结构调整和经济增长的影响。日本经济学家小岛清的边际产业转移理论阐述了外商直接投资在东道国的资金、技术和管理上的积极作用。日本学者赤松要的

“雁行模式”理论则重视“产品生命周期理论”，至于外商直接投资对于东道国区域产业结构的影响研究则明显不足。1999 年，巴里通过分析英国、爱尔兰、葡萄牙、西班牙四国的外商直接投资流入量和产业结构之间的关系情况进行研究，认为外商直接投资可以在东道国产业结构调整过程当中占据重要的地位。2000 年郭克莎分析了三次产业吸收外资的比例及产业内部外商直接投资的比重，得出外商直接投资的结构性倾斜使我国三次产业的结构性偏差加剧。

在国外学者研究的同时，我国也有许多学者对二者的关系进行了研究。2002 年张帆等人对中国 FDI 流入量在工业部门不同行业的分布的分析，发现外资主要流向了资本密集型产业，促进了产业结构的调整。2002 年胡祖六对欧美、日本在中国的外商直接投资进行了研究，发现外资主要流向了资本密集型产业和技术密集型产业，促进了中国经济结构的优化。2005 年孔小文等对广东省的外资流入进行了研究，发现外资投入从劳动密集型产业向资金密集型、技术密集型转化，对产业结构的升级起到了积极作用。2006 年陈迅、高远东运用协整分析、动态方差分解等现代计量经济学方法实证研究外商直接投资与中国的产业结构变动间的相互影响。2006 年赵红、张茜认为外商直接投资虽然能够对产业结构调整有优化作用，但这种直接投资与产业结构变动之间并不具备稳定关系。

国内外学者的研究表明，外商直接投资的流入对于产业结构的升级有促进作用。下面利用江苏省的相关数据来说明 FDI 与产业结构之间的关系。

8.2 江苏省 FDI 与产业结构现状及其特点

江苏省一直以来都是我国吸引外商直接投资的主要地区。2005 年以来，江苏省吸引的外商直接投资额超过广东，首次位居全国第一，并在随后的五年里继续保持该位次。江苏省作为改革开放的前沿地区，成为外商最为青睐的投资地区之一。

8.2.1 江苏省FDI的现状和特点

2005年，江苏省外商直接投资实际金额为712201亿美元。2005～2014年间江苏省外商直接投资流入量没有增加的重要原因之一，是受到1997年东南亚金融危机的影响。但由于在亚洲金融危机中我国经济保持着稳定局面，外商直接投资没有受到很大波动，再加上我国加入WTO的影响效应，外资更加坚定投资中国市场的信心。由表8－1数据可知，2005～2007年江苏省外商直接投资飞速增长，年均增长率为21.88%。其中，2007年实际利用外商直接投资额比2006年增长52.44%，其实际利用外商直接投资额达158.01亿美元。从那以后，政府对经济采取了宏观调控，并采取紧缩导向的手段，调整引入外商直接投资的结构，提高引入外商直接投资的质量，使得外商直接投资的引入有利于中国经济的可持续发展。政府一方面对高耗能、高污染的外商投资项目提高了敏感度关注；另一方面则是积极引入那些技术溢出效应强、资源能耗少，而且能够吸引大量就业的外资企业。这一系列的举措势必会影响外商直接投资的数量，而这种变化所反映出的是，当前我国已经不再是单纯追求外资数量金额，而是对于外资质量有了新的要求，而这也是为了更好地优化产业结构。从表8－1中还可以得出，2011～2014年，江苏省外商直接投资飞速增长，但增长的势头有所放缓，年增长率分别为25.59%、14.74%、8.69%和3.14%，至2014年实际利用外商直接投资额高达2816032万美元。

表8－1　2005～2014年江苏省外商直接投资统计

年份	签订合同项目（个）	增长速度（%）	签订合同金额（万美元）	增长速度（%）	实际吸收外资金额（万美元）	增长速度（%）
2005	3581	—	1509531	—	712201	—
2006	5801	61.99	1967252	30.32	1036615	45.55
2007	7301	25.86	3080743	56.60	1580214	52.44
2008	7387	11.28	3607825	17.11	1213783	－23.19

续表

年份	签订合同项目（个）	增长速度（%）	签订合同金额（万美元）	增长速度（%）	实际吸收外资金额（万美元）	增长速度（%）
2009	7126	-3.50	4643882	28.72	1318339	8.61
2010	7106	-0.28	4654167	0.20	1743140	32.22
2011	5842	-17.76	5270713	13.25	2189206	25.59
2012	4236	-27.49	5072643	-3.90	2512001	14.74
2013	5734	35.36	5217842	2.86	2730238	8.69
2014	4963	-13.45	5198401	-0.37	2816032	3.14

资料来源：江苏省统计网站，http：//www.jssb.gov.con.

由表 8 -2 则可以看出：外商直接投资领域主要集中在第二产业，第一产业投资额极少，第三产业投资额则在逐渐增加。

表 8 -2　　2005 ~2014 年江苏省三大产业实际吸收外资金额

年份	第一产业（万美元）	所占比例（%）	第二产业（万美元）	所占比例（%）	第三产业（万美元）	所占比例（%）
2005	5350	0.75	558355	87.25	76210	11.9
2006	3585	0.6	595349	92.68	43424	6.76
2007	3202	0.5	668828	93.97	40171	5.6
2008	8350	0.8	928413	89.56	99852	9.6
2009	13609	0.8	1395135	88.29	171470	10.9
2010	9487	0.8	1047805	86.33	156492	12.89
2011	7769	0.7	1140220	86.49	170350	12.9
2012	10818	0.6	1440324	82.6	291998	16.8
2013	27423	1.2	1640099	75	521684	23.8
2014	48260	1.9	1845628	73.5	618113	24.6

资料来源：江苏省统计网站，http：//www.jssb.gov.con.

2005 ~2012 年期间，第一产业外商直接投资比例均不超过 1%，吸收外商直接投资能力很差；2012～2014 年，这两年第一产业的投资额才略许上升，直到 2014 年才到 48260 万美元，占吸收外商直接投资总额的 1.9%，仍然没有超过 2%，第二产业外商直接投资比例均超过 73.5%，结构稳定，绝对值也在不断增加；2007 年，第二产业吸收的外商直接投资占总额 93.97%，但此后所占外商直接投资总额的比例呈现出不断下降的趋势。2014 年，跌至 73%，为近十年最低。第三产业外商直接投资比例近年达到 10% 以上，2013～2014 这两年高达 20% 以上，呈逐渐上升趋势。由此可以直观地看出，外商直接投资的行业分布可以直接使江苏省的产业结构发生变动。

通过表 8-3 能够发现，最近几年，江苏省经济发展速度较快，所以成为外商直接投资的重要区域。时间截至 2014 年底，江苏省协议利用外资总额为 5072643 万美元，而实际利用外资总额也达到了 2512001 万美元。总体来看，江苏省外商直接投资表现出下面几个特征。

表 8-3　FDI 在江苏省制造业的投资数额及比例情况

年份	FDI 在第二产业投资额（万美元）	FDI 在制造业投资额（万美元）	FDI 在制造业投资额占第二产业比例（%）	制造业中 FDI 占投资总比例（%）
2005	558355	531866	95.26	83.12
2006	595349	573952	96.41	89.35
2007	665626	648922	97.49	91.12
2008	928413	911547	98.18	87.94
2009	1395135	1353202	96.99	85.63
2010	1047805	1004524	95.87	82.76
2011	1140220	1093498	95.90	82.95
2012	1440324	1371264	95.21	78.67
2013	1640099	1581588	96.43	72.24
2014	1845628	1762936	95.52	70.18

资料来源：江苏省统计网站，http：//www.jssb.gov.con.

（1）江苏省外商直接投资大部分是集中在制造业领域。

目前，江苏省外商直接投资还是以第二产业中的制造业为主，而且所占比重也是在逐年提升，这对于江苏省制造业发展无疑具有着重大影响力。在此，具体是以 2005 ~2014 年的外商直接投资流入量作为基本对象加以说明。2005 年，流向制造业的外资为 53.19 亿美元，占当年江苏省外商投资额的 83.12%，占第二产业投资额的 95.26%；2012 年，流向制造业的外资为 137.13 亿美元，占全省总投资额的 78.67%，第二产业投资额的 95.21%；到 2014 年，流向制造业的外资达到了 176.3 亿美元，占总投资额的 70.18%，第二产业投资额的 95.52%。可见，第二产业是外商在江苏省投资的主要领域，其中对制造业中的投资又占了绝大部分。在制造业的各个行业里面，外商尤为青睐的是技术密集行业，比如通信设备行业以及电子行业。

（2）我国港台地区是外商直接投资的主要来源。2005 ~2014 年江苏实际利用外商直接投资的资金来源国和地区情况排在前十位的分别是：中国香港（338.48 亿美元）、日本（102.24 亿美元）、中国台湾（80.25 亿美元）、美国（73.25 亿美元）、新加坡（74.75 亿美元）、韩国（63.68 亿美元）、德国（27.53 亿美元）、荷兰（15.62 亿美元）、英国（14.14 亿美元）、澳大利亚（9.96 亿美元）。港台地区在江苏省的外资引入中居首位，实际外商直接投资占总额的 35.63%；日本第二占 12.19%；美国居第三占 10.92%；紧跟其后的是新加坡和韩国，分别占 5.70% 和 5.45%。可见江苏省外资引入高度依赖于港台地区，资金来源过于单一，而是世界主要的资本输出地区在江苏省的投入却比较少。

8.2.2 江苏省产业结构现状和特点

按照我国产业划分标准，第一产业主要是农、林、牧、渔业，而第二产业则是矿业、建筑业、能源、机械制造等，至于第三产业则是指第一产业与第二产业之外的其他所有行业，具体是以服务业为主。在江苏省产业结构划分上，也是以该标准为依据。

由表8－4、表8－5可见，江苏FDI的产业结构具有如下特点。

表8－4　江苏省三大产业生产总值　单位：亿美元

年份	地区生产总值	第一产业	第二产业	第三产业
2005	7697.82	1003.51	3920.15	2774.16
2006	8582.73	1031.17	4435.89	3115.67
2007	9511.91	1082.43	4907.46	3522.02
2008	10631.75	1054.63	5604.49	3972.63
2009	124660.83	1106.35	6787.11	4567.37
2010	15003.6	1367.58	8437.99	5198.03
2011	18305.66	1461.49	10355.04	6489.14
2012	21645.08	1545.01	12250.84	7849.23
2013	25741.15	1816.24	14306.40	9618.51
2014	30312.61	2100.00	16663.81	11548.80

资料来源：江苏省统计网站，http：//www.jssb.gov.con.

表8－5　三大产业在GDP中所占的比重　单位：%

年份	第一产业	第二产业	第三产业
2005	13.0	50.9	36.1
2006	12.2	51.9	35.9
2007	11.4	51.6	37.0
2008	9.9	52.7	37.4
2009	8.9	54.5	36.6
2010	9.1	56.2	34.6
2011	8.0	56.6	35.4
2012	7.1	56.6	36.3
2013	7.0	55.6	37.4
2014	6.9	55.0	38.1

资料来源：江苏省统计网站，http：//www.jssb.gov.con.

（1）基于分布产业而言，第一产业实际利用 FDI 的投资金额，只占到了很少的比例，在大部分年份里都不超过 1%，而这显然是和第一产业在国民经济体系当中重要地位不相符。换言之，就是相对比于农业在国民经济中的重要地位而言，农业利用外资的数量过小，这主要是因为第一产业对于投资的吸引力不足。最主要的是，从 2003～2012 年，虽然 FDI 总额大体是攀升的，然而第一产业所占比例却没有增加，基本都是在 1% 徘徊，直到 2013 年才突破 1%，到 2014 年已经接近 2%。由表 8－4 和表 8－5 可知：2005 年，第一产业的经济产量是 1003.51 亿美元，占 GDP13%，随着外商直接投资数量的增加，由第一产业带来的经济产量是不断上升的，到 2014 年末，产量已达 2100 亿美元，占 GDP6.9%，可见第一产业的投资量是不足的，还是不断的上升空间。鼓励外商多向第一产业投资是十分必要的。

（2）江苏省制造业发展迅速，在全国居于领先地位，外商直接投资主要流向了该领域。表 8－3 和表 8－4 可以看出 2005～2014 年江苏省外商直接投资领域中制造业的情况：2009 年在制造业的投资额达到了 135.32 亿美元，所占总体投资额的比例是 85.63%，所占外商在第二产业投资额的比例是 96.99%，其带来的经济产量是 6787.11 亿美元，占地区生产总值的 54.5%。到 2012 年，外商在制造业投资额 137.13 亿美元，占外商在江苏投资额的 78.67%，占外商在第二产业投资额的 95.21%。此时的经济产量是 12250.84 亿美元，占 GDP 的 56.6%。在 2010 年，外商在制造业的投资为 176.29 亿美元，占外商在江苏省投资额的 70.18%，占外商在第二产业投资额的 95.52%，由第二产业带来的经济产量是 16663.81 亿美元，占 GDP 的 55%。因此外商直接投资在江苏省大部分流向第二产业中的制造业。由第二产业带来的经济总量占 GDP 的比重由 50.9% 上升至 55%，由此可见第二产业占据全省 GDP 的大部分，并且呈现出饱和的趋势。

（3）第三产业实际利用 FDI 的投资额经历了缓慢上升过程，2005 年，外商直接投资流入江苏省第三产业的总额为 76210 万美元，到 2006 年下降为 43424 万美元，随后又逐渐上升，到 2014 年达到 628113 万美元。由此可见江苏省在第三产业的增加在不断地扩大。其经济产量由2005年的2774.16亿美元，上升到2014年的11548.8亿美元，近几年占GDP总量上升到38.1%。房地产是外商在江苏省第三产业的投资主要投资领域，随后是批发零售业、交通运输仓储和邮政业、租赁和商务服务业以及住宿和餐饮业。外资在这些行业中所占的比重增长迅速，但其他服务业部门的外资投入仍然很低。以2010年的数据为例，房地产业的比重为54.14%，占服务业外商实际投资的一半以上。居第二位的是批发和零售业，所占比重大体稳定在15.66%；其次是交通运输、仓储和邮政业，租赁和商业服务业，住宿和餐饮业，投资比重一般保持在10%左右。而其他行业如金融业、文化体育业及其他服务业虽然目前外商投资比重较低。

8.3 江苏省FDI对产业结构的影响

8.3.1 江苏省FDI对第一产业的影响

江苏省第一产业吸收的FDI很小，这主要是由于我国农业对外开放时间较短，开始的时候在利用外资上基本都是以引入国际组织或政府间的贷款援助为主，而直到20世纪90年代中期外商直接投资才获得发展机会。伴随着外商直接投资规模的逐渐增加，江苏省农业部门所吸引到的外商直接投资不论是数量还是规模也在不断扩大。从《江苏省统计年鉴》提供的数据可以看出，外商直接投资农业部门的协议项目数量和投资额不断增加。由2005年，实际外商直接投资金额0.5亿美元上升至2014年的4.8亿美元。所占的外商直接投资金额也接近2%。江苏省外商直接投资在农业部门的利用效果并不明显，主要是由于江苏省农业吸收外商直接投资数量较少，且资金到位率低。就农业在国民经济中的重要地位而言，此时农业利用外资的数量是远远不够的。2014年农业的地区生产总值为2100亿元，占全省GDP的6.9%，而2014年农业利用外资的协议金额占全省合同外资金额的1.42%，实际利用外资只占全省的1.9%。可见，江苏省农业部门利用外商直接投资金额过小，应加大导向力度，引导外资投向第一产业。

尽管江苏省农业利用外资偏少，但是对江苏省产业结构升级有着积极的促进作用。外商直接投资对第一产业就业有负向推动，对第二产业就业有正向促进，这两点一方面提升了劳动力的整体素质，另一方面推动了工业技术水平的上升。因此，外商直接投资对第一产业还是必不可少的。虽然外商直接投资在第一产业的投入量相对不大，但是由于投入到农业部门的外资流入量总量偏少、分布的结构不合理，投资效益偏低，所以第一产业中的外商直接投资还是在一定范围内促进农业经济的发展和推动农村剩余劳动力转移。同时能够促进江苏省农业生产的企业化、产品化程度向高程度发展。因为第一产业中农、林、牧、渔业，在中国仍然是比较落后的生产方式，外商的直接投资带来高科技含量高的机械化生产，对江苏省的传统的半手工半机械化的生产方式是一种巨大的冲击，提高了生产的效率，也对第一产业的结构优化开了一个好头。

8.3.2　江苏省FDI对第二产业的影响

FDI对第二产业的发展发挥着重要的贡献，至2014年，尽管第二产业外商直接投资总额已经下降到了73.5%，但是其在GDP的贡献中仍然占到总量的55%，可见依然是比较强劲的势头。以2014年为例，外商在制造业投资额为176.3亿美元，占外商在江苏投资额的70.18%，占外商在第二产业投资额的95.52%，外商直接投资最少的行业有采矿业，居民服务、卫生、教育和其他服务业，公共设施、水利和环境管理专业，社会保障和社会福利业，信息传输、计算机服务和软件业。这些行业要么是国家政策限制进入行业，要么是投入期长，对自身回报效益少的行业，如教育，采矿业，水利、环境和公共设施管理业。2011～2014年投向制造业的外商直接投资分别达到78.67%、72.24%和70.18%，分析FDI流入对制造业的影响具有一定的代表性。在制造业中，外商倾向于投资纸制品、橡胶制品业，通信设备、计算机及其他电子设备制造业等劳动密集型产业。这些外资企业主要给江苏省的第二产业带来了如下的影响。

（1）促进了产业技术进步。先进技术可以促进产业优化升级，而外商直接投资也始终都是借助于技术转让与技术外溢效应为产业技术升级提供重要支持。通过技术转让极大地改进了江苏省外资所在行业的技术和工艺，在短时间就显著缩小了与发达国家技术工艺的差距。至于外商投资的技术外溢效应，则是对本地企业管理水平以及技术水平改进起到了推动作用，同时也带动了先进人才的流动，使得江苏省人才市场得到完善。在江苏省的经济开发区有大部分的世界五百强公司设立研发机构，在共同研究的过程中，中方人员学到了先进的科学技术，这样有利于技术的扩散，可以提高开发区整体工业水平。

（2）促进产业组织结构优化。外商直接投资能够推动江苏省产业结构的优化与升级。自从我国改革开放开始，招商引资的初衷是想拿市场换技术，但三十年以来发现最初的计划并没有完成。尽管这样，外商直接投资所形成的竞争效应，也推动了民族企业的快速发展。民族企业如果想要在于外资企业竞争当中立于不败之地，就只能选择提升自我与改善自我，为自身生存发展赢得必要空间。

8.3.3 江苏省 FDI 对第三产业的影响

2005 ~ 2014 年间江苏省的外商直接投资在第三产业主要流向了房地产，其次主要是租赁和商务服务业、交通运输仓储和邮政业、零售业以及住宿和餐饮业。除此之外，其他服务业部门的外商投资则相对比较少。就 2014 年来看，房地产业的外商实际投资额为 334671 万美元，占第三产业外商实际投资的 54.14%。居第二位的是批发和零售业，为 96770 万美元，占第三产业外商实际投资的 15.66%。最后是交通运输、仓储和邮政业，租赁和商业服务业，住宿和餐饮业，投资比重一般保持在 10% 左右。而其他行业如金融业、文化体育娱乐业、居民服务及其他服务业虽然目前外商投资比重较低，但随着国内开放程度的提高，未来将成为外商投资的热点。

一方面，外商直接投资对第三产业产生了积极的影响。外商直接投资流向第三产业，促进了其多元化发展，提供了新型消费需求结构，影响了生产供应结构。如必胜客、肯德基、麦当劳、星巴克等企业的入驻带来了新的消费理念，通过营销策划扩大市场占有率，通过创新改变消费者理念。另外，外资企业对第三产业投资的同时也会进行人力资源培训，从而推动了中方的人才培养，并最终促进了江苏省第三产业的发展。外资企业培训很成熟，尤其是 IT 企业，会对新进员工进行管理培训和技术培训，这大大提高了员工的素质。人员的流动将推动 IT 行业迅速发展，形成良性循环，并最终推动整个第三产业的发展。

另一方面，要认清当前外商直接投资对于第三产业影响力度不足的现实问题，不利于农村剩余劳动力的转移及产业结构的进一步优化。第二产业的劳动力吸纳能力已经趋于饱和，外商直接投资在第二产业比重也由 2005 年的 87.25%，上升至 2011 年的 93.97%，然后一直下降到 2014 年的 73.5%。因此第三产业还存在相当大的就业创造空间。江苏省是一个人口众多的大省，农村剩余劳动力的有效转移必须依靠第三产业的发展。外商直接投资对第三产业影响不足，使得农村剩余劳动力转移受阻，这也对江苏省产业结构的进一步优化带来了不利影响，尤其是对经济的发展起着一定的消极作用。我国依靠投资拉动成功地从农业社会迈向了工业社会，向现代化的强国靠近了一步。但在此过程中，存在着诸多问如投资带来的经济泡沫、二元结构突出、地区经济发展不平衡等。如果不及时的解决，势必会影响和谐社会的构建。因此，实现工业社会向服务型社会的顺利过渡，必须要从投资拉动转向消费拉动的经济发展之路。换句话说，尽管第三产业的外商直接投资额比重由 2005 年的 11.9% 上升到 2012 年的 24.6%，这样的比重还是不够的。

从第三产业内部结构可以看出，江苏省外商直接投资的行业分布结构不合理。房地产业投资过多的涉入，投机心理明显，不利于经济长期稳定的发展；公共服务、居民服务等社会服务业水平比较滞后；商业、餐饮业等低附加值的传统行业投资比重较人；教育、文化、科技、体育等与提高人民素质、丰富精神生活的行业发展比较落后；金融业、信息传输及计算机服务、保险等新兴行业发展相对不足，提升的空间还很大。

8.4 正确处理FDI与产业结构关系的政策建议

8.4.1 政府着力优化投资环境

投资环境优化主要是对投资硬件环境与软件环境都进行优化与改善，重点做好配套设施建设工作，提升基础设施的利用效率，对已有的基础设施存量结构进行大力优化，做好环境保护工作。而对于投资软环境建设也要提上日程。政府应依法防范与遏制市场垄断行为，推动相关法律法规尽快出台。同时给予外商一系列的优惠政策。

8.4.2 加强FDI的产业导向

通过政府制定相应的政策法规来引导外资企业的投资领域，以提高产业结构优化的效率，发挥已有产业的优势。如限制外商对高污染高耗能的投资，限制对石油需求量大的企业进入江苏省开发区，避免经济的发展以环境为代价；扶持对可持续发展的产业的投资，如加大对金融银行业的招商力度，通过对内外资金融业互补性，促进金融机构的制度完善，从而起到对江苏省产业结构调整的积极作用。

8.4.3 提高农业利用FDI的数量和质量

大力发展现代高效农业是江苏省“十一五”规划的目标之一。将外商直接投资导向农业，提高农业利用外资的质量，有利于江苏省实现高效农业的目标。(1) 引导外商直接投资进入农业基础设施建设，以形成外资企业发展有良好的外部环境；（2）打造农业利用外资项目的集聚区，形成农业利用外资的基地；（3）制定一系列的优惠政策吸引外商投资农业，并扶持有一定规模的农产品加工企业逐步形成规模比较大、科技含量比较高的大型企业，以起到对外资企业的示范带头作用；（4）引导外商将资金投向农业新技术、农产品深加工等领域，多参加和举办农业招商活动。（5）学习外资企业先进的农业技术和管理经验，形成新型的农业产业结构，着重发展高产、优质、高效、生态的现代农业，最终形成现代化农业。

8.4.4 鼓励外资进入第三产业，重点发展现代服务业

在第二产业的投资额趋于饱和的情况下，第三产业对经济发展的带动作用将会越来越明显。所以，当前亟待进行的就是推动第三产业的发展速度，通过各项政策条件吸引外资投入到现代新兴服务业当中，从而为第三产业的发展开拓新的局面。同时学习国外的先进发展经验，大力发展服务业。创造世界品牌，提高城市以及企业的知名度。当前阶段，外商在第三产业上作出的直接投资还是有所不足。从 2005 ~ 2014 年，江苏省外商直接不断上升，其中第三产业至 2014 年的投资比重仍然只有 24.3%，因此我们更应该加强引导外资投入到第三产业中，以进一步地优化江苏省产业结构。

总体来看，外商在江苏省第三产业当中的直接投资总量偏小、结构层次比较低并且产业化、市场化的程度不高，由于这些问题的存在，使得外商直接投资对第三产业影响力不够。由 2014 年数据可知，江苏省的外商直接投资主要流向了房地产等高利润行业，而在科教文卫部门等公共部门则投入较少。第三产业中在国有经济中占有重要地位，而合理引导外商直接投资进入科教文卫等公共服务行业有利于提高 FDI 对第三产业的影响力。而产业内竞争不充分也使得第三产业发展水平不高。而借助引入外资，则能够形成良好的市场竞争机制，为第三产业发展创造良好的机遇与条件。

第9章

我国区域经济地区吸收日韩FDI影响因素的对比研究

9.1 引言

改革开放以后，我国实施区域优先发展为主要目标的区域经济政策，把沿海地区经济发展战略放在突出地位。江苏沿海地区（南通、连云港和盐城）凭借这一利好因素，加之其较好的基础设施和经济条件，迎着改革浪潮，大量吸收外商直接投资（foreign direct investment，FDI），带动了整个江苏省的经济发展。然而机会是均等的，在江苏沿海地区获得吸引外资机遇的同时，环渤海地区一样凭借其更为优异的投资环境，吸引了更多的外资。FDI的大量流入对流入地经济发展有重大作用，它不仅有利于弥补资本流入地的资本不足，促进产业结构调整，更加能增加当地就业、促进技术进步和引进先进管理经验、促进当地经济增长。而当前江苏沿海地区和环渤海地区的主要投资大部分来自与这两个区域经济地区地理位置相近的日韩两国。那么，这两个区域经济地区吸收FDI数量及其影响因素之间的关系如何呢？接下来，首先考察江苏沿海地区和环渤海地区近十年，吸引日韩FDI的现状，以确定影响日韩FDI区位选择的因素；其次，运用2002~2011年江苏省沿海地区的时间序列数据，对江苏沿海地区吸收日韩FDI总额及各个影响因素之间进行实证分析，通过分析考察各个因素对江苏省沿海地区吸引日韩FDI的竞争力的影响程度，据此提出改善对策，使江苏沿海地区吸引质更优、量更大的日韩外商直接投资。

9.2 FDI区位选择的研究综述

9.2.1 国外FDI区位选择的研究

国外对FDI的区位研究瑞然起步较早，但是研究到现在，国外学术界也没有形成一个完善的影响外商直接投资区位理论。国外学者们从不同的视角出发进行了大量研究，形成了大量的区域研究理论。

英国经济学家邓宁（Dunning，1977）在结合海默的垄断优势理论、贝克尔—卡森的内部优势理论和沃宁的区位优势理论的基础上，提出了著名的国际生产折中理论是当前占主流的理论。该理论认为企业要进行国际投资必须具备三个基本要素，即所有权优势、内部化优势和区位优势。邓宁认为有了以上三个优势，在FDI区域竞争上会处于绝对优势地位。

希德托（Headetal，1999）发现日本在美国的制造业直接投资出现了明显的集群效应，而且在其他条件基本相同的情况下，日本投资者会偏好那些已经有较多日本投资者的州。

区位理论学派认为，FDI会比较容易于流向那些靠近原材料产地、市场容量大、劳动力丰富和产业集聚以及靠近投资国的区域。

9.2.2 国内FDI区位选择的研究

国内对FDI的区位研究虽然起步较晚，但是近年来进展较快，尤其是在实证分析研究方面得到了长足的发展。

范剑勇（2004）在采用新经济地理学的分析结构来分析中国东部地区与中西部地区之间地区差距时发现，东部制造业的高产值以及FDI在东部沿海的不断集聚，很大程度上是由于产业集聚的存在，而且产业集聚的主要动力主要来自要素的集聚。外资之所以会选择东部地区作为它们投资的首选目的地，是因为从产业集聚的角度看，东部沿海地区人力资源丰富、交通十分便利，本身非常容易形成制造业的前后向联系，扩大产业市场规模；更重要的是东部沿海地区便于与国外相关产业的联系，更加接近国外消费市场，更易形成制造业与国外的前后向联系。

徐程（2006）通过选取山东省各个市在2000~2005年的经济数据，通过建立多元线性回归模型对FDI在山东省区位选择影响因素上进行实证分析。结果显示，对外贸易依存度对FDI区域选择有重要影响，地区生产总值和各地区技术工人的数量会对FDI的选择有一定的影响。

张举刚、洲吉光、丁欣（2007）通过选取中东部11个省（市）在1986~2003年这个时期的数据，运用多元线性回归模型对东部地区吸引外商直接投资主要区位因素进行分析。认为影响东部地区FDI区位选择的主要因素依次是市场规模、劳动力成本、基础设施建设，而政策因素对FDI的区位选择的影响不是很明显。

吕鑫、尚鑫、戴寒永（2008）通过选取长三角地区1990~2005年15个城市的数据采取了SAS分析软件进行分析，得出人均地区生产总值、累积外商直接投资、全社会固定资产投资、市场开放程度于FDI呈正相关关系，而职工年平均工资、单位土地面积GDP产出呈反相关关系。

从以上中外研究文献可以看出，在这一问题的研究上，虽然在研究方法上学者们采用了不同的方法，得到了不同的结论，但这对我们继续研究该问题仍然有较好的指导作用。接下来我们将通过选取市场规模、劳动力成本、集聚效应和对外开放程度这四个已知的对FDI区位选择有影响的因素，来对比分析两地区在吸收日韩FDI的影响力。

9.3 江苏沿海地区和环渤海地区吸收日韩FDI的现状

9.3.1 江苏沿海地区吸收日韩FDI的现状

江苏沿海地区位于我国东部沿海、长江和陇海兰新线三大生产力布局的交汇区域，毗邻与日韩两国，包括连云港、盐城和南通三市所辖的全部行政区域，陆地面积大约 3.25 万平方千米，海岸线长 954 千米。2008 年末总人口为 1964 万人，地区生产总值达到 4863 亿元，地区人均生产总值 24760 元，高于全国平均水平。江苏沿海地区土地后备资源丰富，区位优势独特，在提升整个长三角地区整体实力、促进全国区域经济协调发展中具有重要的战略地位。由于临近日韩两国，在吸引日韩 FDI 方面也是不断突破，从图 9 - 1 中我们可以看出，自 2005 年，江苏沿海地区吸收日韩 FDI 总额急剧上升，从 2002 年的 6276.7 万美元到 2009 年 47372.5 万美元，增加了 41095.8 万美元。然而从 2009 年起，吸收金额又呈下降趋势。另外，从图中我们看出，江苏沿海地区吸收日韩 FDI 总额的增长率波动比较大，在 2002 年、2004 年和 2009 ~ 2011 年甚至还出现负增长，平均增长率为 15.9%。由此可见，江苏沿海地区地区在吸引日韩外商前来投资方面还存在很大的发展空间。

9.3.2　环渤海地区吸收日韩 FDI 的现状

环渤海经济圈是指以辽东半岛、山东半岛、京津冀为主的环渤海滨海经济带。环渤海地区是我国北方经济最活跃的地区，属于东北、华北、华东的接合部，改革开放以来，继长三角、珠三角发展经济活力以后，环渤海经济圈正迅速崛起。目前环渤海已经形成了发达便捷的交通优势、雄厚的工业基础和科技教育优势、丰富的自然资源优势、密集的骨干城市群等五大优势。这五大优势同时集中地表现为环渤海地区加强东北亚地区国际开发合作的独特优势，吸引了大量的 FDI。天津目前拥有外商投资企业 1 万余家，其中全球 500 强企业在此设有 200 余家生产性投资企业，大连的外商投资企业无论是在数量上还是在质量上在全国都是一流的。其中，日韩企业更是在此站稳了脚步，从图 9 - 1 中我们可以看出，自 2002 年起，环渤海地区吸收日韩 FDI 总体上呈现上升趋势，且走势较为平稳。可见经过了十多年的奠基发展已逐步稳定，日韩 FDI 带来管理、技术、营销等所产生的重大影响，在本地区更加完善的市场经济体制下释放，加速了激活老工业基地的能量，提升旧产业并同时形成新兴制造业。另外，从增长率方面来看，环渤海地区在吸收日韩 FDI 方面波动也比较大，但平均增长率要高于江苏沿海地区，为 19.1%。

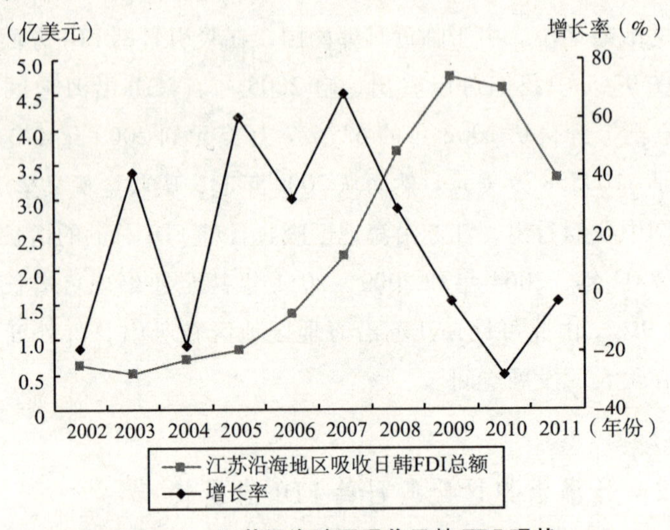

图 9-1　江苏沿海地区吸收日韩 FDI 现状

9.3.3　两地区现状比较分析

通过上面的文字和图我们可以看出，环渤海地区吸引日韩 FDI 的量要远远大于江苏沿海地区，这主要是因为环渤海的地域范围比较大，而江苏沿海地区就三个地级市。同时，我们也可以看出环渤海地区在吸引日韩 FDI 总额上增长比较平缓，呈逐渐上升趋势，而江苏沿海地区最近两年还出现了负增长。此外，环渤海地区在吸收日韩 FDI 的平均增长率也要高出江苏沿海地区 3.2 个百分点，所以说以目前来看，环渤海地区的现状要好于江苏沿海地区（见图 9-2）。

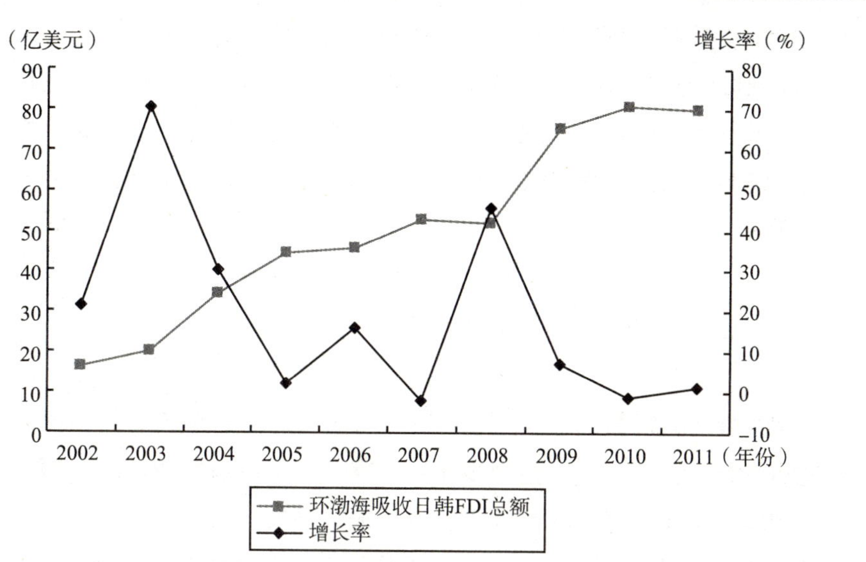

图 9－2　环渤海地区吸收日韩 FDI 现状

9.4 影响两地吸收日韩 FDI 的因素的比较分析

从上述现状分析，我们不难看出，环渤海地区在优越的区位优势以及雄厚的工业基础上，吸收日韩 FDI 越发强劲，吸收额呈逐年上升趋势；相反，江苏沿海地区从 2009 年起，反而在吸收日韩 FDI 方面呈下降趋势。从二者走势图来看，二者吸收日韩 FDI 总额逐步拉大。江苏沿海地区到底在哪些方面输给了环渤海地区？这就必须从影响吸收日韩 FDI 的区位选择因素来考察。

9.4.1　区位因素的比较分析

江苏沿海地区是长三角的重要组成部分，南部毗邻我国最大的经济中心上海，北部连接环渤海地区，东与东北亚隔海相望，西连新亚欧大陆桥和长江黄金水道，是陇海兰新沿线地区出海通道的战略要冲。环渤海经济圈地处东北、华北、西北的交汇点，是我国北方进入东北亚和太平洋的门户，同时也是东北亚的中心地区、欧亚大陆桥的重要起点之一，向东与韩国隔海相望，与日本距离也很近，目前恰逢日韩两国产业转移的良机，韩国、日本对华投资增长，以环渤海地区的距离日、韩比较近的区位优势和丰富的资源优势，已做好将其产业吸引到环渤海地区，承接日、韩产业转移的准备。

9.4.2 资源成本因素的比较分析

江苏沿海地区拥有各类人才133.2万人，有约占全国1/4的海域滩涂湿地和百万亩低产盐田，生物多样性丰富，土地后备资源得天独厚；海洋资源和风力资源丰富，旅游资源独特；地势平坦，水系发达；区域开发适宜性较好，空间开发潜力较大。而环渤海地区的资源优势更为明显，首先是环渤海地区总人口2.6亿多，可以提供丰富的劳动力资源，并且劳动力成本分别是长三角的1/2和珠三角的1/3，可大大降低在环渤海地区设厂的企业运营成本，有利于吸引投资进入；另外还有丰富的能源和矿产资源，环渤海地区海岸线长度占全国海岸线总长度的1/3多，还可大力开展海水淡化工程，能有效弥补北方淡水资源相对匮乏的状况。

9.4.3 基础设施因素的比较分析

基础设施的发达程度对外商直接投资区位选择有着很重要的影响，这是因为完备的基础设施可以使外商投资企业顺利推进生产，同时降低交易成本和信息收集成本等，从而提高企业的收益。江苏沿海地区三大城市分属于苏中、苏北，相对于苏南地区而言，基础设施略显薄弱；环渤海地区有雄厚的工业基础和便捷的交通条件，为争取日韩投资添加了砝码。

9.4.4 集聚效应因素的比较分析

产业集聚是指一些相互关联的企业、专业化的供应商、服务供应商、相关产业的厂商以及相关机构（如学校、协会、标准机构等）在某一地区、某一产业集中，形成一种既相互竞争又相互合作的状况。在这一方面，江苏沿海地区正处于发展阶段，农业的产业化和规模化经营水平比较高，而服务业和工业正在逐步改善，加强规模和配套能力；而环渤海地区因为历史原因，工业已经相当成熟，对日韩外商具有很大的吸引力。

9.4.5　市场规模因素的比较分析

市场规模即市场容量，是指一个特定市场供应品的购买人数。市场规模大小与竞争性可能直接决定了对新产品设计开发的投资数额。需求的市场预测直接决定了企业是不是要对该产品进行创新实验和投资。所以说市场规模对于吸收 FDI 也具有较大的影响。在这一方面江苏沿海地区基本经济都不是很发达，而且由于地域狭小，所以市场规模比较小；而环渤海地区由于包含了四省一市，地域比较宽大，加之环渤海地区的经济发展都比较快，所以市场规模还是比较大的，也就是环渤海地区的市场比较大，对日韩外商直接投资具有较大的吸引力。

9.4.6　对外开放因素的比较分析

对外开放一方面是指国家积极主动地扩大对外经济交往；另一方面是指放宽政策，放开或者取消各种限制，不再采取封锁国内市场和国内投资场所的保护政策，发展开放型经济。外商在投资的时候会观察这个地区的对外开放的政策是不是适合企业在这个地区的投资，如果一个地区的对外开放程度很高，外商会觉得自己在这个地区进行投资比较放心，如果该地区的对外开放程度不高，外商会觉得风险很大而不投资，所以说对外开放程度对吸引 FDI 的影响也比较大。江苏沿海地区由于受到改革开放政策影响得比较早所以外向型经济发展得比较好，对外开放程度比较高；而环渤海地区由于区域比较大，又有很多地区开放的时间比较迟，所以对外开放程度还不是很高。在这点上，江苏沿海地区占有优势。

9.5 影响两地吸收日韩 FDI 的重要因素的实证分析

9.5.1 江苏沿海地区的实证分析

1. 指标的选择

根据前文对 FDI 区位选择影响因素的理论分析，综合已有的研究成果，并考虑数据的可获得性，本节以江苏沿海地区吸收日韩 FDI 金额（单位：亿美元）为因变量，以下几个具有代表性的重要因素为自变量进行分析。

（1）市场规模（x_1），本节用江苏沿海地区地区的生产总值来表示，单位为亿元；市场规模越大，对日韩外资吸引力越强，因此预计该因素与 FDI 呈正相关关系。

（2）劳动力成本（x_2），本节用江苏沿海地区的在岗职工年平均工资来表示，单位为元；劳动力成本越低，对日韩外资吸引力越强，因此预计该因素与 FDI 呈负相关关系。

（3）集聚效应（x_3），本节用滞后一期的江苏沿海地区 FDI 的流入量来表示，即前一年各城市实际外商直接投资金额经当年平均汇率换算成人民币后的数值，单位为亿元；集聚效应越大，对日韩外资吸引力越强，而且一旦集聚效应显现，其产生的作用将会很大，因此预计该因素与 FDI 呈正相关关系。

（4）对外开放程度（x_4），本节用江苏沿海地区的外贸依存度来表示，即各城市的进出口总额占地区生产总值的比重；对外开放程度越高，日韩 FDI 流入量越多，因此预计该因素与 FDI 呈正相关关系。

2. 分析方法和模型初建

研究方法上，各变量均采用对数形式，这样可以在一定程度上消除异方差，以增强变量的平稳性。为综合考察以上指标对 FDI 的影响，建立多元回归模型如下：

$$\ln FDI = \alpha + \beta_1 \ln x_1 + \beta_2 \ln x_2 + \beta_3 \ln x_3 + \beta_4 \ln x_4 + \varepsilon$$

其中 α 是常数，ε 是随机误差项，β 是偏回归系数。选取 2002 ~ 2011 年江苏沿海地区上述各项经济指标，采用 EViews 6.0 软件，用普通最小二乘法（OLS）进行回归分析（见表 9 - 1）。

表 9 - 1　　2002 ~ 2011 年江苏沿海地区各变量的数值

年份	FDI	x_1	x_2	x_3	x_4
2002	0.63	1455.64	7456.33	5.98	0.1572
2003	0.51	1576.17	8330.66	6.58	0.1842
2004	0.71	1728.35	9393.33	3.84	0.1869
2005	0.64	1910.74	10625.67	4.27	0.2015
2006	1.66	2117.90	11809.00	5.00	0.2446
2007	2.19	2513.78	13522.33	11.82	0.2897
2008	3.68	2932.95	15734.67	13.90	0.3222
2009	4.74	3459.98	18460.67	19.69	0.3311
2010	4.60	4101.32	22092.67	32.46	0.3247
2011	3.31	4863.49	26610.67	46.66	0.3341

资料来源：《江苏省统计年鉴》。

3. 相关性分析

首先对各个变量进行相关性分析，分析结果见表 9 - 2。

表 9 - 2　　江苏沿海地区相关系数矩阵

	lnFDI	$\ln x_1$	$\ln x_2$	$\ln x_3$	$\ln x_4$
lnFDI	1.0000	0.9115	0.9046	0.8323	0.9650
$\ln x_1$	0.9115	1.0000	0.9984	0.9328	0.9343
$\ln x_2$	0.9046	0.9984	1.0000	0.9135	0.9358
$\ln x_3$	0.8323	0.9328	0.9135	1.0000	0.8314
$\ln x_4$	0.9650	0.9343	0.9358	0.8314	1.0000

从表9－2中我们看出，四个自变量与因变量的相关系数均大于0.8，说明各影响因素与吸收日韩FDI总额存在高度相关性。但同时发现lnx_1、lnx_2、lnx_3和lnx_4之间也存在高度多重共线性相关，其中lnx_1和lnx_2之间的相关系数竟高达0.9984，推断各解释变量间存在多重共线性而使得它们对lnFDI的独立作用不能分辨，因此有必要对模型进行修正，以消除各个自变量之间的高度多重线性相关。

4. 修正模型

本节采用逐步回归法进行修正。依据调整后可决系数最大的原则，选取lnx_4作为进入回归模型的第一个解释变量，然后再逐个添加解释变量，选取显著性水平小于0.05的解释变量作为新进入的候选变量。通过逐步回归法，发现只有lnx_4符合要求，修正后的OLS回归结果见表9－3。

表9－3　修正后的OLS回归结果

变量	相关系数	标准差	T－统计量	显著性水平
常量	13.86931	0.407669	34.02104	0.0000
lnx_4	2.990030	0.287162	10.41236	0.0000
R^2	0.931282	被解释变量均值		9.705020
调整后R^2	0.922692	被解释变量标准差		0.898707
标准差回归系数	0.249880	AIC准则		0.241183
残差平方和	0.499519	贝叶斯信息准则		0.301700
最大似然估计	0.794087	汉南－奎因准则		0.174796
F－统计量	108.4172	D.W统计量		2.187867
Prob（F－统计量）	0.000006			

5. 模型检验

根据表9－3得出最终模型：$lnFDI = 13.8693 + 2.9900lnx_4$

$$(34.0210)\quad(10.4123)$$ ①

① 括号中的值为t检验统计量的相伴概率值。

（1）经济意义

模型估计结果说明，$\ln x_4$ 的回归系数为：$2.99>0$，因此说明江苏省沿海地区的开放程度和该地区吸收日韩FDI金额呈正相关关系。江苏沿海地区开放程度每增加1%，该地区吸收日韩FDI金额就增加2.99%。这与理论分析和经验判断相一致。

（2）R^2 检验

从表9-3得出，$R^2=0.9313$，接近于1，即该解释变量在93.13%的程度上解释了FDI的增长，说明模型的整体拟合优度较好。

（3）t检验

从表9-3得出，$\ln x_4$ 的t检验统计量所对应的相伴概率值 $p=0.0000<0.01$，说明该因素在1%的水平上显著，所以 x_4 通过t检验。

（4）F检验

从表9-3得出，$\ln x_4$ 的F检验统计量所对应的相伴概率值 $p=0.000006<0.01$，回归方程显著，即通过F检验。

9.5.2　环渤海地区的实证分析

1. 变量的选取和模型的建立

为了与江苏沿海地区能正确比较，此处选取与上文相同的指标，即市场规模（x_1）、劳动力成本（x_2）、集聚效应（x_3）、对外开放程度（x_4），模型如下：

$$\ln FDI=\alpha+\beta_1\ln x_1+\beta_2\ln x_2+\beta_3\ln x_3+\beta_4\ln x_4+\varepsilon$$

其中 α 是常数，ε 是随机误差项，β 是偏回归系数。数据选取2002~2011年环渤海地区上述各项经济指标，方法同江苏沿海地区回归方法（见表9-4）。

表 9－4　　2002～2011 年环渤海地区各变量的数值

年份	FDI	x_1	x_2	x_3	x_4
2002	16.53	17737.19	7604.50	93.40	0.2801
2003	20.08	19752.41	9209.25	76.08	0.2784
2004	34.19	21663.97	10623.00	76.89	0.2777
2005	44.55	23961.08	12086.25	97.19	0.2943
2006	45.57	27580.02	13459.50	124.50	0.3289
2007	52.88	33282.42	15960.50	171.70	0.3750
2008	51.76	40319.60	18480.75	189.30	0.3845
2009	75.45	47203.46	21093.75	202.09	0.3842
2010	80.88	55715.42	25211.25	266.92	0.3833
2011	80.03	67076.61	30114.25	278.08	0.3594

资料来源：《山东省统计年鉴》。

2. 相关性分析

首先对各个变量进行相关性分析，分析结果如表 9－5 所示。从表 9－5 中我们看出，四个自变量与因变量的相关系数均大于 0.8，说明各影响因素与吸收日韩 FDI 总额存在高度相关性。同时各自变量之间的相关性系数也大于 0.8，存在高度多重线性相关，因此也必须对模型进行修正。

表 9－5　　环渤海地区相关系数矩阵

	lnFDI	$\ln x_1$	$\ln x_2$	$\ln x_3$	$\ln x_4$
lnFDI	1.0000	0.9154	0.9465	0.8614	0.8438
$\ln x_1$	0.9154	1.0000	0.9942	0.9672	0.8717
$\ln x_2$	0.9465	0.9942	1.0000	0.9493	0.8671
$\ln x_3$	0.8614	0.9672	0.9493	1.0000	0.9240
$\ln x_4$	0.8438	0.8717	0.8671	0.9240	1.0000

3. 修正模型

此处同样采取逐步回归法进行修正。通过逐步回归过程中，虽然 $\ln x_2$

的调整后可决系数（Adj R^2 = 0.8828）最大，但由于 lnx_2 的回归系数（β_2 = 1.1641 > 0）没有经济意义，所以在此舍去该因素，不再加入模型讨论。最终得出只有 lnx_1 符合要求，修正后的OLS回归结果见表9-6。

表9-6　　修正后的OLS回归结果

变量	相关系数	标准差	T-统计量	显著性水平
常量	-7.564796	1.767590	-4.279723	0.0027
lnx_1	1.094674	0.170158	6.433296	0.0002
R^2	0.838015	被解释变量均值		3.796618
调整后 R^2	0.817767	被解释变量标准差		0.549423
标准差回归系数	0.234542	AIC准则		0.114492
残差平方和	0.440080	贝叶斯信息准则		0.175009
最大似然估计	1.427538	汉南-奎因准则		0.048105
F-统计量	41.38730	D.W统计量		0.885147
Prob（F-统计量）	0.000202			

4. 模型检验

根据表9-6得出最终模型：$lnFDI = -5.9647 + 1.0947lnx_1$

（34.0210）（10.4123）

（1）经济意义

模型估计结果说明，lnx_1 的回归系数 β_1 = 1.0947 > 0，因此说明环渤海地区的市场规模和该地区吸收日韩FDI金额呈正相关关系。环渤海地区的市场规模每增加1%，该地区吸收日韩FDI金额就增加1.09%。这与理论分析和经验判断相一致。

（2）R^2 检验

从表9-6得出，R^2 = 0.8380，即该解释变量在83.8%的程度上解释了FDI的增长，说明模型的整体拟合优度较好。

（3）t检验

从表9-6得出，lnx_1 的t检验统计量所对应的相伴概率值 p = 0.0002 <

0.01，说明该因素在1%的水平上显著，所以 $\ln x_1$ 通过t检验。

（4）F检验

从表9-6得出，$\ln x_1$ 的F检验统计量所对应的相伴概率值 $p=0.0002<0.01$，回归方程显著，即通过F检验。

9.5.3 两地实证分析结果的比较

通过上述结果，我们发现对江苏沿海地区而言，对外开放程度是目前影响该地区吸收日韩FDI的主要因素，而其他影响因素则较弱；对于环渤海地区而言，市场规模对该地区吸收日韩FDI的影响比较大，平均劳动成本对吸收日韩FDI没有经济意义，而另外两个因素影响较小。由结果可以看出集聚效应因素对两个地区的影响都不是很明显，所以两个地区都要加强集聚效应的作用。

9.6 改善江苏沿海地区吸引FDI的建议

9.6.1 扩大市场规模

由上面的实证分析我们可以看出，江苏沿海地区的市场规模即地区生产总值相对于整个环渤海地区来说还很小，市场规模对于吸引外商直接投资的吸引力没有发挥出来。江苏沿海地区在江苏省来说经济属于欠发达地区，与苏南地区相比，差距还是比较大的，而且在短期内扩大市场规模的可能性不大，所以说江苏沿海地区要以整个江苏省乃至整个长三角地区作为依托，吸引苏南和其他经济较发达地区到江苏沿海来投资，形成一定的市场规模以达到吸引外资的作用。在这个过程中，江苏省政府和江苏沿海地区各市政府一定要做好政策导向，以呼应国家制定的江苏沿海开发战略，促进江苏沿海地区市场规模的扩大。

9.6.2 控制生产成本

生产成本对吸引外商直接投资的影响还是比较显现的，生产成本越高，外商的直接投资就会减少，生产成本越低，外商直接投资就越多，尤其是对于劳动密集型产业而言。我们要在吸引外商直接投资的时候努力降低自身的生产成本，在吸引外商直接投资的时候，要多地吸引那些技术密集型和资本密集型产业，努力缩小在成本与环渤海地区的差距，在与其争取日韩直接投资的过程中处于优势地位。

9.6.3 加强产业集聚效应，加强和树立江苏沿海地区 FDI 的示范作用

通过上文的实证分析，我们发现江苏沿海地区和环渤海地区的集聚效应都没有发挥出来，没有形成一定的产业集聚和外商投资集聚。因此我们要首先加强江苏沿海地区各市特定产业的集聚效应，吸引日韩两国的产业转移以及 FDI 的流入。像南通的造船和纺织行业、连云港的石化和电力产业以及盐城的汽车制造业等都是发展到了具有相当竞争力的优势产业。而且这些行业基本上都是日韩两国的优势产业，但是这些行业需要大量的劳动力，而日韩两国的劳动力成本明显高于江苏沿海地区。所以在日韩两国的产业转移中，当地政府应结合本地优势资源，将本地有竞争力的行业以及现有合资合作基础较好的优势产业吸引到当地的工业园区或科技园区等产业集群区域内，强化产业联系效应，提高本地的产业基础和产业集聚水平，吸引日韩两国的在这些优势产业的直接投资。其次，我们要加强和树立江苏沿海地区 FDI 的示范作用，吸引日韩 FDI 的进入。企业投资时，外国投资者往往比本国投资者面临着更大的风险，因此，外商在投资的时候往往跟着其他外商投资的脚步。比如江苏无锡锡山工业园区、昆山工业园区形成的“台资高地”，苏州工业园区形成的“日资高地”和“新（新加坡）资高地”，均是特定投资国示范效应共同作用的结果。而要江苏沿海

地区在中日韩自由贸易区建成后大量吸收日韩两国的直接投资，就要先树立这两个国家直接投资的典范，加强投资示范效应，形成一个大的沿海“日韩资高地”。

9.6.4 继续扩大对外开放程度，出台吸引外商投资的相关政策

通过上文的分析得知，江苏的对外开放起步得比较早，对外开发的程度高于环渤海地区，这在吸引外商直接投资上具有一定的吸引力。我们要继续扩大这个优势，通过较高的对外开放程度吸引日韩 FDI。同时江苏沿海地区也要出台吸引日韩乃至欧美国家投资的优惠政策，使其在与环渤海地区的竞争中处于优势地位。由于江苏沿海地区与环渤海地区都毗邻于日韩，所以这两个地区在吸引日韩两国的直接投资时候要相互竞争。所以江苏沿海地区要出台相应的对日韩企业直接投资的优惠政策，比如自投资之日起几年内免征企业所得税。另外，江苏沿海地区还要加快调整相关法律法规，建立、完善与市场开放和市场化进程相适应的外资管理体制，降低外资进入的交易与制度成本，加快与外商直接投资的配套产业发展，以形成吸引外资的良性循环。

9.6.5 加强基础设施建设，提高城市化水平，吸引日韩 FDI 的流入

目前来说，江苏沿海地区的基础设施建设还不是很完善，尤其是铁路交通，港口资源潜力也没有完全地发挥出来，需要社会的大量投资来改善江苏沿海的基础设施。江苏沿海的城市化水平也明显滞后，实践证明，长三角地区的上海及其外围地区所形成的城市化集聚效应是地区对于外资的吸引力的关键所在。所以江苏沿海地区要加快城市化建设，而且必须统筹城区和其外围地区（包括小城镇以及小城镇所覆盖的乡村地区）的协调、均衡发展，从而提供更大的市场需求，更强的科技进步动力和更大的经济扩散效应，增强对于日韩两国乃至全球 FDI 的吸引力。

第 10 章

服务贸易对经济发展的影响分析

10.1 引言

服务贸易是指一国服务提供者向另一国服务消费者提供服务并获得外汇收入的交易过程。当今世界经济正在向服务型经济转型，服务业的发展现状被用来作为一国经济发达程度的重要衡量标准。不断改善贸易结构，努力发展服务贸易是提高我国国际竞争能力、转变外贸增长方式、向服务型贸易强国转变的有效途径。同时，随着全球气候日益变暖，发展低碳经济逐渐成为一种新的国际趋势。发展低碳服务业，开发碳减排交易，从而吸引发达工业国家资金，促进服务业的跨越式发展，这对国内大多欠发达区域来说，是实现城市经济跨越发展的有效途径。发展服务贸易的重要举措应该具体落实到各个地区，江苏作为国内经济走在前列的地区，更加要重视低碳经济理念的实行，但江苏经济的发展存在明显的地区不平衡。苏南地区已有一定影响的碳交易项目，服务产业发展处于先进水平，但苏北地区经济明显落后于苏南。通过实行服务贸易的战略方式，充分发挥服务贸易带动苏北经济增长的积极作用，是提高江苏整体经济实力的重要手段。同时也有利于实行上海江苏产业联动发展，主动接受长三角区域的辐射从而使得苏北地区更好地融入长三角经济核心圈，实现苏北经济跨越式的发展。

10.2 国内外服务贸易发展概况

10.2.1 国际服务贸易发展的趋势

国际上服务贸易发展呈现以下几种趋势。

1. 服务贸易由于服务业的跨国转移得到了迅速的发展

经济全球化有一个显著特点即为服务业的跨国转移。跨国公司在进行全球化生产的同时，必然需要贸易、运输、通信、金融等全球化的服务，因此跨国化的生产促进了跨国化的服务。同时信息技术的飞速发展为服务业的跨国化提供了有利的技术手段，使得服务业的国际分工能够全面深入。

2. 服务外包对于全球的经济增长具有重要的推动作用

自20世纪末以来，离岸服务外包发展迅速，欧美和日本是主要的服务发包市场，而接包市场则在不断扩大，爱尔兰、加拿大、澳大利亚和印度等国的离岸信息技术与业务流程发展比较成熟，外包市场发展较早。但近些年来，中国、墨西哥、菲律宾等国在接包市场上的发展也非常迅速。服务外包离岸外移催生了服务贸易全球化，对全球经济增长产生了重要的推动作用。

3. 新兴服务贸易在世界服务贸易结构中地位不断上升

三十年来，服务贸易正不断地从资源或劳动密集型的传统服务贸易转向知识技术密集型服务贸易，其结构发生了很大的变化。信息技术的不断全面深入应用使得服务业的贸易可行性不断加强，通信、会计、计算机和信息服务、咨询等新兴服务行业发展迅速。

10.2.2 低碳经济背景下发展服务贸易的必然性

低碳经济是人类生活方式、能源消费方式、经济发展方式的一次新变革，其目标是减缓气候变化和促进人类的可持续发展。低碳经济是通过能源技术创新和制度创新，解决能源使用效率和清洁能源结构问题，以便能够较少温室气体排放，减缓气候变化，建立一种新的经济发展模式。也就是说低碳经济将全面改造现代工业文明，以建立化石燃料为基础，转向生态经济和生态文明。

与传统产业相比，知识密集型和技术密集型产业对环境的影响是非常微弱的，发展这些产业有利于低碳经济的发展。例如信息技术无论硬件还是软件都具有消耗低污染小的特点，是低碳经济中最具发展潜力的产业。而现代服务业同样也是低碳化发展的产业之一，其领域主要包括物流、保险、金融、新闻、广告、旅游、咨询、出版、教育、家政、医疗、文化、技术服务等方面，这些产业的发展对环境污染的影响小。低碳化形势下加强服务业发展，进而带动服务贸易发展实现经济转型，既是顺应一种国际潮流，也是人类文明进步的必然。

国内许多地方已经启动了低碳经济的研究和试验。珠海成为中国第一个“低碳经济示范区”；吉林市被列为低碳经济区案例研究试点城市；上海在南汇区临港新城、崇明岛等地建立了“低碳经济实践区”。江苏是国内经济发达地区，对低碳经济的发展更为重视。2005 年常熟三爱富中昊化工新材料有限公司和江苏梅兰化工股份有限公司与世界银行伞型碳基金签订了一笔碳减排购买协议，总额达总额达 7.75 亿欧元的。这笔合同的签订可以在未来几年大大降低这两家企业二氧化碳的排放量，作用显著。南京天井洼垃圾填埋气发电项目、江苏宿迁、句容秸秆直燃发电项目、如东风电场项目等都是江苏省实施较早有一定影响的碳交易项目。江苏已实施的减排总量居第二，占全国的 17%，仅次于占比为 20% 的浙江。

我国是传统的农业大国，并且正在走一条新型工业化道路，为逐步实现社会主义工业化的长期目标而努力。服务业是服务贸易的基础，第一、第二产业正不断发展，但我国服务业发展相对滞后，服务型企业缺乏市场竞争力。因此，在服务贸易日益重要的今天，我国应该注重服务贸易对经济的推动作用，低碳化形势下通过发展服务业，完善服务贸易发展的环境进而加强我国的服务贸易，这也是增强国家竞争力，提高国际地位的重要方式。同时发展低碳服务业，实现服务业的跨越式发展，对部分城市尤其是经济落后地区可谓是一条新的发展路径。

10.3 江苏服务贸易的发展现状

江苏制造业发展在全国经济发展中一直处于领先的地位，但服务业的发展却存在发展速度不快、发展效率不高、发展水平偏低的问题。所以，江苏的服务业在国民经济中的比重一直处于较低的水平。表10－1的数据显示，批发零售餐饮业、交通运输业、房地产业、金融保险业和社会服务业等行业是江苏省服务业发展比重较大的几个行业，这说明传统劳动密集型服务业仍然在江苏省服务业占了主导地位，而新兴行业如社会服务业和邮电通信业发展仍不及其他三省。

表10－1　　东南四省市2012年服务业内部结构比较

指标	江苏	上海	浙江	广东	全国
农林牧渔服务业	1.2114	0.10127	0.2031	0.5021	0.8012
地质勘查水利管理业	0.7042	0.4150	0.4201	0.6692	1.0120
交通运输仓储及邮电通信业	18.0212	13.9254	18.8712	23.1036	17.8261
批发零售贸易及餐饮业	26.4368	21.4036	31.1358	23.9332	23.5428
金融保险业	11.8160	20.6378	11.2205	8.0269	16.5490
房地产业	12.0367	15.3286	6.4260	14.0472	5.8481
社会服务业	9.3470	11.4362	10.6279	14.7280	12.1269
卫生体育和社会福利业	3.4268	3.4279	4.5180	3.0374	3.0270
教育文艺广电影视业	7.8379	7.1366	8.3472	5.1380	8.6377
科研综合技术服务业	1.3205	2.8370	0.9279	0.9390	2.2128
国家机关和社团	6.9116	3.0378	6.6274	5.6027	7.9389
其他行业	1.2277	0.5398	0.9109	1.2284	0.8205

资料来源：根据《中国经济年鉴》整理计算。

总体上看，由于各种因素制约，目前江苏服务业占经济总量的比重仍然不高。其中外资企业是江苏服务贸易进口的主力军，且进出口领域相对集中，大多分布在南京、苏州地区。全省南、中、北部服务业发展不平衡，从各地区内部产业结构来看，苏北地区服务业发展明显滞后。服务业发展明显呈现出从南到北阶梯分布的特点，且南北差距也越来越大，这反映出各地区服务业发展水平与经济发展总体水平具有一定的相关性。地区发展差距拉大，则不利于提升江苏服务业的整体水平。

10.3.1 苏南地区发展服务贸易的成效

第一、第二产业是第三产业的基础，苏南地区服务业得以很好发展的前提离不开农业和制造业的基础性作用。苏南地区现在的产业结构已经成功转变为“二三一”的结构形式，明显优势于苏北地区，而苏北地区仍依赖不发达的农业，农业比重偏大，不能为服务业制造良好的环境，制约了苏北服务贸易的发展。现以南京、苏州为例，说明苏南地区服务贸易发展的成效。

南京在地理区位上具有发展服务贸易的优势，它是东部交汇地带和长江流域的中心城市，并受到上海经济发展的辐射，因此发展服务贸易在南京可以大有作为。南京拥有众多高等院校和研发机构，为发展以科技、人才为核心的服务贸易提供了丰富的人力资源。南京还拥有深厚的文化底蕴、丰富的旅游资源，为发展服务贸易提供了最可利用的资源。南京也正恰到好处地利用了这些有利优势来发展服务贸易，并且取得了一定成效。比如集中优势资源发展南京的特色服务贸易，与上海等周边城市形成错位发展，避免产业类同。总体规划中，要明确各重点行业在发展服务贸易中的各自不同的地位，合理布局。

近十年，苏州的服务业发展也可圈可点，从服务业的内部结构看，虽然批发和零售餐饮业、交通运输业等传统服务业比重有所下降，但在总量上仍具有绝对优势，一些新兴服务业比重略有上升，服务业内部结构有一定的优化。近几年，苏州市生产总值已过千亿美元，其中服务业的贡献度在三大产业中最高，增速最快，增加值稳居江苏第一。

总结苏南地区成功发展服务贸易大体存在以下几点原因：

（1）环境机会

①实行可持续发展战略，给苏南地区服务业带来发展机遇；

②入世后苏南地区服务领域对外开放力度逐步扩大；

③制造业的发展带动生产性服务需求的扩大；

④消费结构与消费能力的提高，刺激服务业需求。

（2）内部优势

①苏南地区服务业总量不低；

②新兴服务业比重正逐步提高；

③服务业投资规模逐步扩大；

④服务业的组织形式、经营方式日渐多样与灵活；

⑤服务业行业积累度提高，新一轮发展有望到来。

10.3.2 苏南地区发展服务贸易给苏北地区的启示

（1）苏南地区城镇化发展快速，从面积来看，苏南地区的土地面积只有苏北的一半，但各省辖市的个数最多。

特别是近几年，苏南地区在农村工业区、小城镇的发展上规模化，有了一定的档次，使城镇建设加快，带动了周边农业的发展，促使整个苏南地区城乡连成一片。苏锡常地区城镇分布的密度、镇人口规模、镇人口比重在江苏省均居于首位，苏北地区却排在江苏的最后。由于苏北地区城镇化水平低下，阻碍了第三产业较大规模的发展，大量的事实表明，只有当相当多的农民进入市场，进入城市，服务业的迅速发展才能得以实现。

（2）苏南地区有着优越的投资环境，苏南地区离上海非常近，受上海国际金融中心的辐射影响，越来越多的外资企业将原来放在广东、深圳等地的厂家搬移到苏州、无锡等地，外商投资的热点已经逐步从珠江三角洲转移到长江三角洲地区。

外资企业可以利用上海的基础设施，接受上海的辐射，但却不用承担在上海的高额成本，比如昆山在手机、笔记本电脑、电脑插件等方面的产量和出口量，已跃居世界前列，这些产业的发展必然带动了昆山相配套物流、金融、保险等服务业的发展。同时苏州、无锡、南京等苏南地区的综合经济实力在全国名列前茅，拥有雄厚的经济基础。苏南地区拥有一定量的经济规模和市场容量，从而吸引了大量的外商投资，这对服务业的发展起到了一定的促进作用。

（3）苏南地区人才济济，江苏是教育大省，一向很重视对人才的培养。据2008年江苏省统计年鉴，苏南地区（包括南京、苏州、无锡、常州、镇江）普通高等院校共有84所，总计毕业生人数29.56万人，各类专业技术人员总共有229.18万人，而苏北五市（包括连云港、徐州、淮安、宿迁、盐城）高等院校共有22所，总计毕业生人数6.48万人，各类专业技术人员83.38万人。这些数据直接显示大量人才都选择在苏南地区，高素质的人才是核心，苏南拥有大量高级管理人才，这也是推动苏南服务业发展的重要因素。

10.3.3　苏北地区发展服务贸易存在的问题

江苏服务贸易的发展大多是由南京、苏州等南部区域带动起来的，而处在江苏北端的连云港、宿迁服务贸易的发展贡献仍比较小。苏北地区服务贸易的发展仍存在一些问题。

（1）农业生产率低，农业落后，苏北地区农业仍占较大比重。

且由于农业的落后，直接阻碍了服务业的发展，从而影响苏北地区服务贸易的发展。苏北地区劳动农业生产率低下，无力扩大再生产，也无力投资于工业，使得乡镇工业难以发展。由于农村工业同苏南地区差距悬殊太大，使得服务业发展失去了依赖的基础，这是制约服务业发展的重要原因之一。另外，苏北地区农业落后还表现为商品率低，农民收入货币化程度也低，农户的生产不是面对市场，而是首先满足自己及家庭的需要，农业内部分工的专业化程度低。只有减小农业比重，农业发展集约化和现代化，加大工业比重的同时提升产业结构，为发展服务业在内的第三产业创造良好的环境，不能仅仅追求速度，也要注重质量。

（2）城镇化进程缓慢且城乡居民收入水平低，苏南地区经济正逐步朝着“城乡一体化”的方向发展，城乡收入差距小，而苏北地区在总体发展落后的情况下城乡居民收入的差距较大。人均可支配收入远远低于苏南地区，城乡居民收入水平低，直接导致购买力低下，对高质量生活资料的要求也就不高，比如不去旅游、不去饭馆、不买保险等等，直接影响到服务业的发展，进一步影响苏北地区服务贸易的发展。另外，居民手中没有多少余钱，也影响到投资，农村个体私营经济的发展。

（3）投资环境不如苏南地区，苏北地区虽然有便于经济发展的地理位置，但交通设施的建设却没有充分利用这种优势，仍然存在许多问题。主要表现交通建设速度较慢，没有形成高等级快速通道地区内部基础设施建设不平衡，交通不顺畅。基础设施仍滞后，硬件设施不及苏南地区，导致整体投资环境不好，外商很少或不愿来此投资，直接影响到包括服务业在内的第三产业的发展。

（4）苏北地区缺乏人才与技术，由于苏北地区目前较苏南仍有一定差距，因此大量优秀毕业生都选择投身于苏南经济的建设中，有的家乡在苏北但仍执着于苏南地区，导致苏北地区人才与技术的缺乏。劳动力素质低下，高级管理人才、高级技术人才十分缺乏。大中专毕业生由于当地吸收能力差，存在人才流失现象，这与经济发展之间形成恶性循环。技术上的落后，制造业发展缺乏市场竞争力，从而制约了苏北服务经济的发展。

（5）带动苏北服务业整体发展的仍然是一些传统劳动密集型行业，目前占比重较大的是交通运输业、房地产业、批发零售餐饮业和金融保险业和社会服务业等行业。按发达国家经济发展的经验，金融保险业、不动产和商务服务业是服务业的发展主要动力。但目前传统服务业仍然是苏北服务业发展的主体，说明今后苏北在服务业结构方面还有较大的调整空间。

（6）苏北地区服务贸易发展还存在一些其他因素，比如群众的思想观念、开放程度、政策效应、发展战略的选择等等，也从不同侧面影响了包括服务业在内的第三产业的发展。

10.3.4　低碳经济背景下发展苏北服务贸易面临的机遇

（1）地理位置上有一定的优势，苏北地区就其突出的地理区位来看，东临日本、韩国，二者是亚洲经济水平和经济活力最高的区域，西面通过新亚欧大陆桥联结中亚和欧盟，把当今世界经济格局的“三足鼎立”中的日本和欧盟沟通起来。就国内区位而言，苏北地区位于沿海经济带与陇海—兰新经济带的交汇处，是环渤海经济圈和长三角经济圈的相交处，位于上海经济区核心的经济辐射范围内，有利于苏北地区调整经济结构和提高经济运行质量。从江苏省来看，连云港港口不仅是苏北的出海口，更是江苏地区的重要深水港。如果连云港能首先壮大起来，它的腹地面积就能扩大到徐州，再利用连接南北、沟通东西的优越区位因素，加之借鉴苏南地区成功发展服务贸易的经验，对加强服务贸易的发展，以此更好地融入长三角区域，具有积极的带动作用。

（2）苏北地区拥有丰富的自然资源，苏北地区是江苏省，也是华东地区的重要矿产地。煤炭、岩盐、大理石、石灰石、磷等储量丰富，具有良好的利用价值和开发条件。据现有资料表明，海上陆上油气资源也都具有较好的前景，这些为本区发展重化工业提供了良好的自然基础。苏北地区海岸线是全省最长的海岸线，海洋资源丰富。如海岛动植物资源、海洋生物资源、海水化学资源、海涂资源、海港资源等。丰富的海洋资源是发展海洋产业、实施海洋战略的重要基础。另外苏北地区旅游资源丰富，特色突出。徐州市的古文化、古战场为特色，淮阴市名人、古迹、水体兼备为特色，盐城有国际化的展馆，著名的新四军纪念馆也坐落在此，连云港市有特色的文学神话、依山傍海的资源等。开发旅游资源既可以改善投资环境，也有利于调整产业结构，带动苏北服务业的发展，进而加快苏北服务贸易的进程，形成新的经济增长点。

10.4 发展服务贸易对苏北经济融入长三角影响

10.4.1 苏北经济融入长三角的必然性

从20世纪80年代开始，我国沿海地区凭借其低廉的土地价格和劳动力成本以及优惠的政策措施，承接了国外转移来的劳动密集型产业，实现了经济的迅速发展，形成了珠三角和长三角两大经济带。长三角也是服务贸易增长最快的区域之一，目前苏南地区产业正不断转移，发展服务贸易促进经济发展是顺应时代发展的规律。纺织业、服装业、机械制造业和食品加工业等一些曾经为苏南经济腾飞发挥主力军力量的劳动密集型产业，正承受着土地和劳动力资源匮乏、价格上涨的压力，原有的竞争优势已不复存在，需要逐步实现由发展服务贸易作为经济发展主要动力之一的转变。而苏南产业转移无疑为苏北地区的发展提供了良好的发展机遇，加上苏北日益改善的基础设施条件，优越的地理环境，低廉的劳动力成本和丰富的土地和自然资源使得苏北地区融入长三角核心圈成为一种必然。

10.4.2 通过发展服务贸易可以使苏北与长三角有效对接

浦东开放以来，以上海为龙头，苏浙为两翼的长三角地区已经成为中国经济、科技、文化最发达的地区之一，在我国乃至世界都具有举足轻重的地位。长期徘徊在长三角北部边缘的苏北，终于展现出“承南接北、连陆通海”的交通优势，感觉苏北仿佛就在上海的近郊。虽然空间距离缩短了，国家已经将苏北列入长三角“版图”了，但这并不意味着长三角市场就认可苏北了。苏北地区经济发展明显的滞后是苏北不能很好融合长三角核心圈的主要原因，经济增速赶不上苏南地区，产业不能很好整合，导致苏北融入长三角成为一个比较长远的目标。随着世界经济一体化进程的加快，以及第三产业的日益发展，国际服务贸易得到了迅猛的发展，并超过国际货物贸易的增长，成为国际贸易的重要组成部分，这对我国经济发展产生深远的影响。因此，认清国际服务贸易发展的趋势，选择适合江苏省情的对策，对于大力发展苏北服务贸易、推进苏北服务业出口具有十分重要的意义。

实现向服务贸易转移可以为苏北地区经济发展带来以下积极影响。首先，可以使欠苏北地区生产要素得到大幅度增长。接受向服务业转移能够使苏北地区迅速积累起相对稀缺的生产要素，为苏北经济的发展创造条件。其次，发展服务贸易可以优化苏北产业结构，促使地区产业结构的升级。服务贸易带动经济发展不仅加快了对传统产业的改造，而且提升了苏北地区的产业层次。最后，发展服务贸易可以促进苏北地区技术进步，提高企业的管理水平。通过吸收国际间发达地区成熟的技术和经验，促使苏北地区的技术水平不断提高，从而加快服务业技术的进步。苏北地区发展服务贸易是顺应时代发展的趋势，通过发展服务贸易促进经济的发展，才能与长三角区域产业更好地整合，使苏北更好地融入长三角经济核心圈，实现苏北经济质的飞跃。

10.5 对加快发展苏北服务贸易的几点建议

推进苏北地区服务贸易的发展要充分应用苏北地区的各种有利环境和资源，抓住国际服务业加速转移带来的机遇，在重点发展生产服务业的基础上，大力培育新兴服务业。政府还可以制定相关政策大力推进苏北服务业的出口，提升苏北服务业的竞争力水平，发挥苏北地区服务贸易带动经济发展的积极作用，实现苏北地区经济实力跨越式的发展。为此提出以下几点建议。

（1）加速发展生产性服务业，以生产服务业为基础带动整个服务行业的发展。努力提高物流、营销、金融、和保险服务水平，争取把生产性服务环节的利润更多地留在江苏。

（2）准备承接苏南产业转移，大量流入的外资尤其是出口加工型企业是为了利用廉价劳动力，降低生产成本，以便提高出口竞争力。苏北地区可以充分地利用本地劳动成本低，苏南产业的转移机遇，吸引较多的劳动密集型企业进入。改善外商投资环境，引进更多外资，为苏北服务业的发展积累更多资金，从而加强苏北服务贸易的进程。

（3）人才是核心，重视服务业人才的培养。苏北地区应尽快引进和培养一批服务业发展的领军人才，聚拢一批服务业创新人才。在这些人的帮助下，找出苏北服务业发展存在的问题并加以改正，从而实现苏北服务业合理健康的发展。

（4）打造苏北各个产业的特色优势和知名品牌，促进苏北特色服务业的发展，提升苏北特色领域的知名度，吸引广大投资商来苏北投资。比如连云港可以对外加大宣传具有连云港特色的花果山和连岛，首先从旅游业方面吸引广大国外人员来苏北。

（5）进一步发挥苏北地区服务业出口的比较优势，全面提升传统服务业，积极提升商贸服务业的档次。苏北服务业出口具有比较优势的部门是国际工程承包和劳务合作服务业、旅游业、运输业等行业，应进一步在政策支持等方面加大力度推进这些领域的服务出口，建立服务出口开发区。

（6）提高服务行业的质量，比如饮食业，苏北地区可以通过优质的服务环境、高素质优越的服务人员给广大来客留下美好的印象。商贸行业，可以通过提高生产产品的质量，实行良好的售后服务吸引更多的消费者，从而加大苏北地区服务贸易的规模。

（7）苏北地区可以调整制造业，将制造业内服务环节从生产体系中拔离出来，使得第三方服务专业化，已达到产业结构调整的目的。大力发展生产型服务业，加快服务业的国际化进程，是推动苏北经济，进而影响整体江苏经济进一步发展的重要战略举措。

第 11 章

知识产权保护对 FDI 流入的影响研究

——基于中国省级动态面板数据 GMM 方法

11.1 引言

随着经济全球化的发展，利用外商直接投资已逐步成为发展中国家加快技术进步及经济发展的必然选择。在当今知识经济时代，以知识产权为表现形式和重要手段的知识、智力资源的创造、占有、使用和保护已成为国家及企业竞争优势的重要因素。作为一种财产权，知识产权是能够用于投资的，对其保护不力会被视为一种投资壁垒，而知识产权侵权也会使国外投资者通过直接投资形式而获得的降低成本、避免关税障碍等优势大为降低（李辉，2008）。

有关于知识产权保护与 FDI 间相关性的理论研究结论不一。一种观点认为，当东道国的知识产权保护较弱时，会增加跨国公司，尤其是高新技术公司所转让的技术被当地的竞争者无偿取得并加以模仿的可能，从而降低投资者的垄断利润和技术垄断优势，使得东道国缺乏对国外投资者进行对外直接投资的吸引力。反之，当东道国加强对知识产权的保护力度时，就很有可能促进跨国公司进行对外直接投资活动。因此，东道国健全、完善的知识产权保护制度对于吸引外商投资，特别是吸引发达国家高科技跨国公司的直接投资极其重要（Helpman，1993；Lai，1998）。还有 种观点认为，加强知识产权保护虽然能提高跨国公司的区位优势和所有权优势，但却削弱了内部化优势，从而影响企业在国际经济活动中的微观决策（许春明，2006）。

在实证方面，国内外学者的研究结论也不尽相同。一方面，弗里施塔克（Frischtak，1993）引用对 OECD 国家的调查数据进行分析，发现知识产权保护是 FDI 决策的相关因素；塞尤姆（Seyoum，1996）通过收集 27 个国家的相关数据，对知识产权保护水平与 FDI 间的关系进行实证分析，发现与其他许多因素相比，东道国的知识产权保护水平对 FDI 流入有更大的影响；黄静波等（2008）通过实证分析得出，发展中国家知识产权保护强度的提高对 FDI 的流入有促进作用；陈国宏等（2008）运用 Engle－Granger 协整关系检验及 Granger 因果关系检验，对中国 1991～2006 年间 FDI、知识产权保护力度和自主创新能力三者之间的相互关系进行实证研究，最终发现，知识产权保护力度的加强对 FDI 流入有显著的促进作用。而另一方面，费兰蒂诺（Ferrantino，1993）以接受美国外商直接投资的东道国为样本进行分析，发现一国是否加入国际知识产权公约与其吸引 FDI 数量之间没有显著的相关性；皮尔（Peal，1996）也通过研究发现，对东道国来说没有证据表明加强知识产权保护能促进 FDI 的流入，尤其是投向贫困国家或地区的 FDI；张璟平（2008）通过运用中国 1987～2005 年的数据进行分析，得出结论：相较于人均 GDP 和双边贸易量来说，知识产权保护水平对 FDI 的影响不太显著。综上所述，目前无论是在理论上还是实证分析上，对于知识产权保护水平与 FDI 间的相关性仍未有明确的结论。

在研究知识产权保护对外商直接投资活动的影响时，需要解决的一个核心问题为如何合理度量知识产权保护水平。我们认为出现上述不同实证结论的原因之一可能为知识产权保护水平测度的不合理。目前已有文献中，对知识产权保护度量的研究主要以吉纳特和派克（Ginarte and Park，1997）（简称为 GP 法）、韩玉雄等（2005）为代表。吉纳特和派克（1997）提出了一个淡化执法侧重立法因素的知识产权保护水平衡量指标。这对发达国家来说具有一定的合理性，因为它们的法治比较健全，其法治面临的主要问题是立法而非执法。这些国家的议会政治使其立法不易获得通过，但一旦通过，其执法就会较为有效。而发展中国家面临的主要是执法而非立法的问题。发展中国家的立法容易获得通过，但立法后的执法则受很多因素的干扰，因此，将这一度量标准用于中国这样的发展中国家是不合理的。韩玉雄和李怀祖（2005）在 GP 法的基础上，引入了“执法力度”这一指标来测度中国的知识产权保护水平。他们认为，影响一个国家知识产权执法力度的因素主要包括、社会的法制化程度、经济发展水平、法律体系的完备程度及国际社会的监督机制等四个方面，它们分别以律师比例、人均 GDP、立法时间及是否为 WTO 成员方来衡量。然而，虽然这些标准具有可操作性，但在具体运用时，作者并没有解释为什么“一个国家法律体系的完善需要经历 100 年时间”、为什么“当一个国家的律师人数达到万分之五时，该国的法制化程度已到了较高的水平”等主观论断。同时，这些因素也不是构成执法的因素，它们只会影响社会公众自觉遵守知识产权保护法律的意识。由此可见，以上这些对知识产权保护水平度量的方法都存在不同程度的缺陷。然而大多数学者在对中国知识产权保护水平进行衡量时，主要沿袭了上述几种思想（李辉，2007；李平等，2007；柒江艺等，2008；许和连等，2010；马云飞，2010），这些研究都不可避免地存在度量标准上的武断性。因此，如何更为精准地测度知识产权保护水平，从而准确界定其对 FDI 的影响具有十分重要的意义。鉴于此，本书将另外选取一个新的客观指标，对知识产权保护进行重新度量。本书的主要贡献为，以各省市技术市场成交额所占当地 GDP 的比重为指标来衡量知识产权保护水平，并以此为核心解释变量运用中国省级面板数据及 GMM 法经验检验了知识产权保护水平对 FDI 的影响。本研究揭示了不同因素对 FDI 的不同影响，并对其原因进行了阐述，为进一步有效制定吸引外商直接投资政策提供了政策参考。

本章的结构安排如下：11.2 节详细说明了知识产权保护水平的测度方法；11.3 节为模型、数据来源及估计方法；11.4 节为计量分析与结果；最后是本章的结论及政策建议。

11.2 知识产权保护水平的测度

一般地，知识产权具有狭义和广义之分。传统的或狭义的知识产权包括版权与工业产权两种。广义的知识产权包括一切人类智力创造的成果，是行为主体以智力劳动的方法在技术、文艺、科学等领域创造的精神财富的专有权。在本章中，我们关注的是工业产权。

在测度知识产权保护水平时，我们必须结合制度来分析。从制度的构成层面来看，制度主要包括正式制度、非正式制度和其实施机制。正式制度包括契约制度和产权制度。在中国这样一个具有高度统一立法权的单一制国家，各地区实施的契约制度和产权制度是相同的，其区别仅在于两者的实施机制是不同的。从知识产权保护这一层面来看，则主要体现在知识产权的司法及行政执法的过程、效率等地区差异。因此，从制度构成来说，地区之间影响国外直接投资，即 FDI 的制度环境差异，进一步说是知识产权保护有效性的差异，在根本上主要体现为契约制度和产权制度实施的有效性差异。就知识产权的司法保护方面来讲，目前我们从公开出版文献中可获取的数据仅限于国家层面，地区层面的数据是无法通过此途径获得的。因此我们难以从司法保护这一层面来度量中国各地区的知识产权保护水平。从知识产权的行政保护方面来看，虽然《中国知识产权年鉴》中提供了自 2000 年以来各地区的知识产权纠纷立案及结案数，据此能较为容易地计算得到各地区知识产权纠纷的结案率，但以该指标来衡量中国各地区的知识产权保护水平是不科学的。一方面，在中国，各地区间存在不同程度的知识产权行政执法的地方化（李善同等，2004），这就会导致用结案率来反映知识产权侵权纠纷裁决存在严重的质量问题。另外，代中强（2010）以专利侵权案件占专利授权量比重和以专利侵权案件占专利申请量比重来测量的知识产权保护指数也不可避免地存在与上述类似的问题。另一方面，部分地区有很高的结案率，有的高达 100%，甚至更高，从而导致地区之间的结案率无法比较，这一点在知识产权诉讼较少的欠发达地区尤为显著。这一现象可能源于发达地区知识产权侵权纠纷较多，而欠发达地区的知识产权侵权纠纷相对来说较少，从而在行政执法人员编制一定时，造成知识产权侵权纠纷立案数越多结案率越低的现象。但是，我们不能因此就认为结案率反映了知识产权的保护水平，因为侵权立案数多本身就意味着在一定程度上被侵权人认同该地区的知识产权行政执法机构，从而也说明该地区的知识产权行政执法机构重视本地的知识产权保护。

技术市场是一个十分重要的要素市场。技术市场得以运行的前提是卖方知识产权无争议的界定。只有当技术交易市场对卖方的权利有较好的保护、卖方能够在技术市场交易中获取不低于其进行投入活动而可获得的预期回报时，卖方才愿意在该市场同买方进行交易（胡凯等，2012）。技术市场交易是一个能体现交易前的卖方产权和交易后的买方产权的市场，而合同的实施机制则为买卖双方权益得以保障的关键所在。由于技术市场成交额本身已经包含了所有与知识产权保护有关的信息，即该技术是否物有所值、买卖双方对地区司法裁决质量的信任度及买卖双方能否维护自身合法权益等，因此，我们并不需要知道合同实施的情况。此外，正如胡凯等（2012）所述，以该指标来测度知识产权保护水平的优越性是显而易见的：首先，它是一个客观的指标，能够消除主观指标中存在的因人而异的问题；其次，它是一个结果性指标，从而可以不用去追溯它的难以度量的多样化成因；最后，它是一个综合性指标，包含有与技术交易供求双方偏好、地区技术交易市场环境及效用评价等多方面的信息。为了便于反映及比较地区间的知识产权保护水平差异，本章最终借鉴了胡凯等（2012）的度量方法，以各地区的技术市场成交额占当地 GDP 的比重来衡量地区知识产权保护水平。

11.3 模型、数据与方法

11.3.1 计量模型设定和方法选择

由于地区之间的 FDI 流入与知识产权保护水平均存在时空差异及变

化，因此为考察知识产权保护对FDI流入的影响，我们采用动态面板数据进行估计，即：

$$y_{it} = \alpha y_{it-1} + \beta' X_{it} + \alpha_i + \varepsilon_{it} \tag{11-1}$$

根据研究需要，y_{it}代表中国各省市的外商直接投资；X_{it}代表知识产权保护和影响FDI流入的其他控制变量；α_i为不可观察的省市效应，用于控制省市固定效应；ε_{it}为残差项。

上述动态面板数据模型虽然考虑了时间效应，但并没有消除未观察到的特殊省市效应，同时它不仅包含了被解释变量y_{it}的滞后项y_{it-1}，而且FDI流入与知识产权保护之间也可能存在内生性问题，即FDI流入本身也可能造成各省份知识产权保护水平的提高，从而使包含滞后项的解释变量与随机扰动项之间的相关系数不为零。此时，尽管采用固定效应方法（FE）能够消除解释变量与个体固定效应的相关性问题，但是却无法解决模型中的前定变量、滞后变量的相关性问题，如若此时强行使用固定效应模型估计则可能会带来偏差，从而使得根据估计参数进行的统计推断无效。而广义矩估计法（GMM）尤其适用于这种截面数据较大、时间序列较短，并且解释变量具有内生性的数据。

一般地，用于动态面板数据模型估计的GMM法主要包括两种：一种为一阶差分GMM（difference-GMM），它是由阿里拉诺和波德（Arellano and Bond，1991）提出的，其主要思想是以一阶差分变换来消除固定效应的影响，同时以解释变量的水平滞后项作为差分项工具变量，这种方法不需要另外寻找工具变量，但是它也有个缺点，即可能会带来弱工具变量及小样本偏误的问题；另一种为系统GMM（system-GMM），这种方法进一步采用差分变量的滞后项作为水平值的工具变量，即进一步增加了可用的工具变量，因此能较为有效地克服上述DIF-GMM的不足。此外，在对GMM估计结果的可靠性、有效性检验时，我们一般采用Sargan检验和Hansen检验的方法，本章中我们将采用Sargan检验。

11.3.2 变量选取和数据来源

（1）被解释变量。本书的目的是利用中国31个省份的动态面板数据来考察知识产权保护对 FDI 流入的影响。因此，被解释变量是 31 个省份的外商直接投资（lnfdi）。

（2）解释变量。知识产权保护水平（lnipp）。大量事实表明，发展中国家会通过制定一系列的政策来吸引跨国公司的进入，知识产权保护就是一个吸引跨国公司进入东道国的重要方面。目前，文献中测度知识产权保护水平的方法有好几种。为了便于反映及比较地区间的知识产权保护水平差异，我们用各省市的技术市场成交额占当地 GDP 的比重来衡量各省市知识产权保护水平。

在其他控制变量的选择上，我们主要考虑那些能够对 FDI 流入产生影响的变量，主要包括：

市场规模（lngdp）。大量实证研究表明，市场规模是影响 FDI 流入的重要因素之一（张璟平，2008；许春明，2009）。从经济学的角度来看，市场规模越大，越能吸引外商企业进行直接对外投资，即东道国的市场规模能吸引 FDI。我们采用各省份的 GDP 来衡量各地的市场规模。

贸易开放度（lnopen）。东道国的贸易开放度不仅影响其进口，同时也对 FDI 流入有一定的影响。当开放度是作为吸引外商直接投资进入东道国的政策之一时，贸易开放度不仅会促进进口，同时也会刺激 FDI。但是，由于通常情况下，进口与 FDI 之间存在相互替代的关系，所以我们可以得出贸易开放度越大越会使进行本地生产的激励减弱，近而导致 FDI 的减少（许春明，2009）。因此，从以上两方面看，贸易开放度对 FDI 的影响是有待确定的。我们采用各省市的进出口总额来衡量各省市的贸易开放度。

工资水平（lnwage）。工资水平是影响跨国公司进行对外直接投资，在东道国从事本地生产的重要成本因素。一般认为，东道国的工资水平越低，越能吸引更多的 FDI 流入（许春明，2009；许和连等，2010）。我们采用各省市职工平均工资来衡量各地的工资水平。

所有变量的样本时间跨度均为 2000 ~ 2008 年。变量的详细说明及数据来源见表 11 - 1，变量的描述性统计见表 11 - 2。

表 11-1　　变量定义及说明

变量	变量名	变量说明
lnfdi	外商直接投资	各省市的外商直接投资，数据来源于《新中国六十年统计》，并取自然对数
lnipp	知识产权保护水平	用各省市的技术市场成交额占当地 GDP 的比重来衡量，数据来源于《中国科技统计年鉴》，并取自然对数
lngdp	市场规模	用各省市的 GDP 来衡量，数据来源于《新中国六十年统计》，并取自然对数
lnopen	贸易开放度	用各省市的进出口总额来衡量，数据来源于《新中国六十年统计》，并取自然对数
lnwage	工资水平	用各省市职工平均工资来衡量，数据来源于《新中国六十年统计》，并取自然对数

表 11-2　　变量的描述性统计

变量	观察值	均值	标准差	最小值	最大值
lnfdi	270	2.3428	1.6092	-1.6487	5.5263
lnipp	270	-0.9834	1.1239	-5.2427	2.2818
lngdp	270	8.3174	0.9687	5.5747	10.4828
lnopen	270	4.2366	1.8800	-1.7713	8.2745
lnwage	270	0.4261	0.4326	-0.4285	1.7286

11.4 计量结果及分析

11.4.1 描述性分析

为了更直观地观察知识产权保护水平和外商直接投资之间的关系，我们计算了变量间的简单相关系数。从表 11-3 中可以看出，我们最为关心的外商对外直接投资额（lnfdi）与知识产权保护水平（lnipp）之间的相关系数为 0.2487，表明二者之间具有一定的相关性。

表 11－3　　变量间的简单相关系数

变量	lnfdi	lnipp	lngdp	lnopen	lnwage
lnfdi	1				
lnipp	0.2487	1			
lngdp	0.794	0.1522	1		
lnopen	0.5204	0.3013	0.5	1	
lnwage	0.4565	0.2826	0.413	0.4201	1

另外，我们也画出了二者之间的线性关系散点图。从图 11－1 中可以看出，知识产权保护水平与外商直接投资之间存在正向关系。但这只是无条件相关，我们需要加入其他控制变量，通过动态面板数据 GMM 方法做进一步的估计和分析。

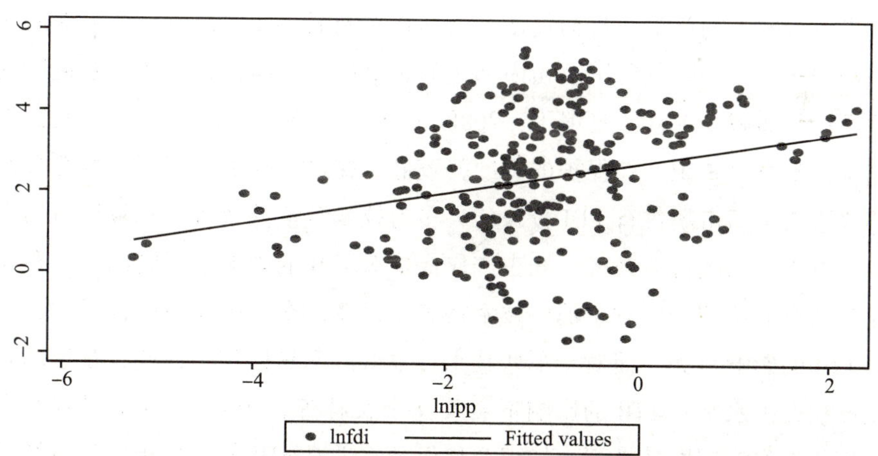

图 11－1　各省市知识产权保护与 FDI 流入之间的线性关系散点

11.4.2 估计结果与分析

首先，我们考察全国总体层次上知识产权保护对FDI流入的影响。我们使用了动态面板系统GMM估计。估计结果见表11－4。在表11－4中，(1)(2)列分别为没有加知识产权保护水平这一变量的情况下的最小二乘法（OLS）和固定效应（FE）估计结果，(3)(4)(5)列分别为考虑了知识产权保护水平情况下的OLS、FE及系统GMM回归结果。从系统GMM估计结果来看，知识产权保护水平的系数值为0.0209，未能通过10%的显著性水平检验。OLS和FE估计的结果中，知识产权保护水平的回归系数也都未能通过10%的显著性水平检验。这说明了我们回归结果的稳健性。此外，Sargan检验所对应的值为0.435，回归结果通过了Sargan检验，不能拒绝原假设，即所使用的工具变量与误差项不相关。这说明了模型设定的合理性和工具变量的有效性。因此，在全国总体层次上，知识产权保护对各省市的FDI流入没有显著的影响。得到这一结论的原因可能为：一方面，虽然东道国加强对知识产权的保护能够提高跨国公司在技术及管理上的优势，进而促使其由出口贸易转向FDI，但是，过强的知识产权保护又会降低跨国公司内部化的必要性，从而使其增加对东道国的技术许可而减少FDI（张璟平，2008）；另一方面，中国作为一个发展中国家，本身对知识产权保护的力度就较低，在这一经济环境下，可能会使那些进入中国市场进行FDI投入的大多为技术含量低或者不易被模仿的企业。对于不同的行业来说，知识产权保护对FDI的影响是不同的，其存在显著的行业特征，即对于那些技术密集型行业，东道国知识产权保护力度对FDI的影响显著，而对于那些技术含量低或不易模仿的行业，东道国知识产权保护水平对FDI的影响不显著（余长林等，2009），从而导致在中国当前的经济制度环境下，知识产权保护水平对FDI的影响相较于市场规模等要低得多，甚至不显著。

表 11-4　　　　知识产权保护水平对 FDI 的影响（全样本）

被解释变量	lnfdi				
解释变量	(1)	(2)	(3)	(4)	(5)
	OLS	FE	OLS	FE	SYS-GMM
L. lnfdi	0.937 ***	0.937 ***	0.936 ***	0.937 ***	0.936 ***
	(0.0251)	(0.0204)	(0.0255)	(0.0204)	(0.0201)
lnipp			0.0117	0.0149	0.0209
			(0.0186)	(0.0207)	(0.0204)
lngdp	0.0782 **	0.0776 **	0.0797 **	0.0769 **	0.0756 **
	(0.0359)	(0.0335)	(0.0363)	(0.0335)	(0.0349)
lnopen	0.0140	0.0141	0.0124	0.0123	0.0141 *
	(0.00858)	(0.0121)	(0.00822)	(0.0123)	(0.00746)
lnwage	0.0252	0.0216	0.0119	-0.0126	0.0221
	(0.0622)	(0.0855)	(0.0674)	(0.0979)	(0.0702)
Constant	-0.421	-0.407	-0.406	-0.363	-0.365
	(0.273)	(0.252)	(0.275)	(0.260)	(0.232)
年度虚拟变量	控制	控制	控制	控制	控制
N	240	240	240	240	232
R^2	0.970	0.968	0.970	0.968	
AR (1)					0.0209
AR (2)					0.981
Sargan					0.435

注：(1) 表中 ***、**、* 分别表示在 1%、5% 和 10% 水平上显著；(2) 括号中为标准误；(3) 所有回归均控制了时间虚拟变量。

系统 GMM 估计结果还显示，市场规模和前一期 FDI 对当期 FDI 流入有明显的正相关性，能促进当期 FDI 的流入；而贸易开放和工资水平的回归系数却没有通过 10% 的显著性检验，这表明贸易开放和工资水平对 FDI 流入影响不显著。

对于贸易开放对 FDI 的影响，与前述理论分析基本上一致，贸易开放度的增加不仅能够刺激 FDI 的流入，而且也能促进进口，而进口与 FDI 之间有替代性，两者综合作用，因而贸易开放度对 FDI 的流入的增长没有显著性影响。

对于职工工资水平，在前述经济理论分析中，我们认为其与 FDI 流入呈负相关，而在表 11－4 回归结果中，系数却没有完全体现为负，而且均未通过 10% 的水平上的显著性水平。究其原因，可能是由于工资水平能在一定程度上体现当地的经济发展水平，当东道国的工资水平很低时，也说明其经济的不发达性，从而减弱对 FDI 的吸引。

接下来我们依次就知识产权保护对 FDI 流入的影响分别对中西部和东部进行回归。表 11－5 及表 11－6 分别给出了仅以中西部地区和东部地区进行计量分析的结果，其中（1）~（5）列所使用的计量方法与表 11－4 一致。从表 11－5 和表 11－6 的回归结果中我们仍能得到：前一期 FDI 对当期 FDI 流入有显著的正相关性，能促进当期 FDI 的流入；而贸易开放度和职工工资水平对 FDI 流入仍没有显著的影响。值得注意的是，在表 11－5 中，市场规模的回归系数虽然为正，但未通过 10% 的显著性水平检验，而在表 11－6 中，FE 的回归结果则表明，市场规模对当期 FDI 的流入有显著的影响。这说明虽然在总体上，市场规模与 FDI 间有显著的正相关，但是就不同地区而言，其对 FDI 的影响程度却是不同的，东部地区市场规模的影响程度要明显大于中西部地区，究其原因，可能为中西部地区，尤其是一些西部地区的经济不发达，从而导致在同等变化情况下其对 FDI 的吸引程度明显低于经济较发达的东部地区。

表 11－5　知识产权保护水平对 FDI 的影响（中西部地区）

被解释变量	lnfdi				
解释变量	（1）	（2）	（3）	（4）	（5）
	OLS	FE	OLS	FE	SYS－GMM
L. lnfdi	0.944***	0.949***	0.943***	0.947***	0.955***
	（0.0363）	（0.0310）	（0.0367）	（0.0311）	（0.0411）

续表

被解释变量	lnfdi				
解释变量	(1)	(2)	(3)	(4)	(5)
	OLS	FE	OLS	FE	SYS - GMM
lnipp			0.0269	0.0219	0.0172
			(0.0285)	(0.0301)	(0.0449)
lngdp	0.0835	0.101	0.0961	0.108	0.0575
	(0.0913)	(0.0947)	(0.0923)	(0.0954)	(0.111)
lnopen	0.0276	0.0385	0.0140	0.0255	0.0670
	(0.0698)	(0.0753)	(0.0693)	(0.0775)	(0.0809)
lnwage	0.0855	0.392	0.101	0.349	0.453
	(0.130)	(0.353)	(0.134)	(0.359)	(0.449)
Constant	-0.570	-0.839	-0.594	-0.803	-0.905
	(0.538)	(0.615)	(0.542)	(0.618)	(1.125)
年度虚拟变量	控制	控制	控制	控制	控制
N	151	151	151	151	95
R^2	0.943	0.933	0.943	0.933	
AR (1)					0.020
AR (2)					0.396
Sargan					0.247

注：(1) 上表中 ***、**、* 分别表示在 1%、5% 和 10% 水平上显著；(2) 括号中为标准误；(3) 所有回归均控制了时间虚拟变量。

此外，在表 11-6 中，第 (5) 列的回归结果中的回归系数仍不显著，并且 Sargan 检验所对应的系数为 0，这可能是由于样本观测值过少。而在表 11-4 中，第 (5) 列虽然通过了 Sargan 检验，但是的回归系数却为通过显著性检验。总体来说，从表 11-5 及表 11-6 的回归结果中，我们仍能得出，无论在中西部地区还是东部地区，知识产权保护水平对 FDI 流入仍然没有显著的影响。

表 11-6　　　知识产权保护水平对 FDI 的影响（东部地区）

被解释变量	lnfdi				
解释变量	(1)	(2)	(3)	(4)	(5)
	OLS	FE	OLS	FE	SYS-GMM
L. lnfdi	0.894***	0.890***	0.892***	0.890***	0.538***
	(0.0561)	(0.0453)	(0.0525)	(0.0459)	(0.199)
			0.00741	0.000235	0.0646
			(0.0254)	(0.0311)	(0.0847)
lngdp	0.0826	0.0866*	0.0865	0.0867*	0.146
	(0.0608)	(0.0450)	(0.0543)	(0.0466)	(0.185)
lnopen	0.00926	0.00926	0.00860	0.00924	0.335**
	(0.00881)	(0.00986)	(0.00870)	(0.0103)	(0.163)
lnwage	0.0337	0.0537	0.0153	0.0529	-0.114
	(0.0675)	(0.0859)	(0.105)	(0.136)	(0.272)
Constant	-0.265	-0.313	-0.267	-0.312	-1.485
	(0.401)	(0.295)	(0.401)	(0.299)	(1.483)
年度虚拟变量	控制	控制	控制	控制	控制
N	89	89	89	89	33
R^2	0.956	0.950	0.956	0.950	
AR (1)					0.364
Sargan					0.000

注：(1) 表中 ***、**、* 分别表示在 1%、5% 和 10% 水平上显著；(2) 括号中为标准误；(3) 所有回归均控制了时间虚拟变量。

11.5 结论及政策建议

本章通过采用各省市技术市场成交额占各省市生产总值的比重来衡量各省市的知识产权保护水平，运用 2000～2008 年中国省级动态面板数据 GMM 方法实证检验了知识产权保护水平对 FDI 流入的影响。结果显示，知识产权保护水平与 FDI 流入之间没有显著相关性，即知识产权保护对中国吸引 FDI 没有显著的促进作用。此外，在回归结果中我们还得出，在当今影响中国 FDI 流入的主要因素仍为前期 FDI 流入量及市场规模，并且不同地区的市场规模对 FDI 的影响程度不同，在东部地区其对 FDI 的影响程度要明显大于中西部地区。由此引出的政策含义为：政府在制定相关促进外商直接投资流入的政策时，应从中国的实际情况出发，充分考虑不同因素对 FDI 的不同影响。目前，中国的知识产权保护水平依然较低，市场规模等仍然是影响外商直接投资的主要因素。因此，中国应继续加强基础设施建设，扩展市场规模。此外，政府还应该重视当前知识产权保护对 FDI 流入影响不大甚至不显著的原因，对其进行更为深入的分析，并在此基础上进一步加强知识产权保护力度，以提高其对 FDI 的吸引，实现经济长期稳定的发展。

第 12 章

吸收能力对外商直接投资产出效益的影响研究

江苏省是我国目前外商直接投资（FDI）吸纳较高省份，大量的外商直接投资流入能否为江苏省带来经济繁荣呢？是什么因素决定了外商直接投资作用的发挥，进而影响到外商直接投资的经济效益产出呢？本章通过收集江苏省制造业出口（MX）数据，验证江苏省对外商直接投资的吸收能力是如何影响其产出效益的。研究表明：吸收能力（AC）是制造业出口从外商直接投资中获益的必要条件，外商直接投资本身对制造业出口的贡献是有限的；对外商直接投资吸收能力主要归因于科学合理外资政策和高质量的基础设施，两者和外商直接投资相结合提高了出口能力、出口强度和出口质量；人力资本和研发对于获取外商直接投资技术溢出效应、提高出口质量贡献更大。

12.1 引言

吸收能力指的是一个国家或者地区从识别、吸收和利用外商直接投资中获得益处的能力。这种能力是有许多因素多维互动的结果，主要包括国家或地区的外商直接投资政策、人力资本、研发（R&D）和基础设施质量（路娟、张勇、朱俊杰，2017）。外向型经济地区一直把出口看成为促进经济增长的主要动力。也有研究表明外商直接投资在东道国出口业绩中占据非常重要的地位。艾特肯、汉森和哈里森等人研究发现外商直接投资显著促进了发展中国家的制造业出口（Aitken，Hanson&Harrison，1997）。然而，也有数据表明：仅有少数几个外商直接投资开放的发展中国家获得制造业出口增长的成功，而且其产品大部分属于劳动密集型产品（李健、卫平、张玲玉，2017）。外商直接投资会自发给发展中国家出口带来出口增长吗？如果不能，那么在怎样的条件下，东道国可以使企业能从外商直接投资中获得潜在的利益呢？下面尝试利用江苏省制造业出口数据来分析来回答以上问题。

江苏省制造业的例子具有典型性代表意义。江苏省的出口贸易从2000 年的 300 多亿美元到 2016 年的 200 多亿美元，在其爆发式增长过程中，伴随着大量外商直接投资的流入。虽然部分学者认为外商直接投资在制造业出口中起关键作用，但是还有许多人强调是外商直接投资和吸收能力的共同作用对制造业出口的成功作出了贡献，例如科学合理的政策设计、高质量的基础设施和人力资本及研究与开发的高投入政策。尤其是有学者认为如果没有东道国对外商直接投资的吸收能力，类似的框架就不能解释外商直接投资和制造业出口链上的独特性和系统性。和其他许多发展中地区不一样，江苏省构建了强有力的吸收能力，这使得江苏省能够受益于外商直接投资并实现出口高速增长。

12.2

理论基础及假设提出

依据联合国工业发展组织（UNIDO）建议（2013），制造业出口绩效可以从四项指标三个方面进行评估。制造业出口能力（MXP）由制造业出口和制造业出口在世界的份额进行测量；出口强度定义为制造业出口在出口总额的比重；出口质量由中高科技产业出口额在整个制造业出口总额的份额来衡量。统计数据分析可知，江苏省的制造业出口及其与外商直接投资的关联在 10 年（2007 ~ 2016）内，人均制造业出口增加了近 15 倍，所占全国份额从 6% 增加到 17%。这样的快速增长使得江苏省早在 2011 年就成为我国第二大出口省，其中制造出口占出口总额约 85%。随着江苏省出口量的激增，江苏省的出口从具有优势的劳动密集型产品和低技术产品（如食品、纺织品）更多地转向了中高技术产品（如机械和电气设备）。到2016年，中高技术产品出口已占总制造出口约80%。高科技制造出口的份额从23%增加到了45%，几乎翻了近一倍。人们普遍认为，外商直接投资的大量流入在江苏省出口奇迹中发挥了至关重要的作用。

尽管外商直接投资对东道国制造业出口潜在好处是存在的，但是这种好处不会自发产生，潜力的发挥取决于东道国的吸收能力（Harrison & Rodriguez Clare，2010）。对外开放外商直接投资仅仅是第一步，东道国需要建立基于初始能力的动态吸收能力。对于工业和出口疲软的地区来说，靠廉价劳动力获取的外商直接投资很可能只会是出口业绩的短暂增长。通过外商直接投资进入全球价值链，东道国只能成为劳动密集型产品和零部件的供应商，而不能深化其技术，更新其出口产品。要通过外商直接投资建立一个可持续发展的、动态的制造业出口基地，东道国需在吸收能力方面做出更多的努力。首先，需要有积极的投资政策，以便增强吸收能力。这些政策包括选择性开放以达到吸引外商直接投资到需要保护的特定产业的效果；有利于出口能力和产品升级的外商直接投资的激励机制；鼓励国内出口企业提高出口竞争力的激励机制（Rodriguez Clare，2010）。其次，人力资本和研发能力越强，吸收能力会更强。人力资本和研发提高了区域内企业的生产力。这些企业从外商投资企业中得到学习，获得外商直接投资溢出效应，从而取得技术进步。最后，区域内企业的能力和技术很大程度上取决于道路、港口、能源和通信等有形基础设施状况。越好的基础设施可以使企业从外商直接投资中获得的效益越高。鉴于此，我们提出第一个假设如下。

假设一：东道国的制造业出口能从外国直接投资中受益多少在很大程度上取决于东道国对外商直接投资的吸收能力。

外商直接投资对出口有负向和正向影响，其净效应取决于东道国的吸收能力。外商直接投资对东道国出口的贡献为：追加资本、技术和管理知识；为当地劳动力的培训；引导当地企业进入全球化（Girma，Gorg and Pisu，2008）。但也有学者认为，外商直接投资也会对出口产生负面影响：

替代本土出口企业的国内投资；转移程度低或不适合东道国要素比例的技术；主要针对东道国的国内市场，从而不会增加出口；抑制可能成为出口商的本土企业的扩张；不转让技术而仅仅关注当地廉价的劳动力和原材料（Harrison and Rodriguez Clare，2010）。东道国是否最终获得外国直接投资的收益取决于该国对外商直接投资的吸收能力，因为吸收能力可以使得东道国利用外商直接投资实现利益最大化和成本最小化。因此，提出第二个假设如下。

假设二：有吸收能力的地区可以降低外商直接投资对制造业出口的负面影响。

虽然外商直接投资可能以多种方式影响出口，但是其直接贡献在于扩大东道国的出口能力，特别是在劳动密集型产品的出口。外商直接投资可能会通过以下方式提高出口能力：（1）出口加工和装配产品；（2）出口进口替代产品；（3）出口由跨国企业提供的市场准入产品；（4）当地原材料加工出口。但是吸引出口导向型外商直接投资本身是一个竞争激烈的行业，即使国家已经取得成功，其也会发现如果没有激励政策和良好的基础设施出口快速增长是很难实现的，并且随着工资的增长和市场条件的变化维持出口能力的持续增长也是很难得。于是我们提出第三个假设如下。

假设三：只有在基础设施条件达到一定吸收能力时，外商直接投资才能扩大东道国的出口能力。

研究理论表明，外商直接投资对本地企业出口活动的影响有多种溢出机制。第一，国内企业可以通过学习外国子公司的出口活动来增加出口，即“看中学”。第二，溢出效应包括市场竞争和新技术的扩散。跨国公司先进的产品工艺、管理和营销能力，增加了市场的竞争，迫使当地企业采取更有效的方法应对竞争。第三，溢出效应与外国和本地企业的前向和后向联系有关。如果外国子公司增加他们在当地企业投入的购买，东道国的出口就会增加（Girma，Gorg and Pisu，2008）。尽管溢出效应可以促进出口质量，但获得溢出效应仍是一个长期、高成本和高风险的过程，它不仅需要高质量的基础设施和设计良好的和有效的外资政策实施，而且需要大量的人力资本投资与研发投入。因此从外商直接投资中获益的大小程度是以吸收能力为条件的，和国内的学习效果尤其与人力资本和研发相关。因此，我们提出第四个假设如下。

假设四：强有力的吸收能力有助于东道国从外商直接投资中获取溢出效应。

12.3

模型构建及统计分析

我们将研究吸收能力和外商直接投资之间的相互作用，需要找到一个能够剥离制造出口能力（MXP）中外商直接投资和吸收能力相互作用部分的算法。因此，除外商直接投资外，外商直接投资与吸收能力的交叉项目可以被视为制造出口能力决定因素中的另一个变量，由此得出江苏省 i 地区 t 年的方程如下：

$$MXP_{it} = \alpha_0 + \beta Z + \gamma FDI_{it} + \theta_i + \mu_t + \varepsilon_{it} \qquad (12-1)$$

其中 α_0 是常数项，ε_{it}是随机变量。θ_i 和 $\mu_{t各}$是未观察到的区域和时间效应。Z 是传统制造出口能力（MXP）决定因素的向量，包括有形资本（K）、人力资本（HK）、基础设施（INFR）和政府的产业政策（POLICY）（伏加萨，2004）。据此，方程（1）可以改为：

$$MXP_{it} = \alpha_0 + \alpha_1 K_{it} + \alpha_2 HK_{it} + \alpha_3 R\&D_{it} + \alpha_4 INFR_{it} + \alpha_5 POLICY_{it} + \alpha_6 FDI_{it} + \alpha_7 (FDI_{it} * AC_{it}) + \theta_i + \mu_t + \varepsilon_{it} \qquad (12-2)$$

因变量制造出口能力（MXP）由三个指标衡量：出口能力、强度和质量。出口能力由人均制造业出口（MXPC）和制造业出口在世界的份额（MXWS）表示。出口强度由制造业出口占出口总额的比例表示（MX/X）。出口质量是以中高技术制造业出口占总制造业出口的比例表示（MXQ）。13 个市 21 个制造行业 10 年（2007～2016）的数据来自 2007～2016 年《江苏省统计年鉴》。对四个指标（MXPC，MXWS，MX/X，MXQ）的每一个地区的每一个值进行标准化，范围从 0（最差绩效）到 1（最佳绩效）。标准化过程中使用的公式是：

$$I_{ijt} = \frac{X_{ijt} - \min_j(X_{ijt})}{\max_J(X_{ijt}) - \min_j(X_{ijt})}$$，其中 i = 1，2，3，4；j = 1，…，3；

$$t=2007,\ \cdots,\ 2016$$

X_{ijt}是第 i 个（i = 1，2，3，4）指标 t 年 j 地区的值。Min 样本中的最小值，Max 是最大值。

公式（12 - 2）中的自变量用已有文献中的方法来度量。有形资本（K）用有形资本存量占 GDP 的比重表示，t 年资本存量（K_t）和初始资本存量（K_0）定义如下：

$K_t = K_{t-1} + \frac{I_t - D_t}{P_t}$和 $K_0 = \frac{I_0}{\delta + g}$，$I_t$ 是在 t 年的投资，D_t 是折旧，P_t 是价格水平，I_0 是初始投资，δ 是折旧率和 g 是直接投资的增长率（Ang and Madsen，2011）。技术专业类高等教育入学人数占总人口的比例为人力资本（HK）。研究与开发（R&D）由专利申请授予数获得。基础设施（INFR）由三个标准化指标加权平均计算得出：每一百平方千米的铁路里程、每一百平方千米公路长度和每一千人移动电话交换容量。有形资本、人力资本、研发和基础设施的数据根据 2007 ~ 2016 年《江苏省统计年鉴》计算得出。外商直接投资政策（POLICY）是一个虚拟变量，取值为沿海市为 1，非沿海市为 0，这反映了政府直接投资政策和策略导致沿海地区比内陆地区有明显优势的事实。各自变量的数据取自 2007 ~ 2016 年的《江苏统计年鉴》。

FDI 变量由两个指标衡量：一个地区外商投资企业（FIEs）制造业产值占制造业总产值的比例（FIEYS），一个区域 FDI 存量占 GDP 比例（FDIS）。在下一部分用外商直接投资的测量值进行稳健性检验。FIEYS 数据由 2007 ~ 2016 年《江苏统计年鉴》计算得出，FDIS 的数据由 2007 ~ 2016 年《江苏统计年鉴》得出。

根据不同的原理，吸收能力由四个决定因素（人力资本、研发、基础设施和政策）衡量。MXP 的三个方面（出口能力、强度和质量）都受到了四种吸收能力措施以及 FDI 的影响，其中 FDI 与人力资本的交互作用和 FDI 与研发的交互作用对出口质量和强度的影响更大，FDI 与基础设施的交互作用和 FDI 与政策的交互作用对出口能力的影响更大。

表 12 - 1 显示了江苏省的 MXP 决定因素的面板估计，主要是 FDI 对

MX 影响中的吸收能力的作用。由于两 FDI 变量之间高度相关，FIEYS 和 FDIs 没有被同时引入回归分析而是分别进行回归。所有的回归进行固定效应回归，因为随机效应被拒绝。回归估计是合理可行的，其解释力是比较好。回归中调整后的 R^2 在所有情况下是比较高的（0.710～0.838），表明表 12－1 中 MXP 三个方面的各指标的大部分方差可以解释自变量的。

表 12－1　外商直接投资、吸收能力、制造业出口能力关系的变量估计：2007～2016 年

变量	出口能力		出口强度		出口质量	
K	0.172**	0.161**	0.036**	0.040**	0.082*	0.070**
	(2.386)	(2.512)	2.284)	(1.801)	(1.754)	(2.523)
HK	0.323*	0.265	0.251*	0.301*	0.099*	0.101*
	(1.845)	(0.984)	(1.811)	(1.712)	(1.833)	(1.812)
RD	0.190	0.231	0.010	0.016*	0.181*	0.200
	(0.366)	(0.449)	(1.011)	(1.710)	(1.748)	1.321)
INFR	0.302**	0.251***	0.103**	0.081**	0.138**	0.155**
	(2.702)	(3.603)	(2.335)	(2.516)	2.667)	(2.432)
POLICY	0.452***	0.395***	0.303***	0.297***	0.286***	0.306***
、	(5.123)	(6.381)	(4.101)	(3.859)	(4.109)	(4.199)
FDIS	0.286*		0.188		0.215	
	(1.749)		(1.489)		(1.079)	
FDISxHK	0.301		0.197**		0.279** 8	
	(1.510)		(2.279)		(3.670)	
FDISxRD	0.354		0.202*		0.294**	
	(0.557)		(1.805)		(2.485)	
FDISxINFR	0.351***		0.203***		0.299**	
	(5.176)		(3.935)		(2.568)	
FDISxPOLICY	0.649***		0.360**		0.319***	
	(6.219)		(2.503)		(2.709)	

续表

变量	出口能力		出口强度		出口质量	
RES		0. 302		0. 153		0. 286
		(1. 886)		(1. 013)		(1. 606)
RESxHK		0. 226		0. 148 *		0. 303 **
		(1. 116)		(1. 773)		(2. 304)
RESxRD		0. 223		0. 205		0. 307 ***
		(0. 409)		(1. 516)		(3. 969)
FDISxINFR		0. 589 ***		0. 409 **		0. 296 **
		(6. 226)		(2. 708)		(2. 664)
调整 R^2	0. 838	0. 828	0. 725	0. 710	0. 819	0. 782
观测数量	200	200	200	200	200	200

注：* 显著性水平为 10%，** 显著性水平为 5%，*** 显著性水平为 1%。

通过表 12 - 1 可以看出：首先，FDI 与吸收能力相结合与仅仅依靠 FDI 相比，前者对 MXP 的贡献更大。三个 MX 指标的各种情况中，外商直接投资与吸收能力相互作用的系数比只有外商直接投资变量的系数更显著。特别是在强度和质量模型中，FDIS 和 FIES 的系数是不显著，但大多数交互项却是显著的。第二，外商直接投资政策和基础设施对于出口能力从外商直接投资中获得好处更为重要，而人力资本和研发则是推动外商直接投资对出口质量和强度产生效应的主要条件。第三，在整体吸收能力中，外商直接投资政策和基础设施比人力资本和研发更重要。在所有的情况下，外商直接投资与政策交互作用系数和外商直接投资与基础设施的交互作用的系数都是显著正相关的，表明外商直接投资政策和基础设施在从 FDI 中获得益处的过程中起关键作用。第四，传统的 MX 决定因素显示出不同的影响出口绩效模式。有形资本（k）增强了出口能力、强度和质量三个方面；外商直接投资政策和基础设施情况也是如此。人力资本和研发本身对 MXP 的影响是有限的，尽管他们和外商直接投资相结合，可以加强出口质量和强度。第五，仅 FDI 本身并没有显著影响中国制造业出口，尤其是在出口质量和强度方面。

江苏省的出口奇迹确实很大程度上得益于外商直接投资。而获得大量FDI益处的条件是江苏有很好的政策、基础设施、人力资本和研发。没有强大的吸收能力，即使有大量的FDI流入，江苏省MX的成功也是不可能的。江苏具有独特的对跨国企业的议价能力，其外资政策设计良好且行之有效。由于对铁路、公路、港口、机场和通信等现代基础设施进行了大量投资，这带动了制造业出口能力、强度和质量的大幅增长。

变量测试和灵敏度检验用的是稳健性和内生性检验（Levine and Renelt，1992）。应变量MXP和自变量FDI以及FDI与吸收能力的交叉项的灵敏度检验见表12－2。表12－2对MXP的三种不同指标（出口能力、强度和质量）和FDI的两种不同衡量措施，以及FDI与吸收能力的交叉项进行了回归分析。表12－2的估计结果大致是相似的，没有估计结果受到MXP、FDI以及FDI与吸收能力这些替代措施的显著影响，这表明观察到的结果并不依赖于量化应变量和自变量。

另一个灵敏度检测用工具变量（IV）技术来进行，以便处理内生性偏差问题。FDIS和FIES的两年滞后值作为工具变量，由于其与表12－2中的变量的当前值高度相关。FDI测量值以及FDI与吸收能力交叉项的工具变量估计见表12－2。FDI以及FDI与吸收能力交叉项的系数仍然为正，且定性和定量都与表12－2类似，这表明表12－2回归的结果是稳健的，没有内生性偏差。Wu－Hausman检验统计量（Maddala and Lahiri，2009）不能拒绝自变量外生决定的假设，表12－2的主要估计不太可能存在内生性偏差。

表12－2　　外商直接投资、吸收能力、制造业出口能力工具的变量估计：2007～2016年

变量	出口能力		出口强度		出口质量	
FDIS	0.202*		0.111		0.264*	
	(1.709)		(1.004)		(1.820)	
FDISxHK	0.404		0.146*		0.316**	
	(1.446)		(1.798)		(2.555)	

续表

变量	出口能力		出口强度		出口质量	
FDISxRD	0.245		0.124 *		0.309 *	
	(0.703)		(1.749)		(2.005)	
FDISxINFR	0.411 ***		0.196 ***		0.337 ***	
	(5.556)		(4.031)		(2.806)	
FDISxPOLICY	0.705 ***		0.328 **		0.423 **	
	(5.893)		(2.661)		(2.776)	
RES		0.188 *		0.185		0.303
		(1.775)		(0.982)		(1.503)
FIESxHK		0.310		0.205		0.389 **
		(0.783)		(1.527)		(2.554)
FIESxRD		0.340		0.319 *		0.359 *
		(1.552)		(1.880)		(2.714)
FDISxINFR		0.509 ***		0.189 **		0.404 **
		(4.839)		(2.668)		(2.448)
FDISxPOLICY		0.659 ***		0.376 **		0.376 **
		(6.104)		(2.561)		(2.460)

12.4

研究结论

本研究的目的是探讨外商直接投资对东道国制成品出口影响中吸收能力的作用。主要得出以下几方面结论。制成品出口对一个地区的经济增长很重要，外商直接投资会促进东道国出口。外商直接投资的好处不会自动出现，而要取决于东道国的吸收能力，这与该地区的外商直接投资政策、人力资本、研发和基础设施建设水平有关。以江苏省为例，利用从 2007 ~ 2016 年包含 21 个制造行业 11 个市 10 年的面板数据进行研究。用三项指标即出口能力、出口强度和出口质量评估 MX 的绩效，吸收能力的作用则通过外商直接投资和四个吸收能力的决定因素之间的相互作用来衡量。结论如下：首先，吸收能力是 MXP 从 FDI 获得效益的必要条件，而单纯的 FDI 对 MXP 的贡献是有限的。其次，江苏省的强吸收能力很大程度上受益于科学合理设计的外资政策和高质量的基础设施，这两方面与 FDI 相结合增强了出口能力、强度和质量。再其次，人力资本和研发投入对江苏省获取外商直接投资的技术溢出效应，提高出口质量更有帮助。最后，外商直接投资对于江苏省 MX 的成功起着不可替代的促进作用。与吸收能力相结合，外商直接投资对江苏省制造业出口的发展作出了重要的贡献。

参考文献

[1] 路娟，张勇，朱俊杰．吸收能力对区域创新绩效与经济增长的调节效应研究［J］．宏观经济研究，2017（9）：107－118.

[2] 李健，卫平，张玲玉．外商直接投资规模、进入速度与区域创新能力——基于中国省际动态面板模型的实证分析［J］．经济问题探索，2017（2）：53－61.

[3] 林莉，李博达．全球制造网络下中国先进轨道交通装备制造业发展战略［J］．工业技术经济，2012（11）：62－66.

[4] 韩民春，曹玉平．战略性贸易政策与技术创新研究的新进展——基于外部经济理论视角的述评［J］．首都经济贸易大学学报，2012（3）：94－101.

[5] 魏龙，潘安．R&D 补贴、技术创新与战略性贸易政策［J］．国际贸易问题，2013（11）：116－124.

[6] 李新功．国际制造业中心转移环境下中国承接技术创新路径研究［J］．河南大学学报（社会科学版），2013（6）：55－61.

[7] 吴传清，董旭．基于文献计量的战略性新兴产业技术发展趋势可视化研究［J］．科技进步与对策，2015（12）：50－54.

[8] 张志元，李兆友．新常态下我国制造业转型升级的动力机制及战略趋向［J］．经济问题探索，2015（6）：144－149.

[9] 王晓东，王涛．战略性贸易政策视角下我国高新技术产业发展路径研究——以光伏产业为例［J］．改革与战略，2015（3）：120－125.

[10] 包群，赖明勇，阳小晓．外商直接投资、吸收能力与经济增长．上海：上海三联书店，2006.

[11] 暴丽艳. 浅议人力资本与人力资源之异同. 经济问题, 2004 (8): 12-13.

[12] 曹和平. FDI与中国: 外商直接投资研究述评. 云南财经大学学报, 2007 (4): 5-11.

[13] 陈飞翔, 王溪若, 郭英. 关于人力资本和FDI技术外溢关系的文献综述. 财贸研究, 2005 (1): 17-23.

[14] 郭熙保, 罗知. 外资特征对中国经济增长的影响. 经济研究, 2009 (5): 52-65.

[15] 李广乾, 沈俊杰. 电子商务与电子商务经济: 概念与框架 [J]. 产业经济评论, 2014 (3): 27-34.

[16] 郑文浩. 中小企业的电子商务发展的现状及对策 [J]. 商业经济, 2017 (5): 79-81.

[17] 胡亚会, 余丽. 中小企业外贸电子商务的应用研究 [J]. 2017 (2): 45-46.

[18] 高素英, 赵署明, 王雅洁. 人力资本与区域经济增长. 经济与管理研究, 2010 (1): 84-90.

[19] 高国伟. 跨国公司生产率差异和国际直接投资战略选择. 南方经济, 2010 (3): 21-33.

[20] 龚六堂, 谢丹阳. 我国省份之间的要素流动边际生产率的差异分析. 经济研究, 2004 (1): 45-53.

[21] 金相郁, 朴英姬. 中国外商直接投资的区位决定因素分析: 城市数据. 南开经济研究, 2006 (2): 35-45.

[22] 赖明勇, 包群, 阳小晓. 我国外商直接投资吸收能力研究. 南开经济研究, 2002 (3): 46-50.

[23] 赖明勇, 包群. 外商直接投资技术外溢效应的实证研究. 湖南大学学报, 2003 (8): 94-98.

[24] 赖明勇, 包群, 彭水军, 张新. 外商直接投资与技术外溢: 基于吸收能力的研究. 经济研究, 2005 (8): 95-105.

[25] 雷明, 冯珊. 全要素生产率TFP变动成因分析. 系统工程理论

与实践，1996（4）：1－12.

［26］李建民．人力资本通论．上海：上海三联书店，1999.

［27］李京文，D. 乔根森，黑田昌裕．生产率与中美日经济增长研究．北京：中国社会科学出版社，1993.

［28］李忠民．人力资本——一个理论框架及其对中国一些问题的解释．北京：经济科学出版社，1999.

［29］李双杰．效率与生产率度量方法及应用．北京：经济科学出版社，2010.

［30］李京义．中国生产率分析前沿．北京：社会科学文献出版社，2007.

［31］李谷成．人力资本与中国区域农业全要素生产率增长——基于DEA 视角的实证分析．财经研究，2009（8）：115－128.

［32］李凡，王巾英，陈刚．吸引外商直接投资决定因素的实证研究综述．石家庄经济学院学报，2007（5）：58－63.

［33］李凡．中印吸引外商直接投资决定因素比较研究．北京：中国财政经济出版社，2009.

［34］李双杰．效率与生产率度量方法及应用．北京：经济科学出版社，2010.

［35］李杏．外商直接投资技术外溢效应．北京：中国市场出版社，2008.

［36］理查德·R. 纳尔森．经济增长的源泉．北京：中国经济出版社，2001.

［37］林源源．外商直接投资的影响因素研究——以日本制造业为例．郑州航空工业管理学院学报，2008（8）：80－83.

［38］刘广岭，卢宁．全要素生产率的测算与分解：研究述评．经济学动态，2008（10）：79－82.

［39］吕冰洋，于永达．要素积累、效率提高还是技术进步？—经济增长的动力分析．经济科学，2008（1）：16－27.

［40］马衍军，成洋，马艳萍．人力资本在我国利用外资中的作用研

究．哈尔滨学院学报，2004（11）：43－46.

［41］马衍军，柳成洋，马艳萍．人力资本与国际直接投的互动机制研究．科技与管理，2004（6）：123－128.

［42］马衍军．人力资本与FDI在经济发展中的互动研究．东北财经大学博士论文，2005.

［43］孟夏．经济增长的内生技术分析．天津：天津人民出版社，2001.

［44］钱雪亚，章丽君，林浣．度量人力资本水平的三类统计方法．统计与决策，2003（10）：9－10.

［45］潘渊．人力资本与FDI区位分布—中国的卢卡斯之迷．黑龙江对外经贸，2008（2）：82－84.

［46］沈开艳，权衡．经济发展方式比较研究——中国与印度经济发展比较．上海：上海社会科学院出版社，2008.

［47］邵军，徐康宁．外商直接投资、人力资本与中国工业部门技术进步——基于吸收能力的FDI技术外溢研究．东南大学学报（哲学社会科学版），2008（9）：24－30.

［48］罗伯特·M. 索洛等．经济增长分析．北京：商务印书馆，1999.

［49］孙永平．人力资本、FDI区域分布与经济发展——基于中国面板数据的“卢卡斯之谜”的实证检验．经济评论，2008（5）：26－41.

［50］唐纳德·A. R. 乔治，莱斯·奥克斯利，肯尼思·I. 卡劳．经济增长研究综述．长春：长春出版社，2009.

［51］雅各布·明塞尔．人力资本研究．北京：中国经济出版社，2001.

［52］郑玉歆．全要素生产率的测度及经济增长方式的“阶段性”规律——由东亚经济增长方式的争论谈起．经济研究，1999（5）：55－60.

［53］邹薇，代谦．适宜技术、人力资本积累与长期增长．南大商学评论，2004（2）：72－94.

［54］代谦，别朝霞．FDI、人力资本积累与经济增长．经济研究，

2006（4）：15－27.

［55］代谦，别朝霞．外国直接投资、人力资本与经济增长：来自中国的数据．经济评论，2006（4）：59－65.

［56］王志鹏，李子奈．外商直接投资、外溢效应与内生经济增长．世界经济文汇，2004（3）：23－33.

［57］王维国，颜敏．人力资本存量、人力资本结构与 FDI 互动关系研究．财贸问题研究，2008（9）：63－70.

［58］王劲松．开发条件下的新经济增长理论．北京：人民出版社，2008.

［59］王芳．中印经济增长差异的近因分析．武汉理工大学学报（社会科学版），2010（3）：345－350.

［60］魏后凯．外商直接投资对中国区域经济增长的影响．经济研究，2002（4）：19－26.

［61］肖永芹，刘伟．人力资本与外商直接投资关系初探．黑龙江对外经贸，2006（10）：43－45.

［62］徐大丰．人力资本、趋同假说与经济增长．北京：法律出版社，2009.

［63］易丹辉．数据分析与 Eviews 应用．北京：中国人民大学出版社，2008.

［64］罗知．卢卡斯之谜的存在性及其原因分析［J］．贵州财经学院学报，2006（6）.

［65］罗伯特·M. 索洛等．经济增长分析［M］．译史清琪：商务印书馆．1999.

［66］孙永平．人力资本、FDI 区域分布与经济发展——基于中国面板数据的“卢卡斯之谜”的实证检验［J］．经济评论，2008（5）.

［67］雅各布·明塞尔．人力资本研究．北京：中国经济出版社，2001.

［68］张斌盛．中国 FDI 技术吸收能力实证研究．上海：华东师范大学出版社，2008.

［69］小罗伯特·E. 卢卡斯. 为何资本不从富国流向穷国［M］. 译罗汉，应洪基：江苏人民出版社 . 2005.

［70］Aitken，B.，Hanson，G. and Harrison，A. Spillovers，foreign investment，and export behavior. Journal of International Economics，1997，43（1-2）：103-132.

［71］Harrison，A. and Rodriguez-Clare，A. Trade，foreign investment，and industrial policy for developing countries. The Handbook of Development Economics. 2010，Vol. 5.（pp. 4039-4214）（Chapter 63）.

［72］Girma，S.，Gorg，H. and Pisu，M. Exporting，linkages and productivity spillovers from foreign direct investment. Canadian Journal of Economics，2008，41（1）：320-340.

［73］Levine，R. and Renelt，D. A sensitivity analysis of cross-country growth regressions. American Economic Review，1992，82（4）：942-963.

［74］Ramakrishnan，R.，Usha，R.，Hsieh-Ling，H. The impact of e-commerce on Taiwan province SMEs：Marketing and operations effects. International Journal Production Economics，2012，140：934-943.

［75］Mesut，S.，Ahmet，I. and Sefer，S. The potential of e-commerce for SME in a globalizing business environment. Procedia Social andBehaviroral Sciences，2014，150：35-45.

［76］Veronica，S. M. Small medium enterprises：on utilizing business to business e-commerce to go global. Procedia Economics and Finance，2012，4：13-22.

［77］Adelman. "Theories of Economic Growth and Development". Stanford，Stanford University Press，1961.

［78］Aitken B.，G. Hanson，A. Harrisoon. "Foreign Investment，Export Behavior，and Spillovers". Journal of International Economics，1999，43：103-132.

［79］Alcacer J. "The role of human capital in foreign direct investment". Transition，2000，May-August.

[80] Balasubramanayam V. N. , M. Salisu and D. Spasford. "Foreign Direct Investment and Growth in EP and IS Countries" . Economic Journal, Vol. 106: 92 - 105.

[81] Bartel A. , Lichtenberg F. "The Comparative Advantage of Educated Workers in Implementing New Technology" . Review of Economics and Statistics, 1987, 69: 1 - 11.

[82] Barry Bosworth, Susan M. Collins. "Accounting for Growth Comparing China and India" . NBER Working Paper Series, 2007, 2.

[83] Becker, G. S. , Murphy, K. M. , Tamura, R. "Human Capital, Fertility and Economic Growth" . Journal of Economy, Vol. 98: 12 - 102.

[84] Bosworth B. P. , Collins S. "Accounting for Growth: Comparing China and India" . NBER working paper 12943, 2007.

[85] Carkovic, M. and R. Levine. "Does Foreign Direct Investment Accelerate Economic Growth" . University of Minnesota, Working Paper, 2002.

[86] Caves R. Multinational Enterprise and Economic Analysis. Second Edition, Cambridge, Cambridge University Press, 1996.

[87] Chen E. Multinational Enterprise and Economic Analysis. Second Edition Cambridge, Cambridge University Press, 1996.

[88] Cohen W. , Levinthal D. "Innovation and learning: The two faces of R&D" . Economic Journal, 1989, 99: 569 - 596.

[89] Cohen W. , Levinthal D. "Absorptive Capability: a new perspective on learning and innovation" . Administrative Science Quarterly, 1990, 35: 128 - 152.

[90] Constantina Kottaridi and Thanasis Stengos. "Foreign Direct Investment, Human Capital and Non-linearities in Economic" . http: //econpapers. repec. org/paper/uopwpaper/, Working Paper #2008 - 19, 2008.

[91] Denison E. F. Sources of Economic Growth in the United States and the Alternative before US. New York, Committee for Economic Development.

[92] Grossman G. M. and E. Helpman. "Trade, Knowledge Spillover,

and Growth", European Economic Eeview, 1991, 35: 517 -526.

[93] G. S., Murphy, K. M, Tamura, R. "Human Capital, Fertility and Economic Growth", Journal of Economy, Vol. 98: 12 -10.

[94] Haddad, M. and Harrison A. E. "Are There Positive Spillovers from Direct Foreign Investment? Evidence from Panel Data for Morocco", Journal of Development Economics Vol. 42, 51 -74.

[95] Hall R. E., Jones C. I. "Why do some countries Produce So Much More Outputs per Worker than Others?", Quarterly Journal of Economics, 1999, 114: 83 -116.

[96] Ivana Tadic, University of Split, Split, Croatia. "Human Capital Practices in Different Industries in Croatia", The Business Review, Cambridge, 2010 (15): 239 -246.

[97] Keller W. "International Technology Spillover", NBER, working paper, No. 8573, 2001.

[98] Kendrick J. W. "Productivity Trends in the United States", Princeton, Princeton University Press, 1961.

[99] Koji Miyamoto. "Human Capital Formation and Formation and Foreign Direct Investment in Developing Countries" . OECD Wording Paper No. 211.

[100] Lucas, Robert E. "On the Mechanics of Economic Development" . Journal of Monetary Econmics, 1988, 22: 2 -42.

[101] Lucas Robert. "On the mechanics of economic development" . Journal of Monetary Economics, 1988, 22: 3 -42.

[102] Luseni Kamara. "foreign direct investment, inequality and human capital accumulation" fordham. bepress. com, 2006.

[103] Markusen, J. R. and Venables A. "Foreign Direct Investment as a Catalyst for Industrial Development" . European Economic Review, Vol. 43: 335 -356.

[104] Mincer Jacob. "Human Capital Responses to Technological Chang" .

NBER Working paper, December, 1989.

[105] The National Sample Survey Organisation. "Employment and Unemployment Situation in India" . http: //mospi. nic. in/.

[106] Narula and Marin. "Foreign direct investment spillovers, absorptive capacities and human capatial development: Evidence from Argentina" . Workomg Paper No. 96, 2004.

[107] Robert J. Barro, Jong – Wan Lee. "International Data on Educational Attainment Updates and Implications", JEL No. I20, J24, O15, 200, 8.

[108] Romer P. M. "Endogenous Technology Change" . Journal of Political Economic, Vol. 98: 71 – 102.

[109] Unctad. "World Investment Report 2010" . New York and Genev: United Nations, 2010.

[110] Xu B. "Multinational Enterprises, Technology Diffusion, and Host Country Productivity Growth" . Journal of Development Economics, Vol. 62: 477 – 493.

[111] Hall R. E. , Jones C. I. 1999. Why do some countries Produce So Much More Outputs per Worker than Others? [J]. Quarterly Journal of Economics (114).

[112] Bosworth B. P. Collins S. 2007. Accounting for Growth: Comparing China and India [C]. NBER working paper 12943.

后　记

一本著作的完成需要许多人的默默贡献，闪耀的是集体的智慧。其中铭刻着许多艰辛的付出，凝结着许多辛勤的劳动和汗水。同样，本书在策划和编写过程中，得到了许多同行的关怀与帮助，以及许多老师和作者的大力支持，在此向为本书出版帮助过我的人员致以诚挚的谢意！

我们今天处在一个扑朔迷离而又快节奏的社会里，用经济学的眼光和方法去思考问题、分析问题，会让一切事物真实地呈现出来，并会发现经济学正在影响着我们的生活。经济全球化、资本国际流动速度的加快是21 世纪世界经济发展过程的重要特征之一。外商直接投资已经成为我国区域经济高速增长的主要因素之一，分析影响外商直接投资地区分布的各种因素对于我国区域经济的协调发展具有重要的意义。本书结合国内外国际直接投资的研究成果以及我国各地区吸引外资的现状，对外商直接投资区位选择影响因素进行了研究，得出了有一定价值的结论。外商直接投资作为国际资本流动的重要形式之一，其规模状况、投资的流向和投资结构的迅速发展变化，对世界各国的经济增长速度、国际收支平衡状况、产业结构调整情况、企业的国际竞争力乃至一个国家经济的持续稳定发展都产生了重要的影响。尽管外商直接投资的流入可以弥补东道国的资金短缺，给东道国带来先进技术，向东道国实现技术和知识的溢出和扩散，但是在世界范围内，广大发展中国家利用 FDI 的实际效果并没有想象中的那样。虽然各国都积极鼓励外商直接投资的流入，但是外商直接投资流入的区域分布却极不均衡，其分布主要集中于发达国家。按照新古典经济学中的边际报酬递减规律理论的预期，在资本可以自由流动的前提条件下，资本应该从资本丰裕的地区流向资本匮乏的地区，也即资本应该从发达国家更多地流向发展中国家或者说是欠发达国家。这种理论与现实相悖的现象即为卢卡斯悖论。人力资本是目前各个领域都在关注的热点，卢卡斯也提出了人力资本假说来解释卢卡斯悖论。那么究竟人力资本对外商直接投资的影响存不存在，人力资本如何衡量估算，本书的目的是借助于索罗模型中的技术进步因素，和以此为基础的卢卡斯和罗默的人力资本模型，在人力资本和技术进步间搭上桥梁，用技术进步来反映人力资本的效率。而在本书中将用全要素生产率来计量技术进步，也即人力资本通过全要素生产率这个代理变量核算，以达到能够有效验证卢卡斯人力资本假说。对卢卡斯的人力资本假说进行论证，这是本书的理论意义所在。由于外商直接投资的流入往往伴随着技术外溢效应，因此本书不仅关注人力资本在吸引外商直接投资流入中的作用，而且对于人力资本在外商直接投资溢出效应中的地位也进行了实证方面的探讨。从而为东道国积极地吸引外商直接投资并充分地吸引外商直接投资提供理论依据。

该书的出版仅是我研究外商直接投资问题的开始，书中难免有疏漏或者错误之处，恳请读者和同人们不惜赐教，以期在未来的进一步研究中加以完善。

最后，再次感谢为本书出版进行审稿工作的李雪编辑等工作人员！

石卫星

2018 年 8 月